새로운 중국교육사

구자억 지음

신정

새로 출간하며

중국교육에 관심을 가져, 한중수교 직후 중국에서 유학을 한 지도 벌써 오랜 시간이 흘렀다. 박사학위논문을 끝내고 한국에 귀국하기 전에 중국교육의 역사 전반을 한번 정리해 보는 기회를 갖게 되었다. 내친김에 중국교육사를 집필하게 되었고, 귀국 후에 수정보완을 거쳐 중국교육사를 출판하였다.

1999년에 중국교육사를 출판했으니 책을 낸지 벌써 20여 년이 흘렀다. 초판본은 이미 절판되었고, 이미 흘러간 출판물로 잊혀져갔다. 때마침 출판사의 요청으로 중국교육사 전체를 꼼꼼히 살펴볼 기회를 갖게 되었다. 여전히 부족한 부분도 많고 또 윤문이 필요한 부분도 있었다. 이에 따라 이번에 중국교육사 전체를 수정보완해 다시 내기로 하였다.

우선 서문을 신설하였다. 서문을 통해서 중국교육의 역사를 미리 조망해봄으로서 독자들이 중국교육 역사를 쉽게 접근하는 데 도움을 주고자 하였다.

아울러 중국에 공산정권인 중화인민공화국이 세워진 이후의 중국교육에 좀 더 많은 내용을 제시하고자 하였다. 중국이 개혁개방 이후 단시일 내에 세계 2위의 경제대국이 되었고, 이제는 동아시아에서도 패권국가로서 한국을 위협하는 존재가 되었다. 이렇게 발전을 하게 된 데는 여러 가지 원인이 있을 것이다. 그러나 발전의 동력 속에 교육도 중요한 역할을 했음을 부인할 수 없을 것이다.

본서에서는 중국교육의 어떤 정신이 중국을 발전시키는 데 기여했는지를 이해하는 단초로서 중국교육의 목적, 방침을 추가로 제시하였다. 그리고 특별히 등소평의 교육관을 제시하였다. 여기서 등소평의 교육관을 제시한 이유는 현대중국사에서 등소평이란 인물이 가진 영향력을 무시하기 어렵기 때문이다. 특히 등소평의 교육관은 중국교육의 이념적 역할을 해왔다고 볼 수 있기 때문에 현대중국교육의 발전과정을 이해하는 데 중요하다고 보았다.

중국교육의 역사는 광대하고, 보아야 할 것들이 많다. 새롭게 보완하여 출간한 이 책을 통해서 독자들은 중국교육의 역사 자체를 아는 것에 머물지 말고, 그것이 사회발전에 어떤 역할을 했는지 이해했으면 한다. 한중양국은 역사적으로 긴밀히 연계되어 있다. 그런 전통적 연계가 한중양국의 우호증진에 기여하는 방향으로 나아갔으면 한다.

2024. 1.

서경대학교 북한산자락에서

구자억 씀

차례

CHAPTER 04

진한의 교육

CHAPTER 05

위진남북조의 교육

CHAPTER 06

수, 당, 5대 시기의 교육

CHAPTER 07

송나라 시기의 교육

CHAPTER 12

양무운동 시기의 교육

CHAPTER 13

유신운동 시기의 교육

CHAPTER 14

중화민국 시기의 교육

CHAPTER 19

중국교육역사 총결

CHAPTER

01

서문

우리는 중국에 대해 언론 등을 통해 자주 접한다. 또 삼국지 등 중국역사를 다룬 책들을 읽음으로서 중국을 이해한다. 그러나 우리가 이해해 온 중국역사를 기원전부터 생각하기 시작하면 새로운 느낌을 갖게 된다. 우선 중국이 오래전부터 문명이 발전했을 뿐만 아니라, 사회적으로도 선진적인 제도를 가지고 있었다는 것을 알 수 있다. 다만 청 말에 이르러 글로벌 사회 발전 상황에 적극 대응하지 못한 결과 약 100년간 잠자는 종이호랑이로 전락하게 된다.

유구한 중국의 역사 속에서 교육은 어떤 모습을 가지고 있었을까?

우리가 생각할 수 있는 것은 교육을 통해 당시의 정치, 사회의 모습을 좀 더 분명하게 이해하는 기회를 가질 수 있다는 사실이다. 이 서문에서는 중국역사 속에서 중국교육이 어떤 모습으로 존재했는지 이야기하려고 한다.

중국역사가 길듯이 중국에서 교육의 출현 시기도 상당히 오래되었다. 장구한 역사 속에서 교육은 정치 및 사회체제와 밀접히 연관되어 있었다. 중국에서 교육은 탄생 초기부터 귀족자제 중심으로 문호가 열려 있었다. 사회가 발전하면서 서민에게까지 문호가 넓어지기는 했지만 교육은 전적으로 통치계급의 통치를 보조하는 수단으로 교육을 활용한 측면이 강했다. 또 정치적 측면에서도 교육은 통치세력의 권력을 유지하는 데 활용되었다. 참 아이러니하게도 중국교육은 현대에 들어와서도 통치체제를 유지하는 데 교육이 활용되고 있다는 사실이다.

본서에서는 18개장으로 나눠 중국교육의 역사를 다뤄 보려고 한다. 물론 시기마다 중국교육을 한마디로 정의하기는 쉽지 않은 일이다. 다만 독자들의 편의를 위해 시대를 구분해 교육발전 상황을 제시하고자 한다.

1. 원시사회와 하, 상, 서주시대는 노예사회로서 중국 교육의 발아기에 해당한다. 당연히 이 시기의 교육은 초기단계 교육의 모습을 띠고 있다.

원시사회의 교육은 몇 단계로 나눠진다. 먼저 원시인군 단계로 인류의 교육이 막 시작된 단계였고, 교육의 정형이 무엇인지도 모르는 초기형태의 교육이었다. 씨족사회 단계에 들어와 교육이 발전하게 되는데, 원시사회 교육의 본질을 체현하고 있었다. 씨족사회 말기에 이르러 교육면에서 계급분화에 따른 계급차별이 나타났다. 이러한 원시사회의 교육의 특징은 생활경험의 교육내용화, 교육활동의 생산활동 중 시행, 교육목적의 일치, 교육의 평등성 등을 들 수 있다.

한편 중국의 노예사회는 하나라 시기에 시작되었다. 사회계급의 분화는 교육에 분화가 발생하는 직접적인 원인이 된다. 원시사회의 민주, 평등한 교육에 질적인 변화가 나타나기 시작한 것이다. 그 대표적인 변화는 학교를 국가가 나서서 관리하게 된 것과, 소수 귀족자제들만이 학교교육을 향유할 수 있는 특권을 가지게 된 것이다.

이러한 노예사회의 교육은 몇 차례의 발전 과정을 거치게 된다. 하대는 노예사회교육의 형성 시기이다. 상대에는 이러한 하대의 원시교육이 진일보해서 발전한 시기였고, 서주 시기에는 융성한 발전을 가져온 시기였다. 상대에는 하의 교육제도를 계승하고 발전시킨 면이 있고, 주대에도 상의 교육제도를 계승, 발전시켰다. 그러나 서주 때에 들어와서는 그 전 시기와는 다르게 비교적 특색 있는 교육제도를 발전시켰다.

노예사회에는 사회, 경제, 정치적 조건의 영향을 받아 관학만이 있고, 사학이 없었다. 또 관학기구와 정치기구가 일체화된 모습을 가지고 있었다. 이런 것을 역사적으로 칭하여 "학재관부(學在官府)"라고 한다. 서주는 행정관리체제에 따라서 국학과 향학을 설치하고, 서로 다른 등급의 학교사이에 일정한 연계가 있도록 하였다. 귀족자제들은 나이에 따라 소학, 대학 등의 학교에 입학하도록 하였다. 이러한 서주교육의 대표적인 내용으로는 덕, 행, 예, 의 등 네 가지 방면과 6예교육이 있다.

서주교육의 대표적인 특징을 한 가지만 든다면 그것은 양로와 교육의 병행실시이다. 물론 봉건사회에서 이러한 양로와 교육의 병행실시는 계속되어 온 것이다. 하지만 서주 시기의 양로와 교육의 병행은 당시의 교육조건하에서 새로운 교육방법을 만들어 내었다는 점에서 커다란 의의가 있다.

2. 춘추전국 시기는 백가쟁명의 시기였고, 사학이 융성하였다. 이때는 다양한 사상이 꽃피운 시기로서 중국사회가 노예사회에서 봉건사회로 변모했으며, 교육도 큰 변혁을 맞이한 시기이다.

춘추전국 시기는 중국역사상 중대한 변혁이 발생한 시기로써 일반적으로 노예제가 봉건제도로 변하는 과도 시기였다. 이 시기의 교육은 노예제도에 맞는 교육제도와 새로운 봉건제도에 맞는 교육제도의 탄생 등이 복합적으로 어우러진 형상을 하고 있었다.

우선 춘추 시기에는 정치, 경제의 커다란 변화가 교육에도 반영되던 시기였다. 구시대의 경제, 구시대의 정치에 부응하던 귀족중심의 "학재관부(學在官府)"의 교육이 몰락하고, 새로운 경제와 정치체제의 요구에 부응하는 신교육조직이 형성되기 시작한 시기였다. 이에 따라 이 시기에는 관학교육이 쇠퇴하고, 사학이 발생하였다.

전국 시기의 교육은 춘추 시기의 교육을 이어받으면서도 한편으로는 그 시기의 교육을 초월하는 양상을 보이고 있었다. 새로운 교육기관으로서 춘추 시기에 사학이 생겨났다면 이 사학은 전국 시기에 들어와 흥성하였다. 전국 시기의 사학은 질적으로나 양적으로나 대단한 발전을 이룩한 시기였다. 사학을 거점으로 해서 형성된 일부 저명한 학파들을 통해서 많은 인재들을 배출하였다.

이와 함께 "직하학궁"이라는 새로운 형태의 학교의 출현은 전국 시기 많은 인재를 양성해내는데 견인차로 작용하였다.

결국 춘추전국 시기의 교육은 정치, 경제의 변혁과 이로 인한 교육의 변화를 가져오게 되었고, 이는 결국 관학의 쇠퇴와 사학의 흥기를 가져오게 되었다. 특히 사학에 새로운 교육형식을 채용하여 후세의 모범이 되었다.

3. 진한 때에는 중국통일 속에서 봉건교육이 제도화된 시기이다. 진 시기에는 분서굉유로 사상의 속박이 있었고, 한 시기에 들어와 유학으로 사상을 통일하면서 유학이 중국봉건교육의 중심이 된 시기이다.

진한 시기는 중국이 통일된 봉건국가를 확립하고, 중국의 봉건교육이 제도화되고 정형화된 시기였다. 이 시기는 또 통치 집단이 중앙집권에 적합한 교육, 문화정책을 제정하는 과정에서 진대의 법치교육이 한무제의 "독존유술"의 덕치교육으로 변화한 시기이다. 동중서가 제출한 독존유술, 흥태학(興太學), 선거의 중시 등은 당시의 통치 집단에 의해 받아들여져 존유(尊儒), 교육, 선사(選士)의 삼자가 긴밀히 결합된 형태로 발전되었다.

진나라는 짧은 10여 년 동안에 각종 제도의 개혁에서 많은 중요한 성과를 이룩하였지만, 문화, 교육면의 개혁에서는 많은 실패의 교훈을 남겼다. 분서갱유는 중국의 문화와 교육사상방면에서 커다란 재난이자 퇴보를 불러왔다. 이러한 진나라 시기의 교훈은 한나라의 통치자들과 그 후의 봉건제왕들이 거울로 삼는 계기가 되었다.

한편 한나라 시기에는 태학, 지방관학, 사학 등의 여러 종류의 학교가 발달하여 하나의 유가경전을 교육내용으로 하는 학교교육계통이 만들어지게 되었다. 여기에 선사제도의 장려는 삼강과 오상을 핵심으로 하는 봉건윤리의 전파와 유학을 기본으로 하는 치국인재(治國人才)의 양성에 커다란 영향을 끼쳤다.

한나라 시기의 교육은 유학이 중국 봉건교육의 중심적 지위를 차지하도록 했을 뿐만 아니라, 교육제도, 시설과 설비, 내용, 형식 등의 각 방면에서 후대 봉건교육의 기초가 되었다. 즉 중앙태학과 지방관학의 설립은 중국봉건사회의 관학제도의 설립에 기본적인 틀을 제공해 주었다. 또 사학중의 서관(書館)과 경관(經館)은 춘추전국 시기 개인이 강학(講學)하던 전통을 계승했을 뿐만 아니라, 후에는 사숙(私塾), 서원의 기원이 되었다.

결국 중국봉건사회교육의 기본특징은 이미 한나라 시기 때부터 형성되기 시작한 것이라고 볼 수 있다. 예를 들면 교육의 정치윤리화, 양사(養士)와 선사(選士)의 긴밀한 결합 그리고 유학이 각 학과 교육에 대한 지배적 경향 등은 한나라 시기의 교육에서 이미 나타나기 시작했던 것이다.

4. 위진남북조 시기의 교육은 관학의 흥과 폐가 반복되고, 전문교육의 발전이 두드러졌다.

위진남북조 시기의 교육은 전체적으로 보면 발전보다는 쇠락의 경향을 가졌다고 보는 것이 옳다. 다만, 부분적으로는 후세에 계승된 여러 가지 특색 있는 교육의 모습과 성취들을 가지고 있다.

우선 전문교육의 발전이 두드러졌다는 점을 들 수 있다. 율학, 서학, 산학, 문학, 의학 등 실용학과를 가진 학교들이 설립됨으로써 봉건교육제도의 내용을 풍부하게 해주었다. 또 지방교육제도가 이 시기에 들어와 정식으로 확립되었다. 북위 시기에 들어와서는 주학과 군학을 보편적으로 설치했을 뿐만 아니라, 주군학교제도도 건립되었다.

다음으로 사학방면에서도 커다란 발전이 있었다. 당시 사학은 교육의 지주가 되었고, 가정교육이 중시를 받아서 가학(家學)이 중요한 교육의 한 수단으로 등장하였다. 낙후지역의 교육 사업에도 발전이 있었는데, 당시 인구가 남쪽지역으로 대이동하면서 교육과 문화도 같이 이동을 하게 되었다. 이것은 결국 낙후된 지역에 교육과 문화를 전파하고 발전시키는 계기가 되었다. 종합적으로 보아 이 시기의 교육은 비록 전반적으로는 쇠퇴의 양상을 띠었지만, 부분적으로는 발전적인 모습도 가지고 있었다.

5. 수당 시기는 중국발전역사에서 보면 전성기에 해당한다. 당연히 사상적 다양성과 함께 봉건교육발전에 새로운 전기를 맞이한 때였다.

수와 당은 중국 봉건사회 발전의 전성기이다. 수나라 초 국가의 통일과 당나라 전기의 100여 년간의 사회의 안정, 경제의 회복과 번영은 문화의 발전과 번성에 필요한 기초조건을 제공해 주었다. 이에 덧붙여서 통치자가 비교적 진보적인 교육정책을 취함으로써 수당 시기 교육의 발전을 촉진시켰다. 유가를 중심으로 하고, 불교와 도교를 양 날개로 하는 교육정책은 서한시대의 독존유학(獨尊儒學)적 문화전제의 한계성을 뛰어넘었다. 결국 이러한 정책은 서로 다른 사상들이 정상적으로 교류할 수 있는 기회를 제공하였고, 사상과 문화의 교류와 융합은 사람들의 시야를 넓히도록 하였다. 그리고 이러한 시야의 넓어짐은 사람들의 사유수준을 넓히도록 하였고, 이는 곧바로 수당의 문화와 교육을 발전시키는 촉진제가 되었다.

교육제도 면에서 수나라가 세운 새로운 제도들은 당나라에 들어와서 계승 발전되면서 봉건교육발전의 새로운 전기를 맞이하였다. 교육의 관리, 형식, 종류, 학생수 등에서 과거 어떤 시기의 교육보다도 커다란 발전을 이룩하였다. 유가경전을 교육내용으로 삼는 경학과 전문지식을 교육내용으로 삼는 전문교육의 병행, 중앙관학과 지방관학의 연계, 관학과 사학의 공존 등은 당시 학교교육체계를 구성하고 있던 기본적인 모습이었다.

선사제도 방면에서는 수나라 시기에 선사와 관련한 제도가 처음 만들어져 당나라에 들어와 과거제도로 발전하였다. 또 이러한 과거제도의 탄생은 선사제도와 육사(育士)제도를 긴밀히 결합시켜, 과거제도가 교육을 이끄는 지렛대가 되도록 하였다. 이러한 제도는 이후 봉건교육의 발전에 중대한 영향을 끼쳤다.

한편 5대에는 통치자들이 유, 불, 도의 세 가지 사상을 기초로 하되 유가를 중시하는 정책을 펴나갔다. 학교교육도 이러한 통치사상의 영향을 받아 유가를 중심으로 하는 학교교육을 전개하였다. 당시는 관학보다는 사학이 매우 융성하여 여기저기 명승지나 은거지에 학관(學館)을 열고, 정사(精舍)를 세워 강학을 하였다. 또 출판이 시작되는 등 교육발전에 획기적인 사건들이 이 5대 시기에 일어나기도 하였다.

6. 송대는 5대10국의 할거시대의 "무"를 중시하던 것을 "문치"를 강조하는 것으로 바꾼 시기이다. 과거를 중시하고, 사인(士人)을 중용했으며, 흥학운동과 학교의 설립이 이루어졌다. 또 유불도를 모두 중시하였다.

송나라는 960년 조광윤(趙匡胤)이 후주를 멸망시키고, 세운 나라이다. 송나라의 건립으로 5대10국의 할거시대는 종료되고 통일된 중앙집권적 봉건국가가 탄생하게 되었다. 송나라는 북송(960~1127년)과 남송(1127~1279년)의 두 시기로 구분되는데 319년 동안 이어졌다.

송나라 시기의 교육제도는 기본적으로는 당대의 제도와 맥을 같이하고 있다. 또 송 시기의 교육은 중국 고대교육의 발전과정에서 볼 때 중요한 위치를 차지한다. 당시 사회, 정치, 경제, 과학기술, 학술사상과 문학예술 등의 영향과 그 전 시기의 교육적 경험의 기초 위에서 이 시기만의 교육적 특징을 만들어 내었다.

송조의 통치자들은 "흥문교(興文敎)"의 정책과 존공숭유(尊孔崇儒), 불교와 도교를 제창하였다. 과거를 중시하고, 사인(士人)을 중용하였다. 그리고 중앙과 지방을 연결하는 체계적인 관학교육체제를 건립하였다.

7. 요, 금, 원 시기는 "한화(漢化)"정책과 민족교육을 동시에 추진한 듀얼 교육시스템 시기였다.

10세기에서 14세기에 걸쳐 세 개의 중요한 왕조가 출현하였는데, 그것은 바로 요(916~1125년), 금(1115~1234년), 원(1271~1368년)나라이다. 이 세 나라의 공통적인 특징은 중국 내에서 다수 인구를 가진 한족 외에 거란족, 여진족, 몽고족이 건립한 국가라는 점이다. 당연히 주류를 차지하는 한족의 입장을 고려하지 않을 수 없었고, 이에 따라 이 세 시기에는 앞 세대인 당, 송의 교육제도 영향을 많이 받았다.

요나라는 당나라의 교육제도와 동일하게 황도(皇都)에 국자감[1]을 설치하였다. 이를 보면 요나라의 교육은 당시대의 교육을 많이 모방하였음을 알 수 있다. 금, 원나라 시기의 학교교육제도 역시 당, 송의 제도를 모방하여 건립된 것이다.

특히 요, 금, 원의 통치자들은 정권을 공고히 하기 위해 "한화(漢化)"정책을 추진하는 동시에 적극적으로 중앙과 지방에 민족학교를 설립하여 민족교육의 발전을 도모하였다. 즉 요, 금, 원의 민족적 특성을 지닌 인재들이 학교교육을 통해 보다 쉽게 관으로 나갈 수 있는 길을 열어 놓았던 것이다. 당시 소수민족에 해당하는 거란족, 여진족, 몽고족은 자기 민족적 특성을 가진 인재를 관에 많이 보내 체제유지에 도움을 받고자 하였다.

한편 서원이 하나의 교육제도로 확립되어, 양적으로 커다란 발전을 이룩했을 뿐만 아니라, 〈백록동서원게시〉라는 대표적인 서원교육이론을 만들어 내기도 하였다. 이 서원교육이론은 당시의 학술, 문화발전에 커다란 기여를 하였음은 물론이다. 이 시기에는 교육사상도 대단히 풍부하고, 활발했는데 이학교육사상 내부에도 여러 유파가 있어서 사상의 발전을 이끌었다.

1) 태종 때에 황도(皇都)를 상경(上京)이라고 개칭함에 따라 상경국자감이라 불리게 된다.

8. 명 시기의 교육은 과거를 중시하여 학교가 과거에 종속된 시기였다.

명 시기는 정주이학과 심학이 사상적 중심을 차지하고 있었고, 교육내용도 이에 예속되어 있었다.

명나라 시기의 교육은 중국고대교육의 발전과정으로 본다면 매우 중요한 단계에 속한다. 당, 송이래 교육에 대한 계승과 발전의 의미를 가지고 있을 뿐만 아니라, 명나라만의 독특한 교육적 특징을 형성해 내었기 때문이다. 명나라 초기 통치자들은 교육이 나라를 다스리는 데 있어서 중요한 작용을 한다고 보았다. 그래서 교육을 국가발전의 중요한 지위에 놓고, "치국(治國)은 먼저 교화를 해야 하는데, 교화는 학교로서 근본을 삼는다"는 문교정책을 내놓았다. 그리고 전국에 중앙관학과 지방관학 그리고 사학을 설치하여 전국적으로 비교적 완전한 교육체계를 건립하였다. 그렇지만 동시에 명나라 시기에는 여러 조치를 통해 학교에 대한 통제를 강화하고, 문화에 대한 전제적 관리를 실시하였다. 이와 함께 과거를 중시하여 학교가 과거에 예속되도록 하였다.

한편 관학과 과거를 중시하는 것과는 다르게 명나라 초기의 통치자들은 서원에 대해서는 큰 주의를 기울이지 않았다. 특히 서원은 통치계급내부의 모순과 투쟁의 영향으로 몇 차례의 굴곡이 있었다. 서원은 명나라 초기의 침체에서 중엽 이후의 발흥 그리고 네 차례의 훼손과 금지의 과정을 거쳤다.

정주이학교육은 명나라 시기 가장 중요한 교육이론이자, 통치적 지위를 차지하고 있던 교육사상이었다. 그러나 명의 중엽 이후 왕수인이 일으킨 심학(心學) 교육이론은 전통교육에 반하는 모습으로 나타나서 100여 년간을 풍미하면서 당시의 교육에 커다란 영향을 끼쳤다

9. 여진족 누르하치가 후금을 건립하였고, 20년 후 국호를 청으로 바꾸었다. 청대 교육은 만주족(원래는 여진족)이 세운국가답게 요, 금, 원 시기와 마찬가지로, 기존 명 시기 교육을 이어받되, 만주족의 인재를 양성하는 듀얼시스템을 가지고 있었다. 청 시기 교육은 봉건교육과 동시에 근대교육이 발아한 시대적 특징을 지니고 있다.

청나라 초기에서 아편전쟁 전까지의 청대교육은 시기적으로 볼 때 이미 중국 봉건사회교육의 말기쯤에 위치하고 있었다. 동시에 근대교육의 싹이 돋아나기 시작하는 때이기도 하다. 따라서 이 시기의 교육은 그 시기만의 독특한 특성을 가지고 있다.

청대의 통치자들은 교육을 발전시켜 치국(治國)에 활용하려는 생각을 가지고 있었다. 이에 따라 입국초기에 "교육의 부흥과 경술의 숭상으로 태평을 연다"는 교육정책을 내놓았다. 그들은 유가경술을 숭상하여 정주이학(程朱理學)을 크게 제창하였다. 그리고 이를 통치를 견고히 하는 정신적 지주와 학교운영의 중심사상으로 삼았다. 또 중앙과 지방 곳곳에 학교를 설립하여, 순치, 강희, 옹정, 건륭 시기에 학교교육이 비교적 큰 발전을 가져오게 되었다. 특히 건륭 시기에는 그 발전이 가장 컸다.

교육을 적극적으로 발전시키는 것과 동시에 청대의 통치자들은 엄격한 학교의 규칙을 제정하여 학교에 대한 관리와 통제를 강화하였다. 이와 함께 사인(士人)에 대해 회유와 압박의 두 가지 수단을 활용하여 한편으로는 과거 등을 통해 사인을 흡수하고, 다른 한편으로는 통치에 방해가 되는 새로운 사상이나 반대되는 행동을 하지 못하도록 하였다. 그 대표적인 것이 당시 빈번하게 일어났던 필화사건들로서, 정부의 사상이나 이념에 어긋나는 저술이나 시험문제의 출제 등을 했을 경우 잔혹한 형벌로 다스림으로써 이런 문제가 발생하는 것을 사전에 예방하고자 하였다.

청대의 서원은 침체, 회복, 발흥의 발전과정을 거쳐 왔다.

먼저 순치 시기에는 침체의 상태에 머물러 있다가, 강희 때에 들어와 회복의 상황에 들어갔다. 그러다가 옹정11년 이후 비로소 흥하게 되는 과정을 거쳐 왔다. 이렇게 서원이 활성화되었지만 한편으로는 이 시기는 정부의 통제 하에서 서원의 관학화 경향이 갈수록 심해지고, 대부분의 서원들이 모두 과거시험의 준비 장소로 전락해 버린 문제점도 안고 있었다. 그러나 일부 서원은 그 특성을 그대로 유지하면서 청대의 학술문화의 발전과 인재의 양성에 커다란 기여를 하였다.

10. 1840년의 아편전쟁 이후 중국의 교육은 점점 반식민지, 반봉건교육으로 바뀌었다. 중국이 풍전등화의 운명에 처해 있던 시기였다.

중국 봉건사회 후기의 교육은 봉건제도의 부패와 교육내용의 빈약, 학교교육의 과거제 부속물화에 따라서 청 말에 이르러서는 학교교육이 유명무실해지게 되었다. 청조 정치의 부패로 인해 사회적 위기는 갈수록 높아지고, 아편전쟁의 패배에 자극 받아 일부 선각자들 사이에서 쇠락한 전통교육과 과거에 대하여 심각한 비판을 가하기 시작했다. 이 과정에서 그들은 경세치용을 제창하고, 서양의 근대과학기술을 학습할 것을 주장하였다.

아편전쟁 이후 서방열강은 불평등조약을 이용해서 중국에 다양한 형태의 교육제도를 이식하기 시작했다. "서학"이 대포와 함께 중국 땅에 수입된 것이다. 이에 따라 서양의 문물이 자유롭게 소개되고, 선교의 목적으로 선교학교가 설립되어 학생들을 양성하기 시작하였다.

아편전쟁에서 태평천국 시기까지의 교육은 봉건교육의 모습을 이어 받았으나, 한편으로는 근대 반식민지, 반봉건교육의 단초를 열었다고 할 수 있다. 반식민지, 반봉건교육은 전체가 전통의 봉건교육은 아니다. 그렇다고 해서 또 서방사회의 신교육도 아니고, 식민지사회의 노예교육도 아니다. 그것은 일종의 특수한 과도기 형태의 교육이었다고 할 수 있다

태평천국의 난은 중국역사상 가장 큰 농민봉기라고 할 수 있다. 이때는 바로 중국이 외세와 내부의 모순으로 인해 국력이 최대로 약해진 때였다. 이 태평천국의 난은 청왕조에 커다란 타격을 가했다. 또 태평천국은 봉건사회의 정신적 지주인 유가사상을 비판하고, 공맹의 도를 교육내용에서 삭제해 버렸다. 이와 함께 지금까지 실시되어 온 구 전통교육에 대해 비판을 가하였다. 그들은 평등교육을 제창하고, 교육내용을 개혁하며, 문자개혁을 추진하였다.

11. 양무교육은 아편전쟁 이후 국가부강의 필요성을 인식한 당시의 지식인들이 주장한 교육이다. 유학교육을 기초로 하되 서양 신학문의 겸습을 주장한 점진적 교육개혁운동이다.

양무교육은 아편전쟁 이후 전통교육으로부터 분류되어 나온 일종의 새로운 교육사조이다. 전통교육사상이 선양한 것은 "강상명교(綱常名教)"를 주체로 하는 유학교육이다. 양무교육은 이러한 강상명교를 주체로 하는 유학교육을 기본으로 하면서 다른 한편으로는 외국의 언어와 과학기술 등을 받아들일 것을 주장하였다. 당연히 양무교육은 그 본질로 볼 때 봉건통치제도를 유지하고, 유신변법에 반대하는 측면이 매우 강했다. 따라서 신식학당을 개설해서도 양무인재를 양성하는 데 머물렀지 한걸음 더 나아가 유신변법인재를 길러내지는 못하였다. 이렇게 되자 양무교육은 유신파의 반격을 받게 되었는데, 그중 양계초의 비판은 대표적인 것이었다.

양계초는 유신파의 서정(西政)을 중시하는 입장에서 양무교육을 비판하였다. 그가 보기에 양무교육에서는 서학, 서예를 전파하였는데 그것은 단지 언어문자의 유희나 병학(兵學)의 끄트머리에나 머무른다고 보았다. 그래서 그가 보기에

양무교육은 유신변법인재를 길러내고 있지 못하다고 보았다. 이런 비판은 결국 양무교육이 안고 있는 문제의 정곡을 찌른 것이 되면서 많은 사람들의 관심을 끌게 되었다. 그러나 하나의 사물을 단일한 한 면만 보고 판단할 수는 없다. 다시 말해서 양무교육을 그 후에 득세한 유신교육과 서로 비교한다는 것은 불가능하다는 뜻이다. 왜냐하면 양무파가 중학의 부족한 면을 개선하지 않았다는 단점도 있다. 하지만 그의 진보적인 면도 볼 수 있는데, 그것은 새로운 서학을 첨가했다는 사실이다.

양무교육은 역사적인 면에서 볼 때 그 영향력이 대단했다고 볼 수 있다. 즉, 전통유학교육사상을 초월하는 힘을 가지고 있었다. 당시 양무교육의 출현은 여러 새로운 교육 사조를 출현시켰다. 예를 들면 서문교육사조, 서예교육사조, 유학교육사조 등이 그것이다. 양무교육의 서학과 서예는 중국에 새로운 교육적 토양을 만들어 냄으로서 전통교육하에서는 볼 수 없었던 것들을 출현시켰다. 중국최초의 신식학당이 개설되었고, 중국최초의 유학생 파견이 있었으며, 이로 인하여 미국이나 유럽풍 등이 수입되었다. 또 중국 최초의 임인계묘학제(壬寅癸卯學制)가 제정되어, 하나의 비교적 완전한 모습을 갖춘 학교교육체제를 갖추게 되었다. 이와 함께 서양어와 서예를 아는 인재들을 배출해 내게 되었다.

12. 유신교육사조는 양무교육을 한 단계 높게 발전시킨 것이다. 즉 양무교육의 부족한 점을 비판하고, 그것을 발전시킨 것이니 그 뿌리는 양무교육이라고 할 수 있다.

유신운동 시기란 중국에서 18세기말에서 19세기초까지 당시의 일부 지식인들이 변법을 통해 국가를 위기에서 구하고자 활동했던 시기를 말한다. 당시 국가와 민족의 위기를 구하기 위해서는 사회의 종합적인 개혁이 요구되었고, 이의 한 방법으로 등장한 것이 교육이었다.

당시 유신교육운동을 펼치던 사람들이 주장하던 교육목적은 민지의 개발과 인재의 양성을 통해 자립자강을 달성하는 것이었다. 그리고 교육내용으로는 중학과 서학이었는데, 많은 실용적인 학문들은 대부분이 서양으로부터 가져온 것이었다. 교육방법도 서양의 교육심리학, 발달심리학 원리에 따른 교육을 실시할 것이 제시되기도 하였다.

당시 교육방면에 제출된 의견들은 모두가 구국의 차원에서 제시된 것들로서 도덕교육 강조, 팔고제의 폐지와 과거개혁, 전국민교육과 의무교육, 학교설립과 사범양성, 여자교육, 아동교육, 서학의 적극적 수용 등이 그 대표적인 것이다.

이들의 교육사상은 한 시대의 교육사조로서 그 명성을 떨쳤을 뿐만 아니라, 그 영향은 이웃 나라인 한국에까지도 전달되었다. 당시 유신파의 선두주자였던 강유위, 양계초의 책들은 당시 한국 사상가들의 지침서가 되었다. 특히 양계초의 음빙실문집(飮氷室文集)의 영향은 매우 컸던 것으로 알려지고 있다. 당시 한국에서 중국 유신파의 영향을 많이 받게 된 것은 그들의 언어능력과도 관련이 있는 것으로 여겨진다. 당시 한국의 지식인들의 대부분은 한문에 능통하였고, 영어나 일어는 극히 소수의 사람들만이 알고 있었다. 당연히 한문으로 쓰인 중국의 서적들이 한국에서 읽히게 되었고, 이를 통하여 중국의 사상들을 받아들이게 되었다. 특히 유신파의 대표자중의 하나인 양계초의 사상은 구한말 애국계몽운동에 막대한 영향을 끼쳤음을 부인할 수 없다.

그는 무술정변 이후 일본에 망명한 뒤 요코하마에서 청의보(淸議報)와 신민총보(新民叢報)를 발행하였는데 이들은 발간 즉시 한국에 들어왔다. 당시 청의보의 경우 판매보급소 32개소 가운데 서울과 인천이 들어있었으며, 신민총보의 보급소는 인천에 있었다고 한다.[2)]

양계초는 중국이 진화론의 원리를 일찍부터 적용하지 못하였기 때문에 인간의 자유마저 포기해야 하는 죄를 저지르게 되었다고 하였다. 이에 당시 한국의

2) 구자억, 양계초와 교육, 원미사, 1998, 187쪽

애국계몽사상가들은 그의 이러한 시대진단에 매료되었고, 공감하였다. 그리하여 교육하는 방법과 원리를 진화론적 발전관에서 찾으려고 하였다. 이러한 양계초에 의한 진화론의 영향은 당시 한국의 교육사상계에 큰 영향을 끼쳤다.

13. 신해혁명에서 중화민국 시기는 중국사회와 중국교육이 근대화로 첫발을 내디딘 시기이다. 또 봉건군주 전제제도와 봉건교육제도가 막을 내린 시기이기도 하다.

신해혁명은 중국근대사에서 보면 매우 의미가 있는 사건이다. 왜냐하면 그 혁명은 2000년 이상이나 지속된 봉건군주 전제제도와 봉건교육제도를 결속시켰을 뿐만 아니라, 중화민국을 탄생시키는 계기가 되었기 때문이다.

20세기 초 중국의 혁명파들은 국가의 위기 앞에서 혁명단체를 조직하여 청왕조를 타도하고자 하였다. 이를 위해 혁명파는 혁명교육을 통한 선전과 봉건교육제도에 대한 비판 등을 통해 혁명을 위한 준비를 하였다. 그리고 마침내는 신해혁명을 일으켜 청조를 멸망시키고 중화민국을 건립하게 된다. 이러한 신해혁명 시기의 교육은 중국 근대교육사상 중요한 의미를 가진 시기라고 할 수 있다. 또 이 시기는 서방을 모방한 새로운 교육제도의 확립과 형성의 시기이기도 하다.

남경임시정부 수립 후 혁명파는 교육개혁에 착수하게 된다. 이와 함께 민주공화의 교육제도를 도입하게 된다. 이를 위해 "5육"이 병존하는 교육방침을 제출하였고, 국민교육종지를 공포하였다. 또 임자 · 계축학제의 공포에 따라서 비교적 완벽한 민주적 교육제도를 도입하게 된다. 이 학제의 주요한 특징은 봉건교육에 반대하는 정신을 담고 있다는 것이다. 그리고 이 학제 속에는 중국교육사상 최초로 남녀평등교육사상을 담고 있을 뿐만 아니라, 초등소학 4년 의무교육을 제시하고 있기도 하다. 또 사회교육을 제창하여 실학한 사람들이 교육을 받을 수 있도록 배려하고 있기도 하다.

5 · 4운동 시기의 교육개혁은 5 · 4신문화운동의 중요한 조성부분이다. 이 시기는 중국 사회의 산업발전에 따라 교육에 대해 새로운 요구를 내어놓은 시기였다. 또 문학혁명이 일으킨 사상해방의 영향하에 교육방면에서도 전통의 봉건교육을 개혁하자는 움직임이 일어나게 되었다. 실용과 과학을 중시하고, 서방의 근대교육을 적극적으로 학습하고, 들여오자는 열조가 일어난 시기이다.

5 · 4운동 이후 서방의 교육사상이 대량으로 중국에 소개되었다. 각종 교육사조의 출현은 중국의 교육사상방면에 새로운 백화제방, 백가쟁명의 시대를 열도록 하였다. 그 주제와 핵심은 과학과 민주였다. 이것은 중국의 봉건교육에 대해 커다란 충격을 가했을 뿐만 아니라, 이후의 교육발전 특히 교육방법, 교육내용의 개혁에 새로운 방향을 제시하였다.

5 · 4운동 이후 중국사회는 교육을 중시하는 풍조 속에서 다양한 교육이론이 제시되었고, 실천 활동이 전개되었다. 특히 1920년대는 지식인들 사이에 교육구국론 사상이 만연해 있었다. 이에 따라 지식인들은 적극적으로 교육활동에 종사하면서 한편으로는 교육의 개혁을 위한 노력을 게을리 하지 않았다. 1922년의 신 학제 제정은 5 · 4운동 시기 신문화운동으로 시작된 교육개혁의 결과로 나타난 것이다. 또 그것은 당시의 중국 근대학제가 점점 성숙되어 간다는 것을 나타내주는 것이다.

남경 국민당 시기의 교육은 중국근대교육의 발전과정으로 본다면 교육발전의 성숙단계라고 할 수 있다. 전체 학교교육의 발전과정 중 남경 국민당 시기는 각종 학교관련 제도가 더욱 완비된 시기라고 할 수 있다. 통계에 따르면 1912년부터 1949년까지 정식으로 공포된 각급 각류학교 교육법령과 규정은 총 1,500여 개가 되는 것[3]으로 알려지고 있다. 그중 많은 수가 남경국민당정부시절에 제정된 것이다. 이것은 국민당정부가 교육입법을 매우 중시했다는 것을

3) 孫培靑 主編 前揭書, 748쪽

말해주고 있다. 각급 학교의 수량도 과거 어느 시기보다 많았는데, 이것은 중국근대교육사상 찾아보기 힘든 일이다. 국민당정부시절의 각류교육의 실시는 북양군벌통치 시기의 교육, 청 말의 교육과 비교하여 커다란 진전이 있었다. 수량에서 뿐만 아니라, 학교의 각종 제도에서도 비교적 완전한 체제를 구비하여 현대학교의 궤도로 들어가도록 하였다. 따라서 국민당정부시절의 교육은 그 성과가 크다고 할 수 있다. 그러나 당시 그들의 교육종지는 전제와 복고라는 교육방침상의 한계를 지니고 있었다. 국민당정부는 학교로 하여금 충, 효, 인, 애, 신, 의, 화(和), 평(平)과 예의와 염치의 봉건도덕의 이념을 가진 교육을 실시하도록 요구하였다. 동시에 진보적인 사상을 가진 교사와 학생들에게 압력을 가하고, 진보적인 서적과 교재들을 금지시켰다.

종합적으로 보아 중화민국 시기의 교육은 신해혁명으로 인한 청조의 몰락과 중화민국의 탄생, 5·4운동, 국민당과 공산당의 투쟁, 남경국민당정부, 항일투쟁 등을 거치면서 한편으로는 근대적인 교육의 모습을 갖추어나갔고, 또 한편으로는 국내외의 복잡한 정치상황 속에서 제대로 된 교육을 수행하기 어려운 상황에 빠져있던 시기였다고 할 수 있다.

14. 1949년 중화인민공화국 건립이후 중국에 공산정권이 도입된 시기이다. 교육도 이에 맞춰 공산주의, 사회주의 인재양성으로 변화를 도모한 시기이다. 1980년대 이후에는 개혁개방과 시장경제도입, 중국식 사회주의도입 등을 통해 중국이 비약적인 발전을 이룩한 시기이다.

1949년 10월 1일 중화인민공화국이 건립되었고, 이에 따라 중국 땅에 공산정권이 들어서게 되었다. 1949년 10월부터 1956년까지의 7년은 중국이 공산주의, 사회주의 노선에 따라 사회 각 부문의 개혁을 실시한 시기였다. 물론 교육도 예외는 아니어서, 사회주의 건설에 봉사할 교육체제를 구축하는 것이 중요한 과제로 대두되었다.

1957년부터 1965년까지 약 10년 가까운 기간은 중국이 철저한 사회주의를 건설한다는 목표를 정하고 그에 따른 개혁 작업을 진행한 시기이다. 이 시기는 대약진운동 시기라고 불린다. 이 시기에는 사회주의 건설에 필요한 교육개혁 작업이 이루어지면서 여러 형태의 교육을 정리하는 작업이 이루어졌다. 그러나 이 시기는 중국 공산당이 제시한 교육정책이 실패로 돌아간 시기였다. 그 당시에는 교육의 발전이 양적인 확대에 치중했다가, 축소를 당하는 등 곡절이 많은 발전과정을 거쳐 왔다.

1966년부터 1976년 10월까지의 10년간은 문화대혁명 기간으로써 중국에 공산정권이 들어선 이래 모든 영역에서 가장 큰 좌절과 손실을 입은 시기이다. 교육방면에서도 문화대혁명은 커다란 상처를 입혔다. 문화대혁명기간 대부분의 학교교육은 중단되고 노동이 학교교육을 대신하게 되었다. 이러한 문화대혁명은 중국교육을 몇십 년 후퇴시킨 사건이었다.

1976년 문화대혁명이 끝난 후 중국 땅에 개혁개방과 시장경제의 도입이라는 새로운 실험이 시작되었다. 이에 따라 교육도 그에 걸맞게 변화할 것이 요구되었다. 이에 따라 1985년 교육체제개혁에 관한 결정, 1993년 중국교육개혁강요 등이 발표되고 실행되었다. 이때부터 중국교육은 급속한 발전과정을 거치게 된다. 이때부터 중국교육에 우홍우전(又紅又專)[4]이라는 말이 회자되기 시작한다. 어찌 보면 이 시기는 홍보다는 전이 중시되는 시기였다.

그러다가 시진핑 등장 이후 중국교육은 과거와는 조금 다른 형태로 전개되고 있다. 바로 사상교육이 강화된 측면이 그것이다. 이런 과정 속에서 민족주의가 강화되고, 인접국가와의 갈등이 심해지는 현상이 나타나고 있다. 교육이념 측면으로 보면 전보다는 홍이 강조되는 시기라고 할 수 있다.

---

4) '사상적으로 건전하고, 전문성도 있는' 인재양성이 중국의 교육이념이다.

15. 중국의 사회주의 교육목적은 사회주의 인재양성이다. 바로 우홍우전(又紅又專)한 인재를 양성해 내는 것이다.

중국의 사회주의 교육의 방침과 목적은 각 시기마다 또 추구하는 바에 따라 조금씩 다르다. 그러나 그 사상들은 하나의 공통적인 특징을 지니고 있다. 즉, 마르크스의 사람의 전면발달 학설을 그 이론기초로 하고 있다는 점이다. 중국의 현 단계의 교육목적의 특징을 정리해 보면 다음과 같다.

첫째, 중국의 교육목적은 지금까지 있어 온 사회주의 교육관을 계승, 발전시킨 것이다. 앞에서도 언급했지만 중국이 과거부터 견지해 온 교육에 대한 방침이나 목적은 마르크스의 인간의 전면발달의 이론을 밑바탕에 깔고 있다. 현재 중국의 교육목적은 이러한 마르크스의 이론에 중국사회의 상황 즉 개혁개방과 사회주의 시장경제 체제의 도입이라는 현재의 상황을 고려해서 설정된 것이다.

둘째, 중국의 교육목적은 사회주의 사회의 신형 건설자와 후계자를 배양하는 것을 교육목적의 핵심으로 삼고 있다. 교육목적에서 가리키는 건설자는 육체노동자와 정신노동자를 모두 포함하고 있다. 신형 건설자의 중요내용의 하나는 바로 지식과 노동, 정신노동과 육체노동의 조화와 통일이다. 이런 통일을 통하여 중국에서는 육체노동과 정신노동이 서로 결합한 사람을 배양해내고자 하고 있는 것이다.

셋째, 중국의 교육목적은 우홍우전(又紅又專)한 인재를 배양하는 것이다. 우홍우전한 인재는 이상, 도덕, 기율이 있고, 사회주의 국가와 사회주의 사업을 사랑하며, 조국과 민족의 부강을 위한 헌신정신을 갖추고 있어야 한다. 쉽게 말하면 사상적으로 무장되어 있고, 사회발전을 위한 전문성도 갖춘 인재를 요구하는 것이다.

16. 등소평의 교육에 대한 사고나 생각은 바로 중국교육의 기본방침과 연결되어 있나.

마르크스이론은 중국교육의 기본적인 틀을 구성하고 있다. 그러나 중국교육의 실질적인 기초가 되는 것은 등소평의 교육관이다. 등소평의 교육에 대한 관점은 중국의 교육방향을 결정하는 이론적 배경을 되고 있다. 등소평은 죽고 없지만 현재도 중국교육을 움직이는 사상, 중국의 사회주의 교육관을 설명할 때 등소평의 교육에 대한 관점, 주장을 떼어놓고 중국교육을 이끌어 가는 사상을 설명한다는 것은 불가능한 일이다. 이렇게 등소평의 교육관은 중국교육 곳곳에 절대적인 영향을 끼쳐왔고 지금도 그러하다.

등소평의 교육에 대한 관점은 다음과 같은 다섯 가지로 요약될 수 있다. 첫째는 실사구시와 같은 실용적인 사고를 가지고 교육문제를 해결하고자 하고 있다. 둘째는 교육이 모든 것을 발전시키는 가장 중요한 원천이라는 것을 기본정신으로 삼고 있다. 셋째는 3개면향(三個面向)과 같은 주장은 중국특색이 있는 사회주의를 건설하는 데 필요한 교육에 대한 요구를 반영하고 있다. 넷째는 사회주의에 맞는 인재의 표준이 무엇인가 하는 점을 분명히 제시하고 있다. 다섯째는 교육과 생산 노동의 결합이라는 공산주의 교육이론을 밑바탕에 분명히 깔고 있으면서도, 교육과 생산 노동의 결합이라는 원리를 융통성 있게 해석하여 제시하고 있다.

물론 시진핑 시대에 들어와 교육면에서 등소평 시기의 실용적인 측면이 조금 퇴색한 측면도 있다. 그러나 부인할 수 없는 것은 등소평의 교육관은 여전히 중국교육의 사상적 기초가 되고 있다는 사실이다.

CHAPTER

02

원시사회와 하, 상, 서주의 교육

중국은 우리가 알다시피 오랜 역사를 가진 나라이다. 기원전 3000년경 황하강 유역에서 시작된 황하문명은 인류 4대 문명발상지의 하나로 회자되고 있다. 그만큼 역사적으로 앞선 문명을 가지고 있다는 반증일 것이다. 앞선 문명을 가지고 있었다면 분명 어떤 형태로든 교육이 존재했을 것으로 예상할 수 있다.

중국대륙에는 아주 이른 시기부터 인류가 존재하고 활동했던 것으로 알려지고 있다.

그 당시 인류는 개체가 고립되어서 생활한다는 것은 거의 불가능하였고, 집단의 역량에 의지해서만이 자연환경의 도전을 극복하고 생존해 나갈 수 있었다. 이러한 집단의 힘에 의존해야만 하는 현상은 필연적으로 사람과 사람사이에 일정한 연계, 즉 협력관계를 맺도록 하였다. 이는 당시에 이미 인류사회가 형성되었다는 것을 말해 주는 것이다. 인류의 출현과 사회의 형성은 교육이라는 새로운 사회현상이 나타나도록 하였다. 사회를 유지하고, 인류의 생존을 도모하기 위하여 교육이라는 수단이 필요하게 된 것이다.

인류 최초의 사회는 원시인 군으로 이루어진 사회였다. 이런 사회는 당연히 야만적이고 무지하였을 것이다. 그러나 이런 사회에서도 교육이 필요하였는데 그것은 생산활동을 하기 위한 것이었다. 따라서 원시인군의 생활 속에서도 교육활동은 보편적으로 존재되어 왔다고 볼 수 있다.

고고학자들의 연구결과에 의하면 중국의 원시사회는 크게 원시인군단계, 모계씨족사회, 부계씨족사회의 3단계의 발전과정을 거친 것으로 나타나고 있다. 제1단계인 원시인군단계에서는 교육의 발전이 완만했고, 제2단계인 모계씨족사회에서는 사회의 발전속도가 비교적 빠르고 이에 따라 다양한 교육활동이 이루어졌다. 그러다가 씨족사회의 말기에 이르러 비로소 교육기관이라는 형태가 출현하였다.

한편 사회생산의 발전과 사유재산의 형성은 계급분화를 출현토록 하였고, 이에 따라 원시사회는 해체되면서 점점 노예사회로 나아가게 된다. 그러다가 하나라 시기에 이르러 중국의 원시사회는 마침내 노예사회로 탈바꿈하게 된다.

노예사회는 노예주가 사회의 물질적인 부를 가지며, 정치적으로도 통치지위에 있던 사회이다. 노예주는 자신들의 이익을 지키기 위해 교육의 필요성을 느끼게 되었고, 이때부터 교육은 독립된 사회활동으로 자리를 잡게 되었다. 또 학교교육이 이런 사회활동의 주요한 형식이 되었다. 한편, 사회계급의 분화는 노동의 분화를 초래하였고, 이에 따라 교육도 분화를 하게 되었다. 노예주는 문화지식을 전수하는 것을 주요한 내용으로 하는 학교교육을 독점하게 되었고, 노예계급은 단지 생산과 실천활동을 하는 과정에서 학습을 하거나 혹은 통치자가 시행하는 사회교화에 의해 교육을 받는 것으로 한정되었다.

기원전 21세기에서 기원전 771년은 중국으로 보면 노예사회의 시기였다. 이 시기는 다음과 같은 3단계의 발전과정을 거쳐 왔다.

첫째, 하(夏)나라 시기로써 기원전 21세기에서 16세기까지이다. 이 시기는 400여 년간 이어졌는데, 노예사회의 초기단계의 모습을 하고 있던 사회이다. 둘째, 상(商)나라 시기로써 기원전 16세기에서 11세기까지이다. 이 시기는 600여 년간 이어졌는데, 노예제가 발전한 시기이다. 셋째, 서주(西周) 시기로써 기원전 1066년부터 771년까지이다. 이 시기는 약 300년간 이어졌는데, 노예제의 전성 시기이다.

이러한 노예사회의 교육은 노예제를 위한 정치, 경제체제에 부응하기 위한 인재를 양성하는 데 초점을 두고 실시되었다.

1. 원시사회의 생활과 교육의 기원

중국은 세계에서 문명이 가장 일찍이 발전한 국가의 하나이다. 약 5000년의 문자를 보유한 역사와 문화를 가지고 있다고 알려지고 있다.[1] 이것은 고서적에 기록된 전설을 보거나, 원시사회 문화유적지에서 발굴된 유물들을 통해서 증명되고 있다.

중국의 원시사회는 앞에서 언급한바와 같이 대체적으로 원시인군[2], 모계씨족사회[3], 부계씨족사회[4]의 3단계를 거쳐온 것으로 알려지고 있다. 북경 주구점(周口店)에서 발견된 원시인군 단계에 속하는 북경원인(北京猿人)은 이미 조악한 수준의 석기를 제조할 수 있었으며, 불을 사용할 줄 알고 있었다. 그들은 10여 명 혹은 몇 십 명이 원시인 군을 결성해서 단체의 힘을 이용해서 자연계에서 부딪치는 곤란과 독사나 맹수 등의 위협을 물리쳐 왔다. 또 채집과 수렵생활을 통해 전체 사회성원이 필요로 하는 것들을 얻을 수 있었다. 그러면 어떻게 독사나 맹수 그리고 기타 자연재해와 투쟁을 할 수 있었는가? 그리고 이를 통해 어떻게 사회적으로 이루어지는 생산활동과 단체생활의 안전을 보장할 수 있었는가? 이에 대한 해답은 바로 교육이었던 것이다. 즉 앞에서 말한 자연계의 위협, 재해, 생산활동과 단체생활의 안전을 보장하기 위해 원시상태 수준의 교육이 발생했던 것이다. 그리고 노동과 사회실천과정을 통해서 후대를 배양했던 것이다.

서안(西安) 반파촌(半坡村)의 유적지는 대표적인 모계씨족사회단계의 모습을 보여주고 있는데, 생산도구와 노동기능에 있어서 상당한 진보가 있는 것으로 보인다. 이때 생활에 필요한 것을 취득하는 중요수단은 바로 원시농업과 가축사육이었다. 이와 함께 수렵과 채취도 중요한 수단이 되었다. 이 당시 생산도구는 바로 석기를 연마해서 제조한 것이었다. 또 뼈로 만든 그릇과 목기도 있었고, 대량의 도기도 사용한 것으로 나타나고 있다. 어떤 도기는 그 모양과 장식이 아주 아름다운 것으로 나타나고 있다.

---

1) 王炳照 外, 簡明中國教育史, 北京師範大學出版社, 1994, 1쪽

2) 오천 년 만 전의 북경원인이 대표적이다.

3) 대략 18,000년 전부터 6000~7000년 전까지의 씨족사회의 번영 시기

4) 대략 4000~5000년 전의 용산문화와 제가문화 시기

당시 이미 마포(麻布)와 짐승의 가죽을 이용해서 의복을 만들어 입었고, 귀걸이와 같은 여러 가지 장신구를 만들어 사용하였다. 수공기술도 이미 높은 수준에 올라있었고, 초보적인 수준에서 사회적인 업무분담도 이루어져 있었다. 이에 따라 비교적 복잡하고, 어려운 업무는 이 당시에 이미 전문적인 담당자가 맡도록 하는 제도를 가지고 있었다. 거주도 비교적 안정되어 있었고, 고정적인 장례습속을 가지고 있었다. 또 몇 백 명 혹은 1,000명 이상으로 취락을 조성하고 있었다. 취락의 중심에는 공공활동을 위한 커다란 방으로 된 집회장소가 있었고, 주위에는 씨족성원의 거주지가 있었다. 씨족의 우두머리에 대한 선거, 씨족의 중요사항의 토론과 결정, 명절이나 경축 및 종교활동은 모두 이 집회장소에서 거행되었다. 이런 공공활동을 위한 큰방은 자연히 씨족성원과 후대에 대한 교육을 진행하는 중요한 장소가 되었다.

용산문화(龍山文化)[5]와 제가문화(齊家文化)[6]로 대표되는 부계씨족사회단계에서는 농업과 목축업 방면에서 새로운 발전이 있었다. 생산도구는 더욱 발전하게 되었고, 나무쟁기, 석기연마제품들이 더욱 예리해지고, 동기(銅器)를 만들어 사용하기 시작함으로써 구리와 돌을 같이 사용하는 단계로 들어서게 되었다. 도구와 장식품들이 현저히 증가하였고, 미적 관념도 크게 발전하였다. 사람들은 영혼의 세계, 미신과 귀신을 믿기 시작하였고, 조상을 숭배하고, 점술이 유행하기 시작하였다. 이에 따라 일정한 문화적 소양을 지닌 무당이 출현하게 되었다. 사회생활은 더욱 복잡해졌고, 도덕규범, 풍속습관 등이 초보적으로 형성되기 시작하였다. 또 언어와 사유형태도 더욱 발전하게 되었다.

씨족사회의 경제발전에 따라서 교육은 발아상태에서 더욱 의식이 있고, 목적이 있는 단계로 진입하게 되었다. 그리고 일반적인 사회현상과는 다른 교육만

---

5) 중국 북부(화북지방)의 황하 중류에서 하류에 걸쳐 퍼져 있는 신석기 시대 후기의 문화. 흑도가 발달하여 흑도 문화라고도 함. 이 시기 가장 큰 변화는 도시의 출현임. 초기의 주거 형태는 수혈식 주거였지만, 곧 기둥이나 벽을 세운 가옥이 출현함.

6) 중국 황하 상류 지역에서 발견된 신석기 시대 말기부터 청동기 시대 초기의 문화를 말함.

의 분화현상이 나타나기 시작하였다. 이와 더불어 소수의 육체노동에서 벗어난 소위 말하는 지식을 가진 문화인 혹은 지식인이 출현하게 되었다.

중국의 고서적들을 보면 도처에 고대시대의 교육에 관한 전설이 기록되어 있다. 이런 전설들은 비록 신화에 가깝고, 많은 내용이 후대의 사람들에 의해 만들어진 부분이 있는 것도 사실이다. 그러나 이런 고서적들에 기록된 내용들을 통해 사회역사발전의 진전과 교육발생의 원인을 알아내는 데 적지 않은 도움을 받을 수 있다. 그리고 우리는 단지 이러한 과거의 관련 자료들을 통해서만 그 당시 원시사회의 교육상황을 유추해 볼 수 있을 뿐이다.

〈시자(尸子)〉를 보면 "복의 씨의 세상에는 천하에 맹수가 많아서, 민을 가르쳐서 수렵을 하도록 했다."는 것이 기록되어 있다. 〈이·계사〉에는 "신농씨는 쟁기를 만들어 경작을 가르쳤다"고 하고 있으며, 〈오월춘추〉에는 "요(堯)가 기(弃)를 초빙하여 백성으로 하여금 산에 거주하도록 하고 영농기술을 가르쳤으며, (중략) 기를 농사(農師)로 모시어 대(臺)로 봉하고, 호를 후직(後稷), 성을 희씨로 하였다"라고 기록하고 있다. 또 〈맹자·등문공상〉에도 "후직(後稷)이 농사를 가르쳐 오곡을 심고, 오곡이 익어 사람을 키운다"고 기록하고 있다.

〈회남자·제속훈〉에는 "요가 백성에게 가르치기를 물 옆에 사는 사람은 어업에 종사하고, 산에 사는 사람은 임업에 종사하며, 골짜기에 사는 사람은 목축업에 종사하고, 육지에 사는 사람은 농업에 종사하라"고 하였다고 기록하고 있다.

한편 〈예기·예운〉을 보면 원시사회의 생활과 교육상황을 다음과 같이 이상화하여 서술하고 있다.

> "세상은 모든 사람의 공유물이고 신용과 평화를 추구하였다. 늙어도 양로가 가능하고, 젊어서 일거리가 있고, 어린애는 키우는 사람이 있다. 남편이나 아내가 없고, 부모가 없고, 자식이 없는 사람과 장애인들 모두를 의탁할 곳이 있다. 남자는 직업이 있고, 여자는 시집갈 곳이 있다. 생산물은 공동으로 소유하고, 각자가 자기 기능을 수행

한다. 사기 치고 이익을 다투지 않으며 강탈이 없기 때문에 문을 잠글 필요가 없다."[7)]

이밖에 소수민족과 관련한 자료에서도 원시사회의 교육상황과 관련한 내용이 나타나기도 한다. 예를 들면 오원커족(鄂溫克族)과 오르죤족(鄂倫春族)의 교육은 주로 사냥꾼을 키우는 것이었다. 이를 위해 5~6세의 아동들은 사냥놀이를 하였으며, 8세 좌우에는 높이뛰기, 스키 타기, 말 타기, 사격 등을 하였다. 11, 12세에는 성인들을 따라서 사냥에 나섬으로써 실천을 통한 훈련을 받도록 하였다. 그리고 16세 좌우에는 독립적으로 사냥활동을 수행할 수 있도록 하였다. 생산활동 경험과 기능을 전수하는 동시에 그들은 또 아동의 올바른 품성을 배양하고, 사회생활의 규칙을 준수하는 습관을 가지도록 아동을 기르고자 하였다. 예를 들면 인내심, 상호단결, 노약자와 아동에 대한 관심, 기율준수 등이 그것이다.

이상에서 우리들은 원시사회의 교육에 다음과 같은 몇 가지 특징이 있다는 것을 알 수 있다.

첫째, 원시사회에는 사유재산, 계급이 없었다는 것을 알 수 있다.[8)] 공동으로 노동하고, 공동으로 소비하는 생활을 영위하고 있었다. 따라서 당시의 교육도 연령, 성별, 업무분담에 따른 차이 이외에는 어떤 차별이나 차이가 존재하지 않았다.

둘째, 원시사회 교육은 그 목적이 생산과 사회생활에 대한 서비스에 두고 있었다. 기본적인 교육내용은 생산경험과 노동기능 그리고 사회생활상식 예를 들면 생활습관교육, 원시종교교육(자연, 귀신, 조상에 대한 숭배), 원시예술교육(가창, 무용, 회화장식, 조각 등), 체육과 무력훈련 등이 그것이다. 이러한 교육내용의 전달은 생산활동과 사회생활의 실천을 통하여 진행되었으며 전문교

7) 〈예기 · 예운〉

8) 周德昌 外. 中國教育史綱. 廣東高等教育出版社. 1998. 3쪽

육담당자와 전문교육기구는 없었다. 교육수단은 언어, 구전, 관찰과 모방에 의해 이루어졌다.

2. 고대 학교교육의 발아와 하, 상의 교육

일반적으로 학교는 원시사회 말기 혹은 노예사회 초기에 나타난 것으로 알려지고 있다. 당연히 학교의 발생도 기타 사회현상과 마찬가지로 무로부터 출발해서 유로, 불완전한 형태로부터 완전한 형태로 발전과정을 거쳐왔다.

관련 자료를 보면 중국 당(唐)[9], 우(虞)[10] 이전의 오제(五帝)시대(기원전 2700년)에 이미 대학이 있었다고 기록하고 있는데, 그 대학의 이름은 "성균"이라고 불렀다. "성균"의 명칭이 최초로 발견된 것은 〈주례(周禮)〉와 〈예기(禮記)〉에서인데, "성균"을 오제의 대학이라고 여겼다.[11] 또 중국에서 기원전 3000년경에 그림문자와 상형문자가 있었을 것으로 여겨지고 있다. 이러한 문자의 발명은 자연히 문화를 전수하고 학습하는 전문적인 기구를 탄생시켰다. 이러한 것들을 유추해 보면 중국에서 학교가 생긴 것은 오제(五帝)시대인 기원전 2700년 전이라고 말할 수 있다.

전설에 의하면 우순 시대의 학교는 양로(養老) 및 식량비축 장소로도 활용되었으며, 대학교(大學校)와 소학교(小學校)로 구분되어 있었다. 양로는 씨족사회의 전통으로서 생산경험과 사회생활 경험이 있는 노인을 한곳에 집중시켜 집단적으로 생활하도록 하였다. 이런 노인들은 자연적으로 차세대를 교육하는 책임을 지니게 되었으며, 이러한 양로장소가 점차적으로 생산과 생활경험 및

9) 요(堯)임금이 세운 왕조를 말함.

10) 전설상의 왕조로서 순(舜)임금이 건국했다고 전해져옴.

11) 王炳照 外, 前揭書, 4~5쪽

지식을 전수하는 학교가 되었다.

씨족사회 말기에 이르러 최초로 등급이 나타났는데, 노인은 국로(國老)와 서로(庶老)로 구분되었으며 양로장소도 "상상(上庠)"과 "하상(下庠)"으로 구분되었다. 〈사기 · 왕제〉를 보면 "우순은 국로를 상상에 모시고 서로를 하상에 모셨다"고 하고 있다. 이런 장소는 양로물자를 비축하는 창고로 사용되기도 하였기 때문에 〈사기 · 명당위〉에서는 "곡물창고에는 사람 사는데 필요한 물건이 비축되어 있었다"고 하였다.

〈상서 · 순전〉과 〈상서 · 우서〉의 기재에 의하면 우순 시대에 이미 전문 학관이 있어 교육을 담당하였는데, 크게 세 가지 부문으로 나뉘어졌다.

첫째는 "사도(司徒)"로 계(契)로 하여금 책임지도록 하였는데, "5교(五教)" 즉 부의(父義), 모자(母慈), 형우(兄友), 제공(弟恭), 자효(子孝)를 주지하였다. 둘째는 "질종(秩宗)"으로 백이(伯夷)가 책임지도록 하였는데, "3예", 즉 천신(일, 월, 풍, 뢰 등), 인귀(선조 등), 지지(산, 천, 초, 목 등)에게 제사를 지내는 것을 주지하도록 하였다. 셋째는 "전악(典樂)"으로 기(夔)가 책임지도록 하였는데, 음악교육을 관리하도록 하였다.[12)]

물론 이러한 고서상의 기록들은 후기에 들어와 유가(儒家)가 이상화하거나 꾸며낸 것들이 많다. 특히 한나라 시기 유가는 가짜를 만들어 내는 데 능하였기 때문에 이를 완전히 믿을 수는 없다. 그러나 원시사회 말기에 이미 양로와 천지의 귀신에게 제사를 지내는 거창한 의식이 있었으며 비교적 고정된 장소가 있었다는 점은 믿을 수 있다. 이런 의식은 당시 교육의 주요내용과 기본 수단이었으며 이런 고정된 장소는 바로 당시의 학교였다.

하나라 시기는(기원전 21세기~기원전 16세기) 중국 역사상 최초의 노예제 국가였다. 이 시기 학교가 있었다는 직접적인 증거는 없지만 명확한 기록이 여기저기 있다.

---

12) 王炳照 外, 前揭書, 5쪽

예를 들어 〈예기 · 왕제〉의 기록을 보면 "하후씨(夏后氏)는 국로(國老)를 동서(東序)에 모시고, 서로(西老)를 서서(西序)에서 모셨다"고 하고있다. 〈사기 · 명당위〉에는 "서(序)는 하후씨(夏后氏)의 서"라고 하고 있고, "서는 사(射)이며, 이 사(射)는 덕에 따라 선후순서가 있다"고 기록하고 있다. 하조의 통치자들은 대외적인 침략과 대내적인 진압을 위해 사(射)를 가르쳐 무사를 육성하는 것을 중시하였다. 〈문헌통고 · 학교고〉에는 "하후씨는 사(射)로 군사를 만들었다"고 하고 있다. 사를 배우려면 반드시 예의도 배우게 되는 바, 쏘는 사람과 구경하는 사람은 연령에 따른 선후 순서를 지켜야 했다. 따라서 이런 학교를 "서(序)"라고 하였다.

상나라 시기(기원전 6세기~기원전 11세기)에 들어와 노예제도가 더욱 발전하여 생산력이 크게 향상되었다. 이와 함께 문화가 더욱 풍부해지고, 과학이 상당한 정도로 발달하였으며, 교육도 뚜렷한 발전을 이룩하였다. 상나라 시기의 학교에 대해서는 고대의 자료에도 기재되어 있을 뿐만 아니라, 각종 유적지에서 발굴된 풍부한 문물을 통해서도 입증되고 있다.

〈예기 · 왕제〉에는 "은(殷)[13]에서는 국로를 우학(右學)에서 모시고 서로를 좌학(左學)에서 모셨다"고 기록하고 있다. 특히 은나라는 제사를 중시하고 예악을 숭배하였기 때문에 특별히 "고종(瞽宗)"[14]을 설치하여 운영하였다. 그런데 〈예기 · 명당위〉를 보면 "고종은 은의 학교"라고 기재되어 있다. 이러한 "고종"은 악사(樂師)인 고몽(瞽矇)이 주관하고 제사를 지내는 장소로 사용되었으며 음악교육을 진행하고 예악을 배우는 곳이기도 하였다. 이로부터 알 수 있듯이 상나라 시기의 학교는 양로와 활쏘기를 가르치는 상(庠)과 서(序) 외에도 일반 문화지식을 배우고 사상품덕 교육을 진행하는 "학(學)"이 있었으며, 전문적으로 예악을 배우는 고종(瞽宗)도 있었다. 이로 보아 상 시기에는 우순 시대에 비하여

13) 은나라는 상나라의 또 다른 명칭임.

14) 제례의식에 필요한 예와 악을 교육하는 기관

교육제도가 좀 더 진일보해서 발전하였다고 할 수 있다.

은허(殷墟)의 유적지에서 많은 수의 갑골무 "복사(卜辭)"를 발굴했는데, 그중의 많은 자료들이 상조 때 이미 완비된 학교교육이 있었음을 증명해 주고 있다. 갑골문에는 筆(필)자를 ""로 써서 손으로 필을 들고 있는 모양을 나타냈으며, 冊(책)자를 ""로 써서 길고 짧은 참대나무를 한데 묶은 모양을 나타냈다. 이는 상조 때 이미 비교적 성숙된 문자와 비교적 편리한 사서 도구가 있었음을 증명해 주고 있다. "복사(卜辭)"[15]에는 "교(教)", "학(學)" "사(師)" 등 글자가 여러 번 나타나고 있다. 몇 편의 "복사(卜辭)"에 기재되어 있는 내용도 자녀를 학교에 입학시켜 교육을 받게 한 사실을 증명해 주고 있다. 또 다른 두 편의 "복사"에도 은의 귀족자녀들이 매일 통학할 때 비를 맞지 않을지 사전에 점을 쳐보았다는 내용이 기재되어 있다. 곽말약[16]도 한편의 갑골에 비교적 깔끔한 문자가 한줄 적혀있고, 또 다른 네 줄은 아주 지저분하고 완전하지 않은 동일한 문자가 적혀있으며, 그 사이의 두세 개 글자는 또 지극히 깔끔한 것을 발견하였는데, 이는 당시의 문자전수 및 학습의 진실한 상황을 보여주고 있다고 하였다. 또 다른 한편의 "복사"는 당시 은의 주변 국가들에서 자녀를 은에 보내 입학시킨 내용이 적혀있는데, 이는 중국 고대 각 민족 간 문화교육 교류의 증거가 된다.

전반적으로 말해서 중국은 원시사회 말기부터 노예사회 초기에 이르기까지 전문 교육기구인 학교를 점차적으로 설립하였다. 그러다가 상나라 시기에 이르러 비교적 완비된 학교가 만들어지게 되었다. 그러나 학교교육내용은 여전히 당시 정치, 군사, 종교 등 활동과 결부되어 있었으며, 일반 문화지식 교육은 초기단계에 머물러 있었다.

---

15) 은허복사(殷墟卜辭)의 줄임말로, 은허문자를 의미함.

16) 중국어로는 郭沫若이며, 중국의 신문학 활동가, 극작가, 마르크스-레닌주의 혁명가, 마오쩌둥주의 문학사상 공작자이다(위키백과).

3. 서주의 교육제도

1) 서주의 교육정책과 학제

서주(기원전 11세기~기원전 770년)는 노예사회가 고도로 발달한 시기였다. 경제면에서 노예주 귀족중심의 토지국유제를 실시하고, 정치면에서 종법(宗法)제를 토대로 하는 분봉제도(分封制度)를 실시하였다. 군신, 존비, 상하를 엄격히 구분하였고, 부자, 윗사람과 아랫사람, 가까운 것과 먼 것을 확실히 하였다. 사상과 의식면에서는 귀신을 중시하던 것이 점차 사람의 일을 중시하는 것으로 바뀌었다. 이러한 변화는 서주의 통치자들로 하여금 교육을 중시하고 독점하도록 하여 "학교가 관부(官府)에 있고", "관리가 학업을 지키는" 상황을 초래하도록 하였다. 서주에서는 정치와 교육의 일체화, 관리와 교사의 합일, "명인윤(明人倫)"을 교육취지로 통치계급의 치술 인재를 육성하고자 하였다.

서주의 학교는 선조의 것을 집대성하고 각종 학교기구를 통합하여 조직이 비교적 완비된 학교제도를 구성하였다. "고금도서집성"을 보면 "주나라는 전 4조대(4朝代)의 제도를 승계 하여 경사(京師)에 네 개의 학교를 설립했는데, 벽옹(辟雍)이 중간에 있고(즉 성균), 동교(東膠)가 왼쪽에 있으며(즉 동서: 東序), 고종(瞽宗)이 오른쪽(즉 우학: 右學)에 있고 우상(虞庠)은 나라의 서쪽에 있었다." 고 기록하고 있다. 그러나 이러한 고대의 자료에 기록된 내용이 엇갈리는 경우가 많고, 또 그에 대한 해석에도 많은 차이가 있기 때문에 여기서는 여러 가지 기록이나 주장들을 종합하여 서주 학교제도의 모습을 고찰해 보고자 한다.

서주의 학교는 크게 "국학(國學)"과 "향학(鄕學)"의 두 가지로 구분할 수 있다.

(1) 국학

서주의 국학은 노예주 귀족자녀를 전문적으로 교육시키기 위해 설립된 학교이다. 〈예기·왕제〉를 보면 소학이 공궁남(公宮南)의 왼쪽에 있고, 대학이 교외에 있었다고 기록하고 있다. 또 천자가 있는 곳은 벽옹, 제후들이 있는 곳은 반궁(頖宮)이라고 불렀다. 따라서 서주의 국학은 입학연령과 정도에 따라 소학과 대학으로 구분하고, 소학은 궁전 근처에 두고 대학은 근교에 있었다는 것을 알 수 있다. 또 천자와 제후가 공부하는 곳의 대학 이름도 서로 달랐다는 것을 알 수 있다.

서주의 대학은 벽옹(辟雍), 대지(大池), 사려(射廬), 선사(宣榭) 등 여러 가지 상이한 이름이 있었는데 천자가 군신과 학생을 거느리고 활쏘기를 배우고 음악과 가무를 하던 곳이었다. 이런 서주의 대학은 대체적으로 사면이 물에 둘러싸인 언덕에 있었던 것 같다. 사면에 물이 있기 때문에 못과 같아서 "대지(大池)"라고 불렀고, 나라 서쪽에 있었기 때문에 "서옹"이라 불렀다. 또 육지에서 활쏘기를 배우는 곳이었기 때문에 "사려(射廬)"라고 불렀다.

천자가 설립한 대학은 규모가 비교적 컸고 5개 학교로 구분되어 있었다. 벽옹이 중간에 있었는데, 이 벽옹은 태학이라 칭하기도 하였다. 그리고 이 벽옹의 주위에 4개 학교를 나누어서 설치하였다. 물의 남쪽은 "성균"이라 불렀고 다섯 황제의 학명을 땄으며, 악덕(樂德), 악어(樂語), 악무(樂舞)를 배우는 사람들이 있었다. 물의 북쪽은 "상상(上庠)"이라고 불렀고, 우학(虞學)의 이름을 땄으며 전서(典書), 조서(詔書)를 하는 사람들이 있었다. 물의 동쪽은 "동교(東膠)"라고 불렀고, 하학(夏學)의 이름을 땄으며, 창과 방패를 배우는 사람들이 있었다. 물의 서쪽은 "서옹(西雍)"이라고 불렀고, 은학(殷學)의 이름을 땄으며 예의를 배우는 사람들이 있었다. 이 서옹은 "고종"이라고 부르기도 하였다.

〈대대례〉에도 보면 천자의 5학에 관한 설이 기재되어 있는데 제(帝)는 동학(東學)에 들어가고, 상친(上親)과 귀인(貴仁)은 서학(西學)에 들어가며, 상현(上賢)과 귀덕(貴德)은 남학(南學)에 들어간다고 하고 있다. 또 상치(上齒)와 귀신(貴信)은 북학(北學)에 들어가고 상귀(上貴), 존작(尊爵)은 태학(太學)에 들어간다고 기록하고 있다.

한편 제후가 설립한 대학은 규모가 비교적 작았고 한 개의 학교밖에 없었다. 반쪽만 물에 둘러싸여 있었기 때문에 "반궁(頖宮)"이라고 불렀다. 이는 서주의 "국학"이 등급이 뚜렷한 성격을 지니고 있었음을 말해준다.

(2) 향학

서주의 향학은 당시 지방행정구역에서 일반 노예주와 서민 자녀를 위해 설립한 것으로서 규모가 비교적 단순하였고 소학수준밖에 없었다. 이러한 향학제도와 명칭은 고대의 자료들마다 각각 다르게 기재하고 있고, 또 해석도 여러 가지이다. 〈주례〉에 의하면 "향에 상(庠)이 있고 주(州)에 서(序)가 있으며, 당(黨)에 교(校)가 있고 려(閭)에 숙(塾)이 있었다"고 기록하고 있다. 그러나 〈예기·학기〉에서는 "가(家)에 숙(塾)이 있고 당(黨)에 상(庠)이 있으며 술(術)에 서(序)가 있었다"고 기록하고 있다. 그런가하면 〈맹자·등문공〉에는 "주(周)에 상(庠)이 있었다"고 기록하고 있다. 사실상 서주에는 이렇게 보편적인 학교망이 있을 수 없었고 당시의 교육이 상당정도로 보급되었다고 말할 수도 없다. 그러나 지방조직에도 숙, 상, 서, 교 등 학교가 있었음은 믿을 수 있다. 향학의 교육대상은 주로 노예주 자녀였으며 숙중의 우수한 자는 향의 상과 서에 들어갈 수 있었으며, 상과 서중의 우수한 자는 대학에 들어갈 수 있었다.

2) 서주 학교의 교사와 교육내용

서주의 교육제도는 정치와 교육, 관(官)과 사(師)가 통합된 것으로서 이것은 "학교가 관부(官府)에 있었다"는 중요한 상징이 된다. 이렇게 학교교육이 관부에만 있게 된 중요한 이유는 고대의 문물[17]이 모두 비부(秘府)[18]에 보관되어 있

17) 예를 들면 전(典), 모(謨), 훈(訓), 고(誥), 예제(禮制), 전장(典章) 등 이이에 해당한다.

었고, 전문인원이 관리했으며, 관리들만 책이 있었기 때문이다. 또 예(禮), 악(樂), 사(射), 무(舞)에 필요한 기구는 모두 종묘에 보관되어 전악관(典樂官)이 관리하고 관리들만 악기가 있었기 때문이다. 또 학교 교사는 모두 관리들이 겸임하고 있었다. 따라서 배우려고 하는 자는 官을 통해야만 배울 수 있었다. 〈예기·문왕세자〉를 보면 "대악정, 소악정, 대서, 소서, 대사성, 약사, 약사승, 태부, 소부, 사씨, 보씨 등 대부분은 정식 악관(樂官)으로써 귀족자녀의 교사를 겸임하였다"고 기록하고 있다. 이것은 〈주례·춘관〉의 기록과 완전히 일치하는 것이다. 향학의 교관은 지방의 각급 행정수장이 겸임하고 대사도(大司徒)가 총괄하였으며 향학의 교사는 퇴직한 대부(大夫)와 사(士)가 겸임하도록 하였다.

서주의 학교 교육내용은 다양하게 구성되어 있었는데 특히 도덕교육을 중시하였다. 〈예기·문왕세자〉에는 "춘하에는 창과 방패를 배우고 추동에는 우약(羽籥)[19]을 배웠다" "봄에는 하현(夏弦)[20]을 읊고 (중략) 가을에는 예의를 배우고 (중략) 겨울에는 독서를 했다"고 기록하고 있다. 또 〈주례〉를 보면 "대사악은 국자(國子)에게 악덕(樂德), 악어(樂語), 악무(樂舞)를 가르치고, 사씨(師氏)는 세 가지 덕과 세 가지 행(行)을 가르치며, 보씨(保氏)는 여섯 가지 예(禮)와 의(儀)를 가르쳤다"고 기록하고 있다. 이로보아 서주의 교육내용은 덕, 행, 예, 의 등 4가지 방면과 예(禮), 악(樂), 사(射), 어(御), 서(書), 수(數) 등 6예(六藝)를 기본 내용으로 하였음을 알 수 있다.

이러한 서주의 국학과 향학의 교육과목을 종합해서 구체적으로 열거해 보면 다음과 같다.[21]

---

18) 고대 중국과 티베트의 금지된 장서와 도서의 비밀보관장소

19) 중국 고대 제사 혹은 연회 시 무대연출자가 지닌 춤도구 혹은 악기

20) 고대 학교에서 시를 배울 때, 단지 입으로 낭송하는 것을 诵이라 하고, 악기와 함께 하는 것을 弦이라 했다. 이것은 계절에 따라 다른 학습방식으로 채용한 것을 가리킨다.

21) 王炳照 外, 前揭書, 11-12쪽

(1) 국학의 학습과목

① 악교(樂敎)

• 악덕: 중, 화, 지, 용, 효, 우
• 악어: 흥(좋은 물건으로 좋은 일을 비유하고, 나쁜 물건으로 나쁜 일을 비유), 道(즉 導, 지난날의 것을 인용하여 오늘을 자극하다), 풍(문장과 단어를 숙달하게 외우다), 송(리듬 있게 읊다), 언(자신의 의견을 직접 기술하다), 어(논란에 답하다)
• 악무: 운문, 대권, 대함, 대하, 대한, 대무

(이상의 내용은 대사악이 가르침)

② 삼덕(三德)

• 지덕(至德)은 도(道)의 본(本)을 위한 것, 민덕(敏德)은 행위의 본(本)을 위한 것, 효덕(孝德)은 악에 거슬러 행동하는 것을 아는 것이다.
• 삼행: 효행은 부모를 모시는 것, 우행(友行)은 현량(賢良)을 존중하는 것, 순행(順行)은 스승과 윗사람을 잘 모시는 것이다.

(이상의 내용은 사씨가 가르침)

③ 육예(六藝)

오례(五禮), 육악(六樂), 오사(五射), 오어(五御), 육서(六書), 구수(九數)

④ 육의(六儀)

제사, 손님, 조정, 장례, 군려, 차와 말의 모습(이상 내용은 보씨가 가르침)

⑤ 육무(六舞)

고무(鼓舞), 우무(羽舞), 황무(皇舞), 모무(旄舞), 수무(手舞), 인무(人舞)

(이상의 내용은 악사가 가르침)

(2) 향학의 교학과목

① 육예(六禮): 관, 혼, 상, 제, 향(饗), 상견 등의 예의

② 칠교(七教): 부자, 형제, 부부, 군신, 장유(長幼), 친구, 빈객

③ 팔정(八政): 음식, 복장, 사위(事爲), 이별(異別), 도(度), 량(量), 수, 제(制: 원단 폭 넓이)

④ 향삼물(鄉三物)

- 육덕(六德): 지, 인, 성, 의, 충, 화
- 육행(六行): 효, 우(右), 목(睦), 인(姻), 임(任), 휼(恤)
- 육예(六藝): 예, 악, 사, 어, 서, 수

(이상의 내용은 대사도가 책임지고 가르침)

노예사회에서의 이러한 교육내용은 사실 "자신을 수련하여 다른 사람을 다스리는" 치술 인재를 육성하기 위한 것이었다. 특히 생산관련 지식과 자연과학을 극단적으로 소홀히 한 것은 노예사회 교육의 한 가지 중요한 특징으로서 후대의 봉건사회 교육에도 심각한 영향을 미쳤다.

3) 서주의 유아교육과 여성교육

서주시대에는 유아교육을 대단히 중시하였다. 가의(賈誼)는 중국에 아주 일찍 "조유교(早喩教)와 선좌우(選左右)"의 사상이 있었다고 했다. "조유교(早喩教)"란 가능한 한 빨리 교육을 실시해야 한다는 뜻으로 가의(賈誼)는 "마음이 썩기 전에 교육을 실시해야 쉽다"고 했으며 심지어는 태교도 주장하였다. 전설에 의하면 "주기후(周妃后)는 임신한 뒤 서서 흔들지 않고, 똑바로 앉으며, 떠들썩하게

웃지 않고 화나도 욕하지 않는 등 태교를 하였다"고 한다. "선좌우(選左右)"는 유아의 선생님과 보모를 신중하게 선택하여 출생 후 "바른 일을 보고, 바른 말을 들으며, 옳은 길을 걷고 좌우전후에 모두 바른 사람만 있도록 한다"는 것이다.

〈대대기·본명〉에는 유아의 발육성장과정이 기록되어 있다.

"사람이 태어난 뒤 다섯 가지를 갖추지 못하고 있는데, 그것은 보지 못하고 먹지 못하고 걷지 못하고 말하지 못하고 변화하지 못하는 것이다. 3개월이 지난 뒤 볼 수 있다. 8개월 되면 이가 자라고 먹을 수 있다. 1년 되면 종지뼈가 생겨 걸을 수 있다. 3년되면 말할 수 있다. 16세가 되면 정이 통하고 변화할 수 있다."

〈예기·내측〉에는 유아가 출생해서부터 소학에 들어가기 전까지의 교육내용이 기재되어 있다. 그 내용을 살펴보면 다음과 같다.

"아이가 음식을 먹을 수 있으면 오른손을 쓰도록 가르친다. 말할 수 있으면 남자는 '유(唯)'이고 여자는 '유(俞)'이다. 남자는 '위(韋)'를 사용하고 여자는 '증(繒)'을 사용한다. 6살 때 숫자와 방향을 가르친다. 남녀 칠세 부동석이고 함께 음식을 먹지 않는다. 8살이 되면 밖에 드나들고 좌석에 앉아 밥을 먹으며, 반드시 윗사람보다 뒤에 먹는다. 9살이 되면 날짜를 가르친다."

이러한 기록으로 보아 당시의 유아교육 내용에는 지식교육뿐 아니라 품성교육 내용도 있었으며 또 유아의 실제생활과 밀접히 연관된 교육을 하고 있었다는 것을 알 수 있다.

서주에는 전문적인 유아교육기관이 없었다. 국자(國子)와 공경귀족(公卿貴族) 자녀는 전문적인 보모를 두어 교육을 시켰으며, 일반가정의 자녀들은 가정교육만 받았다. 따라서 부모는 유아한테는 최초의 교사였다.

한편 서주 시대에는 남존여비의 사상이 아주 심각하였다. 여자는 사회와 가정에서 모두 지위가 없었고 학교교육을 받을 권리와 기회가 없었다. 유아가 말을 하기 시작하자마자 남녀유별을 강조하고 언행과 복장에 있어서도 뚜렷한 구분이 있었다. 7살짜리 유아 때부터 잠자고 밥 먹을 때 엄격하게 격리시켰고, 남녀가 친하게 주고받지 못하도록 하였다. 10살이 되면 여자아이는 대문 밖에 나가지 않는 것을 원칙으로 하였으며 할 수 없이 나가야 할 때에는 수건으로 얼굴을 가렸다. 여자의 미덕은 순종을 원칙으로 하였기 때문에 어릴 때부터 이러한 교육을 받았다. 〈예기·내측〉의 기록에 의하면 여자가 일생동안 배우고 종사한 일은 취사, 재봉, 편직 등 가정의 잡무에 불과하였고, "치학"과 "정치참여" 등 대사에 대해서는 불문하였다고 하고 있다. 이러한 내용을 통해 "여자가 무재(無才)하면 덕이다"라는 사상의 유래가 아주 오래되었으며 그 영향이 아주 깊었음을 알 수 있다.

4) 서주학교의 관리제도

서주의 학교교육은 우(虞), 하(夏), 상(商) 3대의 경험을 집대성하여 비교적 완전한 교육제도를 만들어 내었으며, 학교 행정관리 면에서도 초보적이기는 하지만 나름대로의 관리규정을 제정하여 시행하였다.

(1) 입학연령과 수업연한

서주 시기 학교의 입학연령에 대해서는 고대의 각종 서적마다 다르게 기록되어 있다. 그러나 대체적으로 학생의 출신배경에 따라 빠르거나 늦은 것 같다. 〈대대기·보부〉에 의하면 "옛날 사람들은 8살이 되면 밖에서 살면서 소예(小藝)를 배우고 소절(小節)을 이행하였으며, 15살 되면 대예(大藝)를 배우고 대절(大節)을 이행하였다"고 기록하고 있다. 〈백호통〉에 의하면 공경(公卿)의 태자와 대부원사(大夫元士)의 본처 아들들의 경우는 13세에 소학에 들어가고 20세에 대학에 들어갔으며, 그 외 사람들은 15세에 소학에 들어가고 18세에 대학에 들어갔다고 하고 있다. 이러한 입학연령의 차별은 종법등급제도의 반영을 의미한다. 수업연한에 관해서는 명확한 기록은 없으나 입학연령으로부터 추산해 보면 소학은 7년, 대학은 9년쯤으로 추산해 볼 수 있다.

(2) 시험과 상벌

서주에는 이미 연간시험방법이 있었다. 학생은 매년 입학하고 격년으로 시험을 보았다. 〈예기·학기〉의 기록에 의하면 "1년 후에 상도를 벗어난 상대방 생각을 판별하는 것을 시험보고, 3년 후에는 사업에 몰두하며 남과 토의 연구하기를 좋아하는지를 시험하며, 5년 후에는 박식하고 친사(親師)한지를 시험한다. 또 7년 후에는 학문을 논하고 벗을 취하는 것을 시험하여 작은 성공을 이룩했는지 시험하였다. 그리고 9년 후에는 지류(知類)에 통달하고 홀로 서서 큰 성공을 이룩했는지를 시험하였다."고 하고 있다. 시험 중에 교육을 받지 않은 자를 발견하면 대악정(大樂正)에게 보고하고, 대악정이 다시 왕에게 보고하였다. 이러한 경우가 발생하면 왕은 삼공구경(三公九卿)과 대부원사(大夫元士)에게 명하여 예를 학습시켜 감화시키도록 하였으며, 만약 개선이 되지 않으면 왕이 직접 학업을 시험하여 경고를 주었다. 그래도 여전히 변화가 없으면 먼 곳에 보내 평생 사람취급을 받지 못하도록 했다.[22]

"향학"의 시험은 향대부(鄕大夫)가 책임을 지었다.

향학에서는 시험을 치러 향론(鄕論)에서 우수한 성적을 받은 사(士)를 사도(司徒)로 승진시켜 선사(選士)라고 불렀으며, 선사 중에서 우수한 자를 학(學)으로 승진시켜 준사(俊士)라고 하였다. 선사와 준사는 모두 부역을 면해 주었는데 당시 이런 사람들을 조사(造士)라고 하였다. 한편 향학에도 징벌제도가 있었는데,

22) 〈禮記 · 王制〉

교육을 받지 않는 자를 발견하면 사도가 향의 사람들을 모두 학교에 집합시켜 예를 학습시켜 감화시켰으며, 그래도 개선이 되지 않으면 오른쪽 향으로부터 왼쪽 향, 또는 왼쪽 향으로부터 오른쪽 향으로 이전시켰다. 이렇게 이전을 시켜도 여전히 변화가 없으면 교외에 살게 하였고, 끝까지 고쳐지지 않으면 먼 곳에 보내 평생 사람취급을 받지 못하게 했다.[23]

한편 국학에서 그 학업을 크게 달성한 자 또는 향학의 선사 중의 우수자는 모두 왕에게 보고하여 사마(司馬)로 승진시켰으며 이들은 모두 진사라고 불려졌다. 또 사마 중에서 우수한 자는 왕에게 보고하여 관직을 주었고, 작위를 내렸다. 이상에서 알 수 있듯이 서주 학교의 시험은 관리의 선발과 결합된 것이었다.

(3) 양로와 시학(視學)

서주 시기 이전의 학교는 활쏘기와 예의를 배우는 장소로 겸용되었으며 양로 역시 중요한 내용이었다. 서주에 들어와서는 더욱 양로와 학교를 결합시켰다. 천자와 제후는 매년 학교를 시찰하였으며 성대한 양로의식을 거행하였다. 천자는 매년 네 차례나 학교를 시찰하였다. 매번 시찰시 당일 아침에 북을 두드려 군중을 집합시키고, 천자가 오면 큰제사를 지내는 예(禮)를 올렸으며 이튿날에는 양로의 예(禮)를 거행하였다. 천자, 공경, 제후, 대부는 반드시 출석해야 했으며 먼저 선조의 제사를 지낸 뒤 연로자들을 위해 큰 상을 차려 술 마시고 시가를 읊고 춤과 무예를 즐겼다. 이와 함께 나이가 들고 경험이 많은 사람들에게 좋은 말들을 요청했으며, 부자, 군신, 윗사람과 아랫사람이 지켜야 할 도리 등에 대해 논하였다.

이런 양로 및 시학제도는 통치자의 "존년경덕(尊年敬德)"[24]과 "존교중도(尊教重道)"[25]를 나타내기 위한 것이었다. 또, 나이가 들고 경험이 많은 사람들의 말

23) 〈禮記 · 王制〉

24) 나이를 존중하고 덕을 존경함

을 빌려 청년들에게 은연중에 감화를 받는 교육을 실시하기 위한 것이기도 하였다. 당시 연로하면서도 덕망이 높은 사람들은 지식과 생활경험이 모두 풍부하기 때문에 후대를 계발하고 문화를 보급하는 면에서 특별한 역할을 발휘할 수 있었다. 이런 제도는 봉건사회에서 지속적으로 유지, 실시, 발전되었다.

25) 가르침을 존중하고, 도를 중시함

CHAPTER

03

춘추전국 시기의 교육

춘추 시기는 기원전 770년에서 476년까지로 약 300년간 이어졌으며, 노예제도가 붕괴되고 봉건제도가 도입되던 사회대변혁의 시기이다. 이렇게 사회의 대변혁이 진행된 이유는 사회경제의 새로운 발전 때문이었다. 즉 철제농기구의 사용과 소를 이용한 농사가 점차 보급되고 수리관개시설이 발전되면서 농업의 생산성이 높아지게 된 것과 관련이 있다.

한편 전국 시기는 기원전 475년부터 221년까지로 중국이 새로운 역사적 단계로 들어간 시기이다. 춘추시대의 장기적인 전쟁과 각 제후국 내부의 정치, 경제의 발전은 기원전 4세기 말에 이르러 중국대륙에 위, 조, 한, 제, 진, 초, 연의 "7웅"이 자웅을 겨루는 국면에 들어가게 되었다.

그러다가 진시황이 나머지 6개국을 통합하여 중앙집권의 통일국가를 건립하게 되면서 이러한 "7웅"할거의 시대는 종막을 고하게 되었다. 후세 사람들은 이러한 일곱 제후국을 "전국(戰國)"이라고 칭하고, 이 시기를 전국시대라고 부르고 있다.

춘추 시기와 전국 시기는 일반적으로 춘추전국 시기라고 부르고 있는데, 이 시기는 사상의 발전만큼이나 교육면에서도 커다란 발전을 이룩했던 시기이다.

1. 관학의 쇠락과 사학의 흥기

기원전 770년 주평왕(周平王)이 도읍지를 낙읍(洛邑)으로 옮긴 후부터 기원전 221년 진이 여섯 나라로 될 때까지 500여년은 왕실의 쇠락과 제후들의 할거 속에서 7국이 자웅을 거둔 시기로써 이때를 중국역사상 동주 혹은 춘추전국시대라고 부르고 있다.

춘추전국시대는 중국역사상 중대한 변혁이 발생한 시기로써 일반적으로 노예제가 봉건제도로 변하는 과도 시기라고 일컬어지고 있다. 철제농기구의 사용과 논농사가 점점 광범위하게 보급되었고, 농사를 짓기 위한 수리관개도 점점 발전해 나가는 추세를 띠었다. 이에 따라 농업생산력이 최고로 높아지게 되었다. 중하층 귀족과 자유민이 경쟁적으로 황무지를 개간하면서 사전(私田)이 부단히 증가하게 되었고, 그 생산효율성도 노예주에 의한 공전(公田)보다 훨씬 높아지게 되었다. 이에 따라 개인은 살찌고, 공공은 돈이 없는 현상이 나타나게 되었다. 각국의 제후는 징수방식을 바꾸지 않을 수 없었고, 이에 따라 강제부역을 하는 방식에서 실물로서 땅의 세금을 징수하는 방법으로 바꾸었다. 이것은 법률상 토지개인점유제를 승인하는 결과를 초래하게 되었고, 봉건제도가 발전하는데 하나의 계기를 만들어 주었다.

경제기초의 변혁에 따라서 사회의 상층부에도 커다란 변화가 발생하였다. 정치면에서 왕권이 쇠락하고, 의식상에서 전통적인 예악이 붕괴되는 현상이 출현하게 되었다. 교육방면에서도 이에 따른 변화가 나타나게 되었는데 그것은 바로 관학의 쇠락과 사학의 흥기이다.

관학이 쇠락한 원인은 다음과 같이 말할 수 있다.

하나는 왕실과 제후들이 전쟁에 몰두하고, 사회전체가 이러한 전쟁의 와중에 빠지면서 학교를 돌볼 여가가 없었다. 다른 하나는 당시 노예주였던 귀족들이 정치적으로 몰락하면서 진취정신을 상실하였고, 이런 와중에 부패하고 사치한 생활에 빠지면서 학습에 대한 흥미를 상실하였던 것이다. 〈좌전 · 소공18년(左傳 · 昭公十八年)[1]〉(기원전 524년)을 보면 "학문이 없어도 되고, 배우지 않아도 해가 없다."고 기록하고 있다. 이것은 관학교육이 이미 사회의 새로운 요구에 적응하지 못하고 있음을 말해주고 있는 것이고, 결국은 그 당시의 교육이 새로운 변화와 발전을 해야만 하는 상황에 직면했음을 의미하고 있다.

그러나 이러한 관학의 쇠락이 교육발전의 중단을 가져온 것은 아니다. 관학의 쇠락과 함께 사학의 흥기를 가져오게 되었고, 이것은 교육의 발전에 새로운

---

1) 좌전은 기원전 722년부터 기원전 468년까지 250여 년간 노나라와 춘추시대의 역사서

활로를 열어 주었다. 기록을 보면 춘추전국시대에 개인이 교육을 실시하는 풍조가 대단히 활발했고, 이에 따라 도처에 사학이 출현했던 것으로 나타나고 있다. 공자는 사학의 대가로서 그의 사학에 대한 집념과 역사는 대단히 긴 것으로 나타나고 있다. 묵자도 사학을 개설했는데, 규모면에서나 실력 면에서 사회에 미치는 영향이 비교적 컸던 것으로 알려지고 있다. 이러한 묵자의 사학은 공자의 유가사학과 함께 "현학(顯學)"이라고 칭해지고 있다. 공자의 후학인 자사, 맹자, 순자와 묵자의 문도들은 공자가 중심이 되어 개화시킨 사학을 계속적으로 발전시켰다. 그 외에 명가, 법가, 종횡가 등도 모두 제자들을 모아서 교육을 시켰는데, 학생 수가 많을 때는 수천 명, 적을 때는 수십 명에서 수백 명까지 달하였다. 전국시대 후기에 이르러 사학은 더욱 번성하였으며, "사람들이 밭 경작을 방치하고, 집 등을 팔아서 학문을 배우는데 그 수가 읍인구의 거의 반에 달하였다."[2]는 말이 나올 정도였다. 또 진나라 사람들은 상인을 포기하고, 선비가 되려는 자가 25%나 되었다고 한다.[3]

사학이 발생하고 발전하게 된 원인은 여러 가지가 있을 수 있다. 우선 사회의 변화에 따른 교육상황의 변화이다. 당시 노예주 귀족이 중심이 되던 교육적 상황은 사회의 변동에 따라 노예주 귀족들의 권력이 쇠퇴하면서 그들이 중심이 되던 교육도 당연히 다른 길을 모색하게 되었다. 학문이 관부에만 있다고 여겨지던 상황이 변해서 관부의 전적(典籍)이나 유물과 같은 숨겨진 것들이 점점 민간에게도 개방되었다. 이런 가운데 일정한 학식을 가진 사람들이 사학의 교사가 되었다. 동시에 학습과 관련한 많은 자료들을 제공하게 되었다. 당시 사회적으로 적지 않은 사람들이 경제적, 정치적 발전으로 인해 학문을 알 필요성을 절감하고 있었다. 사학의 설립은 바로 이러한 사회적 요청과 맞물리면서 커다란 흡인력을 가지게 되었던 것이다.

2) 〈한비자 · 외저비설좌상〉

3) 王炳照 外, 前揭書, 18쪽

춘추전국시대의 사학은 중국교육의 발전과 관련시켜 본다면 매우 중요한 의미를 가지고 있다.

첫째, 사학이 구전통의 권부중심교육에서 벗어나는 계기가 되었다. 춘추전국시대 사학의 등장과 발전은 학교가 왕궁으로부터 민간으로 빠져나오도록 하였다. 또 교육의 과정과 정치활동이 분리되도록 하였다. 과거에는 관리가 교사의 역할을 하고 있었다. 그러나 사학이 등장하면서 교사는 관리가 아닌 비교적 독립된 사회적 직업이 되었다. 또 필요하면 언제든지 어느 장소에서든지 수업을 할 수 있게 되었고, 학생들도 자유롭게 교사를 택할 수 있게 되었다. 이와 함께 교육의 내용과 사회생활에도 비교적 밀접한 연계성이 나타나기 시작하였다. 과거 관학의 틀에 박힌 교육, 경직된 분위기가 바뀌고, 고대 학술의 발전을 이끄는 견인차가 되면서 많은 학자와 인재를 배출하게 되었다.

둘째, 교육 대상의 확대를 가져왔다. 공자가 처음 제창한 누구에게나 차별없이 교육을 실시한다는 정신이 사학 속에서 실천되면서 당시 각 학파의 하나의 원칙이 되었다. 이에 따라 교육의 대상이 소수의 귀족으로부터 평민에까지 넓어지게 되었다.

셋째, 사학의 발전은 교육이론과 교육경험 방면에서도 커다란 발전을 가져오도록 하였다. 〈논어〉, 〈묵자〉, 〈맹자〉, 〈순자〉, 〈관자〉, 〈여씨춘추〉 등의 저작 속에는 풍부한 교육관련 내용과 경험들이 포함되어 있다. 뿐만 아니라, 〈대학〉, 〈중용〉, 〈제자직〉, 〈학기〉와 같은 교육 전문서적들도 출현하였다. 이 중에서 〈학기〉는 하나의 체계를 갖춘 교육 전문서적으로서 그 가치가 매우 높다고 볼 수 있다.

2. 선비양성의 성행과 백가쟁명

춘추전국시대 관학의 쇠락과 사학의 흥기에 따라서 선비는 하나의 사회계층이 되었다. 선비의 지위가 부단히 높아짐에 따라 영향력도 갈수록 커지게 되었고, 이에 따라 선비들의 수도 갈수록 많아지게 되었다. 소위 선비, 즉 "사(士)"란 본래 노예주 귀족정권의 하급관리를 칭하는 명칭으로서 "공경대부사(公卿大夫士)"의 "사(士)"를 말하는 것이었다. 또는 사민(四民)의 우두머리 즉 "사농공상(士農工商)"의 "사(士)"를 지칭하는 것이기도 하였다. 그러나 춘추 이후에는 사람들은 사회에서 사냥을 하지 않거나, 농공상에 종사하지 않는 자와 같이 생산활동에서 벗어난 사람들을 "사"로 칭하게 되었다. 이런 "사"는 일정한 학문적 지식이나 특기를 가지고 있었고, 여기저기를 다니면서 유세를 하거나 자신의 신분을 높이기 위한 활동을 하고 다녔다. 이런 과정에서 사회적으로 그들은 이상현상이라고 할 만큼 큰 세력을 형성하게 되었고 그 역량도 대단히 커지게 되었다. 특히 당시는 제후들이 패권을 잡기 위한 싸움을 벌이고, 7국이 자웅을 겨루던 시기였다. 이때 각국 제후와 공경대부 들은 자기의 세력을 키우고 영향력을 확대하기 위하여 모두 사를 양성하는 데 힘을 쏟았고, 이에 따라 선비양성의 풍조가 성행하게 되었다.

춘추 전기에는 귀족 혹은 몰락한 귀족의 자제들이 선비의 다수를 차지하고 있었다. 그러나 춘추시대 말기에 이르러는 사문(私門)과 공실(公室)이 투쟁을 벌이게 되었고, 이 과정에서 서로 경쟁적으로 사를 양성하는 형태를 띠게 되면서 선비의 출신계급이 날로 다양해졌다. 전국시대에 이르러서는 공실(公室) 예를 들면 진목공(秦穆公), 위문후(魏文候), 제위왕(齊威王), 제선왕(齊宣王), 양혜왕(梁惠王), 연소왕(燕昭王) 등이 모두 문사의 집중적인 보호자였다. 사문(私門)의 경우는 4공자, 즉 맹상군, 춘신군, 평원군, 신릉군 등이 대표적인 문사 보호자로서 그들의 식객은 3,000명이 넘었다고 한다. 공실과 사문은 선비의 양성과 관련하여 치열한 경쟁을 벌였고, 이 과정에서 여러 가지 조치들이 취해졌다. 예를 들면 공실은 사문으로 선비가 옮겨가는 것을 용납하지 않았고, 사문은 공실로 선비가 옮겨가는 것을 용납하지 않는 조치가 그 한 예이다. 이런 과정에서 선비들의 신분은 날로 높아지게 되었고, 사회적 지위도 복잡해지게 되었다. 이런 과정에서 많은 부작용이 나타나게 되는데, 대표적인 것이 도둑까지도 스스로를 "사(士)", 즉 선비라고 칭하게 되었던 것이다.

사(士)를 양성하는 풍조의 성행은 사학의 발전을 촉진하였다. 사(士)는 일종의 괜찮은 직업이 되었으며, 몸값도 매우 높아서 많은 사람들이 학문을 해서 사(士)가 되고자 하였다. 그래서 많은 사람들이 독서에 열중하고 기타 생산적인 일에 종사하는 것을 중시하지 않는 새로운 풍조에 쌓이게 되었다. 춘추말기의 공자, 묵자 그리고 전국시대의 제자백가는 모두 이런 사회적 토양 아래에서 성장하고 발전해 나온 것이다.

춘추전국시대의 사회변혁은 사상전개의 활발함을 가져다주었다. 사학의 흥기와 사(士)를 양성하는 풍조의 성행은 각종 학파의 발전을 가져다주었고, 백가쟁명의 국면을 형성하면서 학술방면에서 공전의 번영을 가져오게 되었다.

제자백가는 일반적으로 "구류십가(九流十家)"를 가리키고 있다. 그것은 음양가, 유가, 묵가, 명가, 법가, 도덕가의 6가와 종횡가, 잡가, 농가를 더해서 "9류"라고 칭하고 있다. 다시 여기에 소설가를 더해서 "10가"라고 칭하고 있다. 그중에서 영향력이 가장 크고, 교육과 밀접한 관련성을 가진 것은 유가, 묵가, 도가, 법가이다. 유가는 공, 맹, 순과 〈예기〉를 대표로 삼고 있다. 묵가는 묵자와 그 후학들을 대표로 삼는다. 또 도가는 노, 장으로써 대표를 삼고, 법가는 상앙(商鞅)과 한비(韓非)를 대표로 하고 있다. 각 학파는 각자의 입장에서 출발하여 서로 다른 계층이나 계급의 이익을 대변하고 있다. 그리고 각양각색의 치국과 치민 방안을 제출하였다. 이런 과정에서 각 학파사이에 여러 가지 관점들을 놓고 치열한 논쟁이 벌어지기도 하였으며, 이런 논쟁과정을 거치면서 미묘한 상호흡

수와 침투가 벌어지기도 하였다. 그리고 이런 과정을 거치면서 각 학파는 진일보 발전하게 되었고, 학술문화의 번영을 꽃피우게 되었다.

각 학파는 모두 교육문제를 중시하였다. 백가쟁명은 교육이론을 발전시키고, 교육경험을 풍부하게 만들어 주었다. 특히 각 학파의 대표적인 인물들은 사상가이자 저명한 교육가이기도 하였다. 따라서 유가의 공자, 맹자, 순자, 묵가의 묵자, 도가의 노자와 장자, 법가의 상앙과 한비 등은 모두 적지 않은 교육논저들을 가지고 있었는데, 그중에서 유가와 묵가의 두 학파는 교육과 관련한 논술을 가장 많이 가지고 있었다. 그리고 그중에서 유가교육사상은 중국 고대교육사상의 주류를 이루고 있다.

3. 직하학궁(稷下學宮)

직하학궁은 전국 시기 신흥 지주계급이 설립한 유일한 대학성격의 학교이다. 직하학궁은 제나라의 수도인 임치(臨淄) 서문에 위치해 있었다. 이 학교는 기원전 307년 좌우에 설립되었는데, 그것은 제의 환공이 집정하던 시기이다. 제나라는 춘추 이후에 들어와 진국이 되었는데, 경제가 번영하고, 인구가 많았으며, 농공상을 중시하였다. 이에 따라 신흥 봉건경제가 활발하게 일어났고, 이러한 경제의 활성화는 직하학궁의 창설에 필요한 경제적인 기초를 마련해 주었다.

제국의 통치자는 마음속으로 중국을 통일하겠다는 마음을 가지고 있었다. 그들은 부국강병정책을 추진하는 동시에 문화정책면에서도 개방정책을 취하였다. 천하의 인재들을 모으는 등 통일에 대비한 인재들을 모았다. 직하학궁은 바로 이러한 환경 아래에서 탄생된 것이다. 이 학교는 환공, 위왕, 선왕, 민왕, 양왕, 왕건의 6대 약 150년 동안 존속하였다.

직하학궁은 자유롭게 강학하는 형식을 띠고 있었다. 더욱이 위왕 시기에는 여러 가지 학문을 포용하고, 백가쟁명을 통하여 그중에서 선택된 자를 학교에 입하시키는 방법을 취함으로써 직하학궁의 발전을 촉진시켰다. 당시 각 학파의 사학은 이미 성행하고 있었는데, 이 당시 각 사학의 명인(名人)들은 모두 학생들을 데리고 이 직하학궁에 유학을 왔는데 많을 때는 제자가 3,000명, 적을 때는 수십 명이었다고 한다. 맹자, 순자도 모두 이렇게 이 직하학궁에 와서 제자를 모아 강학을 했다고 한다.

이 학궁은 제나라의 왕이 직접 주관하였으며, 내방학자에 대해서는 높고 낮음을 구별해서 다른 관직을 주었는데, 이것을 통칭해서 "직하선생(稷下先生)"이라고 하였다.

직하학궁은 백가쟁명을 장려하였다. 정기적으로 학술활동을 전개하고, 상호 토론을 전개하였다. 학술활동은 대가(大家)로 공인된 제주(祭酒)가 중심이 되어 조직하였다. 학생들도 자유롭게 사학의 한계를 뛰어넘어 스승을 선택하도록 함으로써 지식의 폭을 넓힐 수 있도록 하였다. 제의 왕들은 이 직하학궁에 오는 학자들을 거절하지 않고 정성껏 맞이하였고, 가는 자에 대해서도 막거나 하지 않았다. 다시 돌아오는 경우에도 평등하게 대우하였다. 이러한 정책과 조치는 직하학궁을 전국 시기 백가쟁명의 중심과 각국의 문화와 교육의 중심이 되도록 하였다. 이 학교는 황로학파, 음양학파, 순자학파 등을 탄생시켰고, 이 3대 학파의 사상은 모두 중국봉건사회의 중요한 사조가 되었다. 더욱이 한대에 끼친 영향은 매우 크다고 하겠다.

CHAPTER

04

진한의 교육

중국역사에서 볼 때 진한(기원전 221~기원220년)은 통일된 봉건국가가 형성되고 확립되는 시기였으며, 중국 봉건교육이 제도화되고 정형화되는 시기였다.

기원전 221년 진은 6국을 통일하여 오랫동안 제후가 할거하며 자웅을 겨루던 시대를 마감시켰다. 그리고 군주전제의 고도로 중앙집권적인 봉건국가를 건립하였다. 진은 6국을 통일한 후 법치사상을 정치의 지도이념으로 삼아 나라를 통치해 나갔다. 6국 시기의 일부 귀족들이 자신의 가문을 일으키고 나라를 다시 일으키려는 생각을 제거하기 위하여, 진은 6국역사와 유가학설을 전수하는 것을 금지하는 정책을 취하였다. 그리고 결국은 "분서갱유(焚書坑儒)"의 길로 들어서게 되었다.

기원전 206년 진나라는 농민봉기에 의해서 전복되었고, 유방에 의해 한나라(기원전 206~기원220년)가 건립되었다. 전쟁으로 인한 파괴와 경제적 곤란을 극복하기 위하여 한나라는 건립 초기에 정치적으로 "무위이치(無爲而治)"[1]와 "휴양생식(休養生息)"[2]의 정책을 실시하였다. 교육, 문화면에서도 정부는 각종 학파에 대한 억압을 풀어, 각 학파의 학설들이 다시 자유로운 발전의 기회를 맞도록 하였다. 이에 따라 유가사상이 다시 진 시기의 굴레에서 벗어나 소생하기 시작하였다.

"무위이치(無爲而治)"의 실시는 전쟁에 의해 무너진 한나라 초기의 경제를 살리겠다는 생각에서 시작되었다. 그러나 이러한 "무위이치(無爲而治)"의 정책은 여러 가지 문제를 야기하게 되었고, 야기된 문제를 해결하지 못한 채 사회모순으로 남겨놓았다. 기원전 140년 한무제가 즉위한 후 중앙집권을 강화하기 위해 한나라 초 몇십 년간의 정치, 경제방면의 기반을 기초로 해서 "유위(有爲)"정치를 시작하였다. 이에 따라 반드시 통치 집단의 의지와 사상을 통일할 필요성이

1) 이 말의 의미는 무위 즉 도가의 정치사상으로부터 출발한 것으로서, 그 뜻은 아무 것도 하지 않으나, 천하가 잘 다스려진다는 뜻을 가지고 있다.

2) 이 말은 나라가 전쟁이나 큰 변혁 뒤에 국민의 부담을 경감시키고 생활을 안정시켜 원기를 회복하게 한다는 뜻을 담고 있다.

있었다. 한무제는 동중서(董仲舒)의 "백가(百家)를 배척하고, 유가를 존중할 것"에 관한 건의를 받아들여 유학으로서 정치의 지도이념으로 삼았다. 그 이후 유가경전에 대한 연구와 교육이 흥성해지기 시작하였으며, 유가경전을 학습하는 것이 사람들이 출세를 하는 중요한 수단이 되었다.

1. 진의 교육

기원전 221년 진은 6개국을 멸망시키고 중국사상 최초의 통일된 다민족 봉건 국가를 세웠다. 새로운 전제적 중앙집권 국가를 공고히 하기 위해 진시황은 일련의 정치 및 경제조치를 시행하였다. 문화와 교육방면에서도 그는 "서동문(書同文)", "행동윤(行動倫)" "설삼노이장교화(設三老以掌教化)" "반협서령(頒挾書令)" "금사학이이위사(禁私學以吏爲師)" 등 국가의 통일을 공고히 하기 위한 중요한 정책과 조치들을 취하였다.

1) "서동문"과 "행동윤"

"서동문"의 목적은 전국 시기 "언어가 다르고 문자가 다른" 현상을 제거하기 위해 소전(小篆)[3]을 문자 형체의 기준으로 삼아 문자개혁과 문자통일을 위하여 실시한 정책이다. 이는 진나라의 정책과 법령이 순조롭게 추진될 수 있도록 장애물을 제거하는데 기여했을 뿐만 아니라, 문화와 교육의 보급을 위해 매우 유리한 조건을 마련해 주었다.

문자개혁 후 소전으로 쓴 몇 가지 동몽(童蒙) 교과서를 편찬하였다. 예를 들

3) 한자의 8자체의 하나로써 진나라의 이사(李斯)가 만들었다는 서체. 대전(大篆)을 간략하게 변형하여 만든 것임.

면 이사(李斯)가 지은 "창힐편", 조고(趙高)가 지은 "애력편", 호무경(胡毋敬)의 "박학편" 등이 그것이다. 이런 교과서는 글자체와 문법도 같이 가르침으로써 한나라 이후 아동습자교과서의 선구자가 되었다. "행동윤"의 목적은 백성을 개조하고 같은 법도를 지키도록 하기 위한 것이었다. 이러한 조치는 각 민족의 풍속과 습관을 융합시켰고, 여러 민족의 통일된 심리형성에 커다란 기여를 하였다.

2) 설삼노이장교화(設三老以掌敎化)

"설삼노이장교화"는 일반 서민에 대한 사상교화를 위한 정책이었다.[4] "삼노"는 일종의 향관으로서 중앙집권 통치기구 기층조직 중의 한 가지 관직이었다. "삼노"는 직접적으로 진왕조의 의도에 따라 서민에 대한 법치교육, 경작교육, 전쟁교육과 존비귀천(尊卑貴賤)의 사상교육을 진행하였다. "삼노"로 하여금 교화를 담당하도록 한 정책은 진왕조의 통일을 공고히 하는 데 중요한 역할을 하였다. 특히 이 삼노에 의해서 진행되는 법치교육과 사상교화는 국가의 직접적인 통제를 받았으며, "행동윤" 정책과도 일관되게 이루어졌다.

3) 분서갱유(焚書坑儒)

진은 통일봉건국가를 건립함에 따라 정치사상과 학술사상의 통일 필요성을 느끼게 되었다. 이러한 진정부의 방침은 곧 각 학파에도 전가되어 당시 각 학파는 독점적인 학문적, 사상적 지위를 차지하기 위해 치열한 투쟁을 벌이게 되었다.

유가와 법가는 중앙집권과 제후분봉의 문제를 둘러싸고 두 차례의 큰 논쟁

---

4) 〈漢書 · 百官公卿表第七上〉

을 벌였다. 이사(李斯)를 대표로 하는 법가는 유가가 국가의 운명이 달린 중요한 문제에 대해서 "이고비금(以古非今)"[5]이라고 질책하였다. 그들은 다음과 같이 말하였다.

> "오늘의 것을 배우지 않고 지난날의 것을 배워 백성을 혼란시킨다. (중략) 법교육이 없으면 영이 내려도 각자 나름대로 생각하고 항간에 떠도는 소문에 불과하며…."[6]

진시황은 이사의 이러한 주장을 수용하여 "협서령(挾書令)"을 내려 사학을 금지하였다. 또, 학문을 배우고자 하면 관리를 선생님으로 모시도록 하였으며, 정부가 통일적으로 법치교육을 실시하였다.

진시황은 중국 전체를 통일한 후 이러한 통일된 국가에 적절하고 왕권존엄을 유지할 수 있는 각종 제도를 필요로 하였다. 이에 따라 전국말기의 제, 위나라 등에서 설치한 박사관의 방법을 도입하여 대량의 유가, 명가(名家), 신선가(神仙家)를 박사로 모집하였는데, 그 인원수는 70여 명에 달하였다. 박사관의 직책은 정사(政事)를 논의하고 자문을 담당하며 고적을 관리하는 것이었다. 그러나 "이사(吏師)"제도로 바꾸어 "법으로 교육하고 관리를 선생님으로 모시는" 제도를 실시한 후 박사관에 대해 억압정책을 시행하였다.[7] "법으로 교육한다."는 것은 사실상 법으로 교육을 대체한다는 것이었으며, "관리를 선생님으로 모신다"는 것은 학교교육제도를 취소하는 것이었다. 극소수의 사람만이 관부에 들어가 법령을 배울 수 있도록 허용하였기 때문에 교육범위를 대폭 축소시켰다. 또한 관(官)과 사(師)를 결합시켜 교사라는 직업을 취소함으로써 사학발생 이전의 상태로 돌아가도록 하였으며, 이는 교육사적으로 보면 퇴보를 가져온 조치

---

5) 옛일을 인용하여 현재의 일을 비난하고 공격함.

6) 〈史記 · 秦始皇本紀〉

7) 孫培靑 主編, 中國敎育史, 華東師範大學出版社, 1992, 179-179쪽

였다고 할 수 있다.

분서갱유(焚書坑儒)는 진시황이 문화와 교육영역에서 봉건독재를 실시한 결과였다. 진시황이 분서갱유를 단행한 목적은 진왕조의 군주전제 중앙집권을 공고히 하기 위한 것이었다. 그러나 문화나 교육영역의 문제를 독재적이고 강압적인 방식을 가지고서는 해결할 수 없었다. 책을 불태운 것은 중국 고대문화 서적을 파괴하였을 뿐 사상통일의 역할은 하지 못하였다. 분서갱유의 결과는 사회모순을 더욱 격화시켰고 진왕조의 통치기반을 약화시켜 진왕조의 멸망을 가속화하는 한 가지 원인이 되었다. 따라서 진이 취한 "분서갱유"는 문화교육 정책면에서 범한 중대한 실수라고 보인다.

2. 한나라의 문화, 교육정책

한나라는 진나라의 제도를 계승하였지만 교육면에서는 유가의 주장을 수용하였다. 특히 다시 한번 교육이 인재육성과 국민개화의 두 방면에서의 역할을 새롭게 인정하여 교육을 국가통일의 중요한 도구로 간주하였다. 한무제 시기에는 정치, 경제와 사상 여건의 성숙에 힘입어 문화, 교육방면에서 백가를 배척하고, 유가만을 존중하였으며, 신학을 창설하고 선사제도를 개혁하였다. 또 고적을 정리하고 문자를 개정하는 등의 정책을 시행하였다.

1) 백가(百家)의 배척과 유가독존

"백가(百家)의 배척과 유가독존"은 학술사상과 교육사상을 통일시키자는 정책이었다. 서한 시기 조정은 유가경전박사를 두었지만 "하는 일이 없이 천하가 잘 다스려지는" 황노학설[8]과 진나라 법가 정치가 혼용되어 정치를 지도하는 역할을 하였다. 유가는 이를 저지하기 위하여 치열한 투쟁을 벌였고 이러한 투쟁을 통하여 자신의 영향력을 확대시키기는 하였지만 독존의 지위를 얻지는 못하였다. 한무제 시기 동중서는 당시 정치적 요구에 따라 원시적인 유교학을 개조하여 대량의 미신성분이 섞인 신학화(神學化)된 유학을 만들었다. 그는 〈춘추〉에 사용된 문자가 단순하고 명확하지 않은 특징을 이용하여 "대통일" 사상을 내어 놓았다. 이것은 정치, 법률, 규칙의 대통일을 보장하기 위해서는 우선 사상의 통일이 필요하다고 주장한 것이다. 그는 한무제와 책문(策問)시에 "춘추의 대통일은 천하의 도리이며, 스승마다 도가 다르고 백가쟁명이면 법제가 수시로 변하고 아랫사람이 어떤 것에 따라야 할지 모른다. 유교만을 주장하고 사학(邪學)을 멸망시켜 규칙을 통일시킨다면 법도가 뚜렷해져 민중이 따를 수 있을 것"[9]이라고 하였다. 그는 또 "군권신수(君權神授)"를 주장하여 왕권이 더할 수 없이 높은 지위에 이르게 하였다.

그는 "도는 하늘에서 오는 것으로서 하늘이 변하지 않으면 도도 변하지 않는다"[10]고 주장하였다. 그의 주장은 한나라 초기 "무위(無爲)"의 방법으로 "유위(有爲)"를 행하는 듯 하는 황노설을 바꾸고, 법 집행자의 독재로 인해 민중의 반항을 유발할 우려를 극복하고 덕행으로 백성을 감화시키는 선정(善政)을 실시하도록 하였다. 이는 봉건중앙황권을 강화하고 봉건제도의 천하통일사업을 공고히 하도록 하는 데 커다란 기여를 하였다. 이에 따라 한무제는 건원 원년(기원전 140년)에 그의 건의를 수용하여 "백가 배척과 유가 독존"령을 하달하였으며, 조정에 5경박사만 두어 유가독존의 국면을 확립하였다. 따라서 국가정책과 문화, 교육은 모두 유가를 토대로 실시되는 등 유학은 통일된 지도사상으로 자리 매김을 하게 되었다. 그리고 이러한 지도사상에 따라 인재를 육성하고 선발

8) 황노학설은 전국시대 중후기부터 한(漢)나라 시대까지 약 400년 동안 유행하던 하나의 사상적 경향을 말한다. 황노(黃老)라는 말은 황제와 노자의 첫 글자를 딴 것이다.

9) 董仲舒: 〈擧賢良對策〉

10) 董仲舒: 〈擧賢良對策〉

하였으며 국민에 대한 사상교육을 강화하였다. 이러한 정책하에서 유학경전은 높은 숭앙을 받았으며 폭넓게 보급되었다.

한무제 이후의 100여 년간 경학[11]이 성행하고 경학 대사가 천여 명에 달하였다. 황제로부터 지방 관리에 이르기까지 모두 경을 알았으며 일부 경서의 해석은 백여만 어구에 달하였다. 군국(君國)에는 5경졸사(五經卒史)를 두었는데 그 직무는 경의(經義)로 정사를 장식하는 것이었다. 경학의 융성은 커다란 힘이 되어 학교교육의 발전을 이끌었다. 교육목적과 내용 및 교재가 전례 없이 통일되어 학교교육이 기본적으로 경학교육이 되었다. 이것은 한나라 교육의 중요한 특징이었으며 후세의 봉건사회 교육에 깊은 영향을 미쳤다.

"유가독존" 정책이 시행된 후 유가와 비유가의 투쟁은 유가 내부의 금고문(今古文) 투쟁[12]으로 바뀌었다. 금문경(今文經)은 예서(隸書)로 쓰인 것인데, 그 특징은 미신적이고 장황한 것이었지만 한나라 조정이 주창하여 관학으로 삼았다. 고문경(古文經)은 전서(篆書)로 써졌으며, 그 특징은 글자의 뜻에 따라 경을 해석하는데 있었다. 그러나 이 고문경은 간명하고 미신성분이 아주 적었지만 관학으로 되진 못했다. 따라서 고문경을 다루는 인사들은 벼슬길에서 배척되었다.

동시에 "사법(師法)"과 "가법(家法)"도 한 파의 의견에 의해 영향을 받았다. 어느 한 경의 대사가 조정의 신임을 얻어 박사로 임명되면 이 경사(經師)의 경에 대한 해설은 사법이 되었고, 제자들에 의해 전해지면서 서로 다른 문장과 구절이 되어 가법이 되었다. 따라서 한 가지 경에 여러 개의 가(家)가 있었다. 한나라의 조정은 박사가 단지 사법과 가법에 의해서만 전수하도록 규정하고 이를 어기는 자는 파면하였다. 특히 유가경전만을 교육내용으로 하여 엄격한 사법과 가법으로 교육을 실시하였으며, 책의 지식이 교육내용에서 중요한 위치를

---

11) 유교의 가르침을 기록한 유가 경전의 뜻을 탐구하고 해석하는 학문, 즉 공자와 맹자의 사상을 추구하는 학이다.

12) 유교경전의 해석을 둘러싼 금문학파와 고문학파 간의 투쟁 혹은 논쟁을 말한다.

차지하도록 하였다. 또 문장과 구절의 훈고로 현실문제의 탐구와 토론을 대체하였다. 이것이 바로 "유가독존" 정책이 교육에 미친 중대한 영향이었다.

2) 태학의 창설과 선사제도(選士制度)의 개혁

태학의 창설과 선사제도의 개혁은 인재의 육성과 선발 그리고 관리체제를 충실하게 만들기 위한 정책이었다.

유교경전에 정통한 치술 인재를 육성, 선발하기 위해 한무제는 동중서와 공손홍(公孫弘)의 건의를 수용하여 원삭 5년(기원전 124년)에 장안에 태학을 설치하고 박사제자를 두었다.[13] 동시에 군, 현에서 수재를 추천하여 조정에서 선발, 채용하도록 하였다. 당시의 태학은 18세 이상의 몸가짐이 단정한 50명을 선발하여 박사의 가르침을 받도록 하였다. 박사는 교관이고 박사제자는 태학생이었다. 이밖에 군국(郡國)에서도 학생을 박사한테 보내어 가르침을 받도록 하였는데, 그 인원수는 정해져 있지 않았다. 태학생은 시험에 합격되면 직접 관리가 되었다.

한편 한나라가 건국된 초기에는 선거취사제도를 중시하였다. 한무제는 동중서의 건의를 받아들여 어질고 단정하며 효도가 있고 청렴한 수재를 매년 각 군에서 한사람씩 뽑았으며, 후에는 이를 제도화하였다.

태학으로 인재를 육성하고 인재를 추천, 선발하는 정책을 실시한 목적은 중앙 황권의 요구에 부합하는 관리를 육성, 선발하기 위한 것이었다. 동중서는 "태학은 현인이 모이는 곳이며, 교화의 근본이 있는 곳"[14]이라고 하고, "폐하가 태학을 발전시키고, 이름 있는 스승을 두어 천하 인재를 육성하기를 바란다"[15]

---

13) 梅汝莉 主編. 中國教育管理史, 海潮出版社, 1995, 75-75쪽

14) 董仲舒: 〈擧賢良對策〉

15) 董仲舒: 〈擧賢良對策〉

고 하였다. 이 정책의 시행은 봉건사회의 국가로 하여금 학교교육을 통제하고, 중앙의 황권이 통일된 기준으로 지식인을 육성, 선발할 수 있도록 함으로써 봉건교육의 통일을 강화하고 봉건교육의 발전을 촉진하였다. 한편 태학의 인재 육성과 선발은 유학을 기준으로 하였으며, 태학에 들어가 선거에 응하는 것은 벼슬을 하기 위한 필연적인 경로였다. 따라서 관리가 되기 위해서는 반드시 유학을 배워야 하였으며, 학교는 전문적으로 유학을 가르치는 장소가 되었다. 당연히 선비는 모두 유가제자가 되었다. 이는 한나라뿐 아니라 중국 봉건교육의 또 다른 한 가지 특징이었다.

3) 고대서적의 정리와 문자 개정

고대서적을 정리하고 문자를 개정하는 것은 문자를 통일하고 서적을 정리하려는 목적에서 시행된 정책이었다.

진대 이후 고적은 두 차례의 화재와 한차례의 금지령을 거치면서 필요한 서적들이 다 갖추어져 있지 않았다. 그런데 유학독존은 경전(傳經)이 필요하고, 또 태학의 운영을 위해서도 경전이 필요하였다. 이에 따라 한나라는 진나라의 실패를 교훈 삼아 서적을 대량 수집하고 서적을 수집하는 경로를 폭넓게 개척하였다. 장서정책을 수립하고 사서 관리를 두었다.[16] 더 나아가 조정은 전문인을 파견하여 천하에 남아있는 서적을 구하고자 하였다. 이에 따라 많은 유학의 거장들과 중요 관리들이 황제의 명을 받고 평생 이 번거로운 사업에 종사하기도 하였다. 수집(搜集), 선사(繕寫)[17], 장서(藏書), 교정(校訂) 등 4단계 절차를 거쳐 정리하여 100년 정도 지나면서 책이 산처럼 쌓이는 상황이 나타났다.[18] [19]

16) 〈漢書 · 藝文志〉
17) 문장의 잘못된 부분을 수정하고 다시 베끼는 것을 말한다.
18) 王炳照, 前揭書, 74쪽
19) 동한 영제 시기의 "희평석경(熹平石經)"은 바로 이런 기초 위에서 나온 것이다.

고대서적의 정리는 또한 문자개정을 전제로 하였다. 진나라는 "서동문(書同文)" 정책을 실시하였다. 그러나 시간이 너무 짧았던 관계로 사실상의 문자통일은 달성하지 못하였으며 한나라 초기까지 각종 문자가 여전히 유행하였다. 그러나 고대서적을 정리하기 위해서는 각종 문자의 식별과 문자의 훈고(訓詁) 및 응용문제를 해결해야만 했다. 조정에서의 장려와 학자들의 연구를 거쳐 문자 쓰는 법, 독음과 훈고에 대한 연구가 한때 성행하였다.[20]

고대서적의 정리와 문자개정의 사업은 고대문헌의 보존과 발전에 커다란 기여를 하였을 뿐만 아니라, 한나라의 교육과 교수법 그리고 학풍에 커다란 영향을 끼쳤다. 고대서적 정리와 문자개정은 훈고 고증을 필요로 했기 때문에 당시 학문을 연구하거나 학문을 가르치거나를 불문하고 모두 경전의 고증과 해석을 특별히 중요시하였다.[21] "경전을 의심하고 억지로 통달하지 않으며", "본원을 확실히 하고 가짜를 방지하며", "옳고 그름을 중시하고 권세를 두려워하지 않는 것"이 양호한 학풍으로 인정되었다.[22]

전반적으로 말해서 한무제가 채택한 문화, 교육정책은 봉건사회의 정치와 경제요구에 부합하는 것이었고, 따라서 동한과 서한의 많은 제왕도 이같은 정책을 계속 실시하였다. 그리고 한 대 이후 봉건사회의 제반 왕조도 일부 수정과 보완을 했을 뿐 근본적인 대변동은 하지 않았다. 이렇게 볼 때 우리는 한나라 교육이 그 후의 2천년에 걸친 중국 봉건사회 교육에 규범화 및 정형화 역할을 하였다고 볼 수 있다.

---

20) 허신(許愼)의 〈설문해자〉는 바로 이런 기초 위에서 출현된 것이다.

21) 顧炎武: 〈日知錄〉 卷二七

22) 王炳照, 前揭書, 76쪽

3. 한나라 시기의 교육제도

한나라 시기의 학교는 중앙관학, 지방관학과 사학의 세 가지 유형으로 구분해 볼 수 있다.

1) 중앙관학

중앙관학은 한나라 수도에 설치된 관에서 설립한 학교를 가리키며 태학, 관저학(官邸學)[23]과 홍도문학(鴻都門學) 등이 있다.

(1) 태학

이 학교는 유가경전을 가르치는 최고학부이다. 한무제 원삭 5년(기원전 124년)에 창건되었다. 당시 단지 50명의 학생이 있었는데 이후 점점 증가되었다. 소제(昭帝) 때에 이르러 100명으로 증가되었고, 선제 때에는 200명이 되었다가 원제 때에는 1,000명에 이르게 되었다. 그리고 성제 때에 이르러는 3,000명이 되었다. 당시 태학의 규모는 대단히 컸던 것으로 알려지고 있다. 원시 4년에 태학생을 위한 기숙사를 건립하였는데 10,000명을 수용할 수 있는 규모였다. 동한(東漢) 때에는 광무 건무5년에 태학을 낙양 남문밖에 중건하였는데, 그 규모가 서한 시대의 것보다 더욱 컸다고 한다. 순제 때에 이르러 태학의 규모를 더 확대하였고, 이에 따라 태학생수는 30,000명으로까지 증가되었다.

(2) 관저학

이 학교는 태자와 제후와 공신의 자제들에게 유가경전을 학습시키던 귀족학

---

23) "四姓小候學"이라고도 한다.

교이다. 동한의 명제 때에 건립되었다.

(3) 홍도문학

이 학교는 문화와 예술을 교육시키는 전문학교이다. 이 학교가 만들어진 것은 동한 영제 때인데 교지가 낙양 홍도문에 위치하여 그런 교명을 얻게 되었다. 홍도문학은 환관들이 사족집단[24]에 대응하기 위하여 만든 학교이다. 환관집단은 자기의 이익을 보호하고 세력을 확장하기 위하여 이런 학교를 설치하였다. 홍도문학은 서간, 소설, 사부(辭賦), 자화(字畵)를 주요한 교육내용으로 하고 있었다.

2) 지방관학

한나라 시기에는 중앙에 관학을 설립한 외에 지방에도 관학을 설립하여 운영하였다.

한나라는 진의 제도를 계승하여 군현제(郡縣制)를 실시하였다. 그러나 한편으로는 서주의 분봉제도도 그대로 계승하여 황자(皇子)를 봉하고, 왕위와 토지를 주었다. 그리고 분봉을 준 황자(皇子)의 군(郡)을 국(國)이라고 하였다. 따라서 군국(郡國)은 가장 큰 지방행정단위가 되는데, 한나라에서는 이런 지방행정단위에 따라 설치된 지방관학을 군국학교라고 불렀다. 한나라 시기에 군국학이 창설된 것은 기원전 141년이다. 한의 경제 때 촉군의 태수인 문옹이 성도(成都)에 학관을 설립하고, 각 현에서 나이 어린아이들을 뽑아서 학관의 제자로 삼은 후, 학관의 학습이 완전히 끝나면 일정한 관직을 주었다. 이에 따라 유가사상이 매우 빠르게 촉국에 전파, 발전되기 시작하였고, 당지의 풍속을 바꾸고, 경제를 발전시키게 되었다. 이것을 교육사적으로는 "문옹흥학(文翁興學)"이라고

24) 사대부(士大夫)가족의 집단을 말한다.

칭한다. 한무제 즉위 후 문홍흥학을 찬양하면서 각 군국에 촉군을 본떠서 학교를 설립할 것을 지시하였다. 그 이후 각 지방에 분분히 자기가 다스리는 지역 내에 학교가 설립되기 시작하였다.

한원제 때에 이르러는 각 군국에 오경백석졸사(五經百石卒史)를 설치하도록 하였고, 이를 통하여 지방관학을 관리하도록 하였다. 또 한의 평제 때에는 군국이하의 각급 행정단위에 모두 학교를 설치하도록 하였다.

한나라 시기 군국학의 설치목적은 두 가지가 있었다.

첫째는 자기 군의 관리를 양성하기 위한 목적이 있었다. 이와 함께 지방군학에서 특별히 뛰어난 우수학생을 중앙에 추천하기 위한 목적도 있었다. 둘째, 학교가 정기적으로 거행하는 "향음주(鄕飮酒)", "향사(鄕射)" 등 전통 활동을 통하여 사회에 필요한 도덕교육을 실시하는 것도 군국학을 설치한 목적중의 한 가지였다.

이러한 지방관학은 동한 시기에 이르러 그 발전이 최고조에 달했다.

3) 사학

한나라 시기의 사학은 서관(書館)[25]과 경관(經館)의 두 가지 종류가 있었다.

당시 한나라에는 궁정교육으로서 황친자제를 위한 초등과정 외에는 기타 아동들이 초등교육을 받을만한 학교는 설치되어 있지 않았다. 따라서 한 대의 계몽교육은 대부분 사학에 의존하였다.

당시 서관은 주로 식자교육과 서법교육을 위주로 하고 있었는데 후기에 들어와 부분적으로 유학에 관한 기초교육내용이 포함되기도 하였다. 서관을 졸업한 학생들은 소수가 지방관학이나 태학 또는 단계가 높은 사학인 경관에 들어가 학업을 계속하고, 대부분의 학생들은 졸업 후 농공상활동에 종사하였다.

---

25) 서관은 서사(書舍)라고 불리기도 한다.

경관은 서관보다 수준이 한 단계 높은 사학으로서 정사(精舍) 혹은 정로(精廬)라고도 불렸다. 이 경관은 실제로는 일부 저명한 학자들이 제자를 모아 강학을 하는 장소로써, 그 수준이 태학에 상당하였다.

한나라 시기의 사학은 당시 국가가 소홀히 했던 기초교육을 담당하는 임무를 맡아왔다. 또 고급수준의 사학은 그 교육수준이 관학과 비교해서도 손색이 없었다. 한나라 시기의 경관(經館)은 실제 후대 서원의 근원이 되기도 하였다.

CHAPTER

05

위진남북조의 교육

3세기에서 6세기에 이르는 시기는 중국 내에 왕조의 변경이 빈번하였다. 또, 정권이 할거하는 가운데, 계속 이어진 전란으로 인해 사람들이 뿔뿔이 흩어지던 시기였다. 이 시기를 역사적으로 위진남북조 시기라고 한다. 정치의 불안정과 남쪽지역 경제의 발전, 각 민족의 대융합, 사상과 문화의 활발, 학교교육의 흥과 폐의 반복, 학교체제의 다양화[1]는 이 시기 정치, 경제, 사상, 교육 등의 특징을 이루고 있다.

위진남북조 시기의 학교교육은 종합적으로 보면 관학의 흥과 폐가 반복적으로 이루어진 시기였다. 또 이 시기 교육은 이런 관학의 중단과 회복의 과정을 거치는 동안 주로 사학과 가학(家學)에 의하여 연속되어 왔다. 그러나 한편으로 이 시기의 관학교육은 교육내용, 방법, 학교의 유형 면에서 새로운 변혁을 추구함으로써 한나라 시기의 교육을 계승하고, 후대인 당대교육을 여는 계기를 만들었다.

1. 위진남북조의 교육제도

위진남북조(220년~589년) 시기는 진한의 통일국가 시기로부터 국가의 분열과 장기적인 전쟁을 겪은 시기이다. 이런 혼란된 사회상황은 당시의 학교교육을 존폐의 위기에 처하도록 만들었는데, 특히 관학이 그러하였다. 전체적으로 볼 때 이 시기는 학교의 숫자가 대대적으로 감소했을 뿐만 아니라, 그 여파로 학교교육이 쇠퇴하는 상황에 접어들게 되었다. 그러나 이러한 학교교육의 쇠퇴는 다른 한편으로는 사학과 가정교육의 발전을 불러오는 원인이 되기도 하였다.

1) 孫培青 主編, 前揭書, 224쪽

1) 서진(西晋) 초기의 국자학(國子學)과 태학(太學)

서진은 짧은 기간 중국을 통일했던 국가로서 이 시기는 학교교육이 그런 대로 발전한 시기였다. 간단한 예로 진무제 태시 8년(272년)에는 태학생이 7,000여 명에 달할 정도였다.

서진 시기에 또 통치계급 내부에 문벌귀족계층이 형성되었는데 그들은 바로 문벌세족이라고 불리는 사람들이었다. 이들은 자신들의 기득권을 지키기 위하여 진무제 함우 2년(276년)에 태학 외에 별도로 국자학을 설치하였다. 그리고 그 2년 후(278년)에는 국자제주박사(國子祭酒博士) 1인을 두도록 하였다. 진혜제 원강 원년(291년)에는 5품관 이상의 자제만이 이 국자학에 입학할 수 있다는 것을 명확히 규정하였다. 그리고 태학은 6품 이하의 자제들이 학문을 구하는 곳이 되었다. 이것은 중국 고대에 태학이외에 귀족자제를 위하여 별도로 국자학을 설립한 시초가 되었다. 그리고 이러한 국자학은 문벌세족이 교육분야에서도 특권을 향유하고 있었음을 보여주는 사례이다.

2) 북위(北魏)의 군국학교(郡國學校)제도

북위 시기는 정국이 상대적으로 안정되어 있었다. 따라서 학교교육이 남조(南朝)에 비하여 발달하였다. 북위는 경학(經學)을 중시해서 국자학과 태학을 설치하고 있었다. 또 헌문제 천안 원년(466년)에는 주나 군 지역에도 보편적으로 학교를 설치하도록 하여, 이때부터 주군학교제도가 건립되었다.

군의 학교와 관련한 규정을 보면 박사, 조교, 학생의 정원을 구체적으로 규정하고 있는데 그 내용은 다음과 같다.

일반적으로 규모가 큰 군에는 박사 2인, 조교 4인과 학생 100인을 두도록 하였으며, 규모가 비교적 큰 군에는 박사 2인, 조교 2인, 학생 80인을 두도록 하였다. 중규모의 군에는 박사 1인, 조교 2인, 학생 60인, 소규모의 군에는 박사 1인,

조교 1인, 학생 40인을 두도록 하였다.[2] 이와 함께 박사는 경전에 통달하고, 고상한 도덕품성을 가지고 있어야 하며, 나이는 40세 이상으로 제한하였다. 또 학생의 입학자격을 집안이 높거나 부유한 경우 우선적으로 입학시킨다는 규정을 둠으로써 귀족집단이 특권을 향유하도록 하였다.

이밖에 북위 효문제 태화 19년(495년)에 사문학(四門學)[3]을 창립하였고, 그 다음 해에는 사문박사를 두었다.

3) 전문학교의 탄생

3국 위명제 때(227년) 율학박사를 설치하고, 율학 제자들을 모집하여 율학을 교수하도록 하였다. 양조(梁朝)의 양무제도 "율학(律學)"을 장려하여 더욱 많은 학생들을 모집하도록 하였다.

진무제는 서법박사(書法博士)를 두고, 그들로 하여금 제자들에게 서법을 가르치도록 하였다. 이것은 중국 고대 서법전문학교의 시작이라고 할 수 있다.

남조 송문제 원가 15년(438년)에 징려산처사(徵廬山處士) 뇌차종(雷次宗)이 "유학관"을 개설하였고, 그 다음해에는 하상(何尙)이 "원소학관(元素學館)"을, 하승(何承)이 "사학관(史學館)"을, 사현(謝玄)이 "문학관(文學館)" 등 네 개의 학관을 개설함으로써 각지의 문도들이 몰려와 공부를 하게 되었다. 이렇게 됨으로써 유가경전을 연구하는 "유학", 불학과 노장학을 연구하는 "현학", 역사를 연구하는 "사학", 사장(詞章)을 연구하는 "문학"의 4개 과가 병립하게 되었다.

남조 송문제 원가 20년(443년)에는 의학이 개설되었다. 북위도 의학박사를 개설하고 제자를 가르치도록 하였다. 그리고 바로 이것이 고대 의학전문학교의 시작이 되었다.

---

2) 〈北史 · 高允傳〉

3) 중국 고대 중앙관학의 하나이다. 16국 시기 수도에 사문이 설치되는데, 이것이 후에 사문학의 전신이 된다.

이러한 위진남북조 시대 전문학교의 건립과 분과 수업제도의 발전은 사회에 많은 영향을 끼쳤다. 그리고 이것은 "유학독존"으로부터 점점 "유(儒), 석(釋), 도(道)"가 병행하는 국면으로 전환되는 것을 의미하는 것이다. 특히 과학기술의 전수도 학교교육에서 일정한 지위를 차지하게 되었다.

2. 위진남북조의 사학

위진남북조 시기 관학교육의 쇠퇴는 학술과 교육의 중심을 사학으로 옮겨오도록 하였다. 이것은 위진남북조 시대 교육을 평가할 때 특별히 주의해서 보아야 할 것 중의 하나이다.

위진남북조 시기 사학의 발전은 두 가지 커다란 특징을 지니고 있다.

하나는 가정교육의 발달이고, 다른 하나는 사학의 다양한 발전이다. 이 두 가지 특징은 한나라 시기의 사학에서는 구비하고 있지 않던 것들이다. 가정교육은 봉건대가족 내부의 교육을 가리키는 것이다. 이런 가정교육은 자기 문벌의 지위를 유지하기 위한 수단의 하나로 이용되어 왔다. 따라서 당시의 문벌사족에 속하는 계급에서는 이런 가정교육을 가정 내부의 가풍과 가학(家學)을 배양하는 방법으로 십분 중시하였다. 가풍의 좋고 나쁨이 가족내부의 화합과 통일에까지 관계되었고, 이는 결국 가족의 평화에까지 직결되었다. 이와 함께 가학(家學)의 우열이 문벌의 높고 낮음에도 관계가 되었다. 문화가 별로 발달하지 못했던 봉건시대 가학의 전통은 문벌의 높고 낮음을 평가하는 잣대가 되었던 것이다. 위진시대의 사인(士人)들은 문벌의 영광을 이야기할 때 문벌이나 개인이 가진 작위를 중시할 뿐만 아니라, 자기 문벌이 가진 문재(文才)도 대단히 중요시하였다. 그래서 가정교육은 문벌지위의 견고함을 인정하는 중요한 요소가 되었다.

사학의 다양한 발전은 위진남북조의 사학이 독존유술(獨尊儒術)의 문교정책의 통제로부터 벗어났다는 것을 의미한다. 그리고 이것은 사회발전의 실제적 수요와 학자의 학술적 전문성에 입각해서 다각도로 발전하게 되었다는 것을 의미한다.

당시 사학의 발전방향은 크게 두 가지로 나누어 볼 수 있다. 하나는 가학(家學)의 연원에 근거해서 발전방향을 확정하는 경우이고, 다른 하나는 학자의 흥미, 전문성 등에 근거해서 발전방향을 확정하는 경우이다. 수많은 사학 중에서 앞자리를 차지하기 위해서 또 문벌의 상호 경쟁과정에서 패하지 않기 위해서 당시의 사학들은 치열한 노력을 전개하지 않을 수 없었다. 그리고 이러한 경쟁의 와중에서 살아남기 위해서는 사학 나름대로 독특성과 권위성을 가질 필요가 있었다. 사학의 대사(大師)들은 이러한 목표를 달성하고, 자신들의 사학을 반석에 올려놓기 위한 노력을 경주하였다. 당연히 그 고생은 이루 말할 수 없었다. 그리고 이러한 과정을 통하여 점점 하나의 가학으로 일가를 이루어 갔다. 이러한 발전과정은 당연히 사학이 학술의 중심이 되도록 하였고, 명문사학을 중심으로 그 세력을 넓혀 나가도록 하였다.

이런 현상은 당시로서는 매우 보편적인 것이었다. 당시 개인장서의 상황을 살펴보면 사학을 통한 학술발전이 어느 정도였는지를 쉽게 알 수 있다. 서진 사람 장화(張華)가 이사를 가는데 장서가 30량의 차에 실어야 할 정도의 분량이었다고 한다.[4] 이와 대비되는 것이 동한의 헌제다. 같은 해 동한의 헌제(獻帝)가 도읍을 옮길 때 휴대한 책의 양이 70량 분의 차에 불과했다고 한다.[5] 개인 장화가 소지한 서적이 한나라의 왕이 도읍을 옮기면서 소지한 책의 반이나 되는 분량이었던 것이다. 정부관원도 이와 마찬가지여서 이미 학술의 중심이 관학으로부터 사학으로 그 자리를 옮겨갔음을 알 수 있다. 동진 사람 범위(範蔚)

4) 周德昌 外, 前揭書, 1998, 77쪽

5) 周德昌 外, 前揭書, 77쪽

는 7,000여 권의 장서를 가지고 있었으며, 그 집에 독서를 하려오는 사람들이 언제나 100명 좌우였다고 한다. 그러나 당시 조정의 장서 수는 3,014권에 불과하였다. 그리고 이러한 점은 당시의 학술상황의 검토를 통해서도 알 수 있다. 남제의 가연가(賈淵家)는 족보학에서 당시 최고의 권위를 자랑하고 있었다. 남제의 국자제주 왕검은 〈백가보(百家譜)〉를 쓰기 위해서 가연(賈淵)의 협조를 구해야만 할 정도였다. 동진의 서예의 반 이상은 왕씨 일가의 것이 차지하고 있었는데, 당시 왕씨 문중의 최고는 왕희지(王羲之)였다. 또 조충지(祖冲之) 집안은 과학기술방면에서 일가를 이루고 있었다. 그들은 자손 대대로 제조, 천문, 역산(曆算)에 능통했다. 이렇게 당시의 문벌들은 가학(家學)과 사학을 통하여 학문과 기술의 발전을 선도해 나갔으며, 이것이 당시 문화발전의 중요한 특징이었다.

위진남북조 사학의 이러한 권위와 지위는 봉건교육의 발전에 직접적인 영향을 미치게 된다.

첫째, 사학의 발달은 봉건교육의 회생을 위한 기초가 되었다. 특히 진말 남조 시기에 이런 풍조가 형성되어 사학에 의탁하지 않고서 교육의 발전을 논한다는 것은 불가능했다. 여러 유명한 유학자의 사학이 성황을 이루고, 많은 학자들이 이들을 우러러보는 풍조가 생겨났으며, 통치자들도 그들을 중시하고 신임하게 되었다. 통치자들은 그들을 초빙하여 교육을 열고, 그들이 학관을 열어 학생들을 모집하도록 하였다. 학관과 같은 새로운 형태의 교육기관은 남조(南朝)에서 생겨나기 시작하여, 남조교육의 회생을 촉진시켰다.

둘째, 사학의 다양한 발전은 새로운 학문 및 학과의 독립과 발전을 촉진하였다. 특히 이러한 새로운 학문 및 학과가 사회의 승인을 받도록 함으로서, 오래지나지 않아 관학교육에서도 사학발전으로 인해 파생된 신학문과 학과를 받아들이도록 하였다. 이렇게 됨으로써 결국 "독존유술(獨尊儒術)"의 형태가 무너지고, 다양한 영역의 학문이 함께 하는 교육형태가 형성되었다.

이상에서 본바와 같이 위진남북조시대의 사학은 한나라 시기의 사학과 같지 않다. 한나라 시기의 사학은 "독존유술"의 문교정책의 통제를 받고 있었다고 할 수 있다. 그러나 위진남북조시대의 사학은 독존유술의 문교정책의 영향을 받지 않고, 사회발전의 수요와 학자의 전문성에 따라 다양한 발전을 이뤘던 것이다. 따라서 객관적으로 보면 독존유술의 관학교육에 대해서 일종의 와해작용을 했다고도 볼 수 있다. 그리고 이런 와해작용은 수당시대의 봉건교육제도를 건립하는 데 기초가 되었다.

3. 9품중정의 선사제도

9품중정제도는 위진남북조시대의 주요한 선사제도(選士制度)이다. 이것은 문벌사족들이 정치적 특권을 향유하려는 목적에서 만든 것이다.

9품중정제는 중정관(中正官)이 아홉 등급으로 지역인사를 품평해 내는 제도이다. 그리고 이러한 품평에 따라 이부(吏部)에서 관직을 줄 때 중요한 근거로 삼는 제도이다. 중정관이 등급을 나눌 때 주요하게 보는 것은 가세(家世)이다. 따라서 가세가 크고, 힘 있는 집안이 당연히 유리하게 되어 있었다. 그리고 이것은 결국 문벌사족이 관직에 오를 수 있는 특권을 보장한 것이나 다름없었다.

9품중정의 방법을 구체적으로 살펴보면 다음과 같다.

각 주에는 대중정(大中正)이 설치되었고, 각 군에는 소중정(小中正)이 설치되었다. 관내인물의 품격은 1등부터 9등까지 아홉 등급으로 나뉘어져 있었다. 중정관은 그들의 언행에 따라서 진퇴를 명할 권한을 가지고 있었다. 소중정이 매긴 등급은 대중정으로 보내지고, 대중정은 심사를 한 후 그것을 이부로 보내게 된다. 이부에서는 사도(司徒)[6]로 하여금 재심사를 하도록 한 뒤 상서를 보내어 뽑아 쓰도록 하였다. 중정이 품격을 정하는 것은 3년에 한 번씩 이루어졌다.

중정관은 이러한 품격을 매기는 일을 담당함에 따라 그 역할이 매우 중요하게 취급되었다. 따라서 중정관의 인선은 "덕(德)과 재(才)가 넘치는 자"와 "현명한 판단력을 가진 자" 중에서 선발하도록 하였다. 해당 지역의 사인(士人)에 대한 관찰을 용이하도록 하기 위해, 군이나 현의 중정은 해당 지역의 저명한 사족(士族)을 임명하도록 하였다. 주중정(州中正)은 해당 지역의 대사족(大士族)으로서 현재 조야의 대신을 맡고 있는 사람이 겸임하도록 하였다. 그리고 그 품격은 2품 이상을 요구하였다. 중정관의 직책은 해당 지역 사인(士人)의 가세(家世)를 관찰, 조사하는 일을 하였다. 즉 조사대상 사인(士人)의 언행과 품행 상황을 평어로 작성한 후 그 결과를 토대로 하여 해당자의 품격을 다시 설정하도록 하였다. 이런 자료들이 점점 상급으로 올라가서 최종적으로 이부에 도달되면 이부에서는 그 자료들을 가지고 관직등용의 자료로 활용하였다.

이런 선사제도는 선발권한을 중앙에 집중하도록 함으로써 선발권이 이부(吏部)의 강력한 권한하에 들어오도록 하였다. 대중정이나 소중정 모두 이부를 도와서 선발에 참여하는 이런 형태는 결국 지방의 관직임용권한이 군수 등의 지방관리로부터 해당 지역의 중정관의 손으로 넘어가는 형국이 되었던 것이다. 이것은 또 "사(士)"를 선발하는 업무가 정권으로부터 분화되어 나오기 시작했음을 의미하는 것이며, 황제의 인사권을 약화시킨 측면도 있다.

9품중정제가 나오게 된 배경은 한과 위 시기의 사회적 상황과 관련이 있다. 당시 조조(曹操)는 전쟁의 와중에서 인재를 구하는 것이 시급한 문제였다. 이에 따라 인물을 9품을 표준으로 하여 분류하고 그에 따라 인재를 선발하는 방법을 도입하였는데, 이 방법은 다른 어떤 선발방법보다 그 과정이 간편하다는 장점을 가지고 있었다.

당시 전쟁이 계속되면서 많은 사인(士人)들이 고향을 떠나 다른 지역으로 이주해 살고 있었다. 따라서 진한 이래의 향(鄕), 정(亭), 리(里)의 기층조직은 대

---

6) 관명(官名)의 하나임.

부분이 파괴되어 있었다. 사인출신과 덕과 재를 겸비한 자를 향이나 리에서 뽑는 제도는 불가능하게 되었고, 이에 따라 9품중정제와 같은 중앙집중식의 제도가 탄생하게 된 것이다.

그러나 문벌사족의 세력이 커짐에 따라서 9품중정제도 사족세력을 확대시키고, 문벌세력을 견고하고 강하게 만드는 수단으로 전락하게 되었다. 당시 품격을 매기는데 있어서 단지 가세(家世)만이 중요하게 취급되었지 그들이 지닌 인격이나 재능 등은 중요하게 취급되지 않았다. 이에 따라 당시 상품에는 가난한 집안은 없고, 하품에는 세력이 있는 집안은 없는 현상이 나타나게 되었다. 사람들은 품평결과로부터 문벌 정도는 잘 알 수 있었으나, 그 현명함과 우매함에 대해서는 알 수가 없었다.[7)]

이러한 9품중정제는 결국 진나라 시기의 정치를 갈수록 부패시키게 되었다. 우선 귀족자제들은 학문을 하지 않게 되었고, 술(術)도 지니지 못하게 되었다. 때가 되면 당연히 관직에 입문하게 되는데 무엇 때문에 그 어려운 학문을 하겠는가? 이러한 와중에서 가난한 집이나 서민자제들의 원성은 갈수록 높아만 갔다. 왜냐하면 그들에게는 벼슬에 나설 기회나 희망이 아무 것도 없었기 때문이다.

9품중정제의 이러한 폐단은 위진남북조의 사풍(士風)과 교육의 발전에 커다란 영향을 미쳤다. 당시 사람들은 비난과 남을 책망하는 데 익숙해져 있었는데, 이러한 현상은 대부분 9품중정제로부터 파생되어 나온 것이다. 이에 따라 여기저기서 9품중정제를 비판하는 말들이 봇물처럼 터져 나오게 되었다. 위나라의 하후현(夏候玄)은 중정관을 통한 인재선발방식이 상하를 무시하도록 하였다고 주장하였다. 또 서진의 위관(衛瓘)도 9품중정제가 사람들의 도덕을 방치함으로써 풍속을 손상시켰다고 하면서 이 제도의 폐지를 주장하였다.[8)] 이러한 9품중정제의 폐해를 주장하는 글들은 이후에도 계속되었다.

---

7) 〈通典〉, 卷4 〈選擧考2〉

8) 〈晋書〉 卷36 〈衛瓘傳〉

남북조 시기에 들어와 세족의 세력이 지속적으로 하강하기 시작하면서, 소외 받던 집단들이 점점 권력의 중심부에 들어오게 되었다. 이런 사회변화과정에서 소외 받던 집단인 가난한 사람들이 세족행렬에 들어가게 되었다. 소외 받던 집단이 세족의 대열에 들어감에 따라 이들을 대표하는 최고통치집단은 중정을 통하는 방법 외에, 시험을 통하여 관리를 선발하는 방법도 동시에 사용하게 되었다. 이렇게 됨에 따라 새로운 권력집단이 된 소외세력의 참정기회가 대단히 많아지게 되었다.

남조의 송과 제나라의 경우 9품중정제와는 별도로 관리를 등용하는 시험을 시행하였는데 시험과목은 효와 수재였다. 이러한 시험에 대해서 기존의 세족들은 반대의 입장에 서 있었다. 그럼에도 불구하고 관리를 선발하는 시험에 대한 요구는 갈수록 높아지게 된다. 결국 9품중정제는 남북조 후기에 들어와 쇠락의 길로 접어들게 되면서 개혁이 시도된다. 그리고 이때부터 과거제도의 모태가 형성되었다고 볼 수 있고, 이것이 수당 시기 과거제도의 초석이 되었다.

CHAPTER

06

수, 당, 5대 시기의 교육

여기서는 수(581~618년), 당(618~907년)과 5대(907~960년) 3개 시기의 교육에 대해 살펴보게 될 것이다. 그러나 그중심은 당대교육이 될 것이다.

원 581년 수문제(隋文帝)가 진을 멸망시키고 위진남북조의 근 400년 동안 이어온 봉건할거시대를 결속시켰다. 그리고 강력한 통일국가인 수왕조를 건립하였다. 618년 이연(李淵), 이세민(李世民) 부자는 수나라 말기의 농민봉기의 힘을 빌려서 수나라를 멸망시키고 당나라를 건립하였다.

한편 907년 주전충(朱全忠)이 당나라의 정권을 빼앗아 국호를 양(梁)이라고 하였는데 후세의 사가들은 이를 후양(後梁)이라고 부르고 있다. 후양과 동시에 병존한 나라가 있었는데 전촉(前蜀), 오월(吳越)과 오(吳)가 그것이다. 이후 중국 땅의 정권 분립과 변경은 더욱 잦아지게 되었는데 중원 땅에 선후로 5개 국가가 들어섰다. 이와 동시에 10여개의 대소 국가가 이들과 함께 병존하고 있었다. 그래서 역사가들은 이 시기를 "5대10국"의 시기라고 일컫고 있다. 5대는 시간적으로 존속한 기간이 54년(907년~960년) 밖에 되지 않는다.

한편 수와 당 두 나라가 왕조를 이어간 시간은 약 320여년이 되고 있다. 이 시기는 중국의 봉건사회가 정치, 경제, 과학기술, 문화 등 여러 방면에서 전성기를 구가하던 시기이다. 이에 발맞추어 교육도 커다란 발전을 이루었던 시기이기도 하다. 반면 5대는 존속한 기간이 짧은 것만큼 사회나 교육의 발전이 별로 이루어지지 않았다.

1. 수대의 교육

수나라는 진나라에 이어 중국 땅에 또 한 번의 통일된 봉건왕조를 건립하였지만, 비교적 단명한 국가의 하나였다. 그러나 수나라 시기에 세워진 교육제도와 과거제도는 이후의 국가나 왕조들에게 중요한 영향을 끼쳤다. 따라서 수나라 시기 교육의 교육사적 의의는 매우 크다고 할 수 있다.

수나라 초기 문제(文帝)는 학교를 제창하여, 중앙으로부터 지방에까지 모두 관학을 설치하였다. 중앙에는 국자사(國子寺)를 설치하고, 제주(祭酒)를 두어 학교의 교육업무를 관장하도록 하였다. 이것은 중국역사에서 볼 때 전문교육행정부문을 설치하고, 전문교육장관을 둔 시초가 되고 있다. 국자사 아래에는 국자학, 태학, 사문학, 서학, 산학 등의 5학이 설치되었다. 수문제는 또 태상사(太常寺)[1]를 설치하고 그 산하의 태의서(太醫署)와 태복서(太卜署)에 의박사와 조교 각 2인, 안마박사와 주금박사(咒禁博士) 각 2인, 태복박사(太卜博士)와 조교 각2인, 상박사(相博士)와 조교 각1인을 두도록 하였다. 이밖에 태복사(太卜寺)를 설치하여 수의박사를 두도록 하고, 대리사(大理寺)를 설치하여 율박사(律博士)를 두도록 하였다. 이러한 것들은 이후의 당나라 때 의학과 율학을 건립하는 기초가 되었다. 그 당시를 가리켜 고대의 사료에는 "암송하는 소리가 넘쳐 도로에 끊이지 않았다."[2]고 기록하고 있다. 이러한 기록을 통하여 당시 수나라 초기의 학교교육이 대단히 발달했음을 유추해 볼 수 있다. 그러나 수문제 말년에 이르러 많은 생도들이 공부를 열심히 안하고 또 학생들의 수준도 그렇게 높지 못하다는 것을 이유로 수문제는 칙서를 내려 수도와 군현의 대소학교를 폐지하였다. 그리고 수도에 있는 국자학 한 곳만 남기도록 하였는데, 학생 수는 고작 72인에 불과하였다. 그리고 오래지않아 국자학을 태학으로 개칭하였다.

이렇게 수문제 시절 교육정책의 집행과정에서 커다란 동요가 있음으로서 관학은 많은 좌절을 경험해야만 했다. 수나라 양제 대업 3년(607년)에는 국자사를 국자감으로 개칭하고, 국자학과 군현의 학교를 모두 과거수준으로 회복시켰다. 그러나 이 시기에도 "사도들의 태만"[3]으로 인해 단지 흥학의 이름만 있을 뿐

---

1) 고대 시기 중국에서 예악을 관장하던 최고행정기구이다. 진 시기에 태상이라고 불렀다.

2) 〈隋書 · 儒林傳序〉

3) 〈隋書 · 儒林傳序〉

학교교육은 자신의 역할에 맞는 작용을 하지 못하였다.

수나라의 중앙집권제는 진이나 한 시대보다 강화된 면이 있다. 수문제는 "9품중정제"는 중앙집권제를 강화하고, 합리적으로 인재를 선발하고 임용하는데 불리하다고 보았다. 이에 따라 그는 선사(選士)대권을 집중시키기 위하여 시험의 방법을 사용하기 시작하였다. 그는 과거시험을 실시하여 위진 이래의 9품을 통한 관리선발제도 즉 9품중정제를 대신하도록 하였다. 개황 18년(598년) 7월에는 지행수근(志行修謹)과 청평간제(淸平干濟)[4]의 2과를 두었고, 수양제 대업3년(607년)에는 10개과를 두어 관리를 선발하였다. 그리고 합격을 사정하고 임용하는 권한을 완전히 중앙에 집중하도록 하였다. 이것이 중국역사로 볼 때 과거제도가 시작된 시초가 되고 있다. 이런 과거시험의 특징은 전문적인 자질을 가진 인재를 중시하는 것으로서, 지방의 중정관에 의해 선발해 올리는 9품중정제와는 완전히 다른 것이었다. 한나라와 위진남북조 시기의 선사는 비록 시험이라는 것이 있었지만 그 시험은 형식에 불과했고 사실은 중정관에 의해 선발해 올리는 "찰거(察擧)"[5]위주였다. 그러나 수당 이후의 과거는 시험위주였다.

수 이전의 "찰거"와 수 이후의 "시험"은 바로 중국고대선사제도의 하나의 경계선이 되고 있다. 그리고 과거제도의 건립은 문벌사족이 선사(選士)를 장악해왔던 지금까지의 전통을 바꾸도록 하였다. 즉, 서민들이 정권에 참여하는 길을 열어놓음으로서 통치계급의 통치기초를 확대하였던 것이다. 그리고 이러한 과거제도는 이후의 왕조에서도 계속되어 1300여년이나 지속되었다.

4) 京官五品以上及总管, 刺史并以志行修谨, 清平干济二科举人
(지행(志行): 志向和操行, 수근(修谨): 行事或处世谨慎, 恪守礼法)

5) 사람을 잘 살핀 후 선발하는 방식

2. 당대의 교육

1) 당대의 문화, 교육정책

당나라 때는 중국 전역을 지금까지 볼 수 없었던 하나의 통일된 국가로 완성한 시기였다. 중국 전역이 하나의 봉건 대제국이 통치하는 나라로 바뀌었던 것이다. 당시 당나라는 정권을 견고히 하고, 통제를 강화하기 위하여 유가사상을 당나라의 제도를 유지시키는 주요한 통치사상으로 삼았다. 〈신당서(新唐書)〉를 보면 당의 태종은 즉위 이후 "유교를 숭상하는 것이 유익하다"[6]고 주장한 것으로 언급되고 있다. 이를 보아 알 수 있듯이 그는 유학을 봉건통치의 주요한 사상적 도구로 삼았을 뿐만 아니라, 당나라의 제도, 방침, 정책을 세우는데 필요한 이론적 근거로 삼았다.

당태종은 교육에 있어서도 "중진유술(重振儒術)"[7]의 문화, 교육정책을 펴 나갔다. 당시 당나라의 문화, 교육정책의 주요한 특징은 다음과 같다.

(1) 공자 존중

유학의 지위를 높이기 위하여 고조 무덕 2년(619년)에 국자감에 주공공묘(周公孔廟)를 설치하고, 언제나 제사를 지낼 수 있도록 하였다. 태종 정관 2년(628년)에는 주공사(周公祠)를 설치하여, 공자로써 성인을 삼고, 안회(顔回)를 전대(前代)의 현인으로 삼도록 하였다. 현종 개원 27년(739년)에는 공자를 문선왕으로 삼아서, 공자를 제위에 올려놓고 숭배하였으며, 공자의 제자 수십 명을 공, 후, 백으로 삼았다. 또 태종 정관 이후에는 전국의 학교마다 공자의 위패를 모시지 않은 곳이 없었고, 관학에서는 공자에 대한 제례를 올리는 것이 습관이

---

6) 〈新唐書 · 褚亮傳〉

7) 유교를 중시하고 증진하는 경향을 말한다.

되다시피 하였다. 이렇게 공자를 존중하는 것이 당시 커다란 권위를 가지고 사회 전반을 휩쓸었다.

(2) 유생(儒生)에 대한 지위의 제고

당태종은 즉위하기 전 전국각지의 명유(名儒)인 방현령(房玄齡), 위정(魏征), 두여회(杜如晦) 등 18명을 불러 학사(學士)로 삼았다. 그리고 이들과 함께 천하의 대사를 논의하였다. 즉위 후에는 홍문관(弘文館)을 설치하고, 천하의 유생인 요사염(姚思廉) 등을 뽑아서 학사(學士)를 겸하도록 하였다. 그리고 언제나 그들과 경의(經義)를 강론하고, 정사를 논의하였다. 현종 때에도 진의 분서갱유 화를 당한 유생 수백 명을 위해서 사우(祠宇)를 설치하여, 이들을 보살폈다. 당나라 시기에는 이렇게 함으로써 유생의 지위를 높이고, 한편으로는 유학을 장악해 나갔다.

(3) 황제의 석존(釋尊)[8]참관

당의 고조 무덕 7년(624년)에는 국자학에 와서 석존을 참관하고, 도사(道士), 사문(沙門)[9]을 데리고 국자학의 박사와 함께 여러 문제들에 대해서 갑론을박을 벌였다. 이렇게 함으로써 학자를 숭상하고, 유교경전을 중요시하는 풍조가 나타나도록 하였다. 태종 정관 14년(640년)에는 문무백관을 이끌고 국자학에 와서 제주(祭酒) 공영달(孔穎達)에게 명하여 〈효경〉을 강의하도록 하고, 제주, 박사와 우수한 학생들에게 비단을 하사하기도 하였다. 대종 때에는 더욱 유학을 중시했다. 국자학의 석존을 참관할 때는 재상 이하의 대관과 육군의 군장급이 모두 그곳에가 석존을 참관하고, 강의를 듣도록 하였다. 이러한 것들은 당나라가 학교교육을 중시하는 한편, 그곳에서 이뤄지는 유학교육을 대단히 중시했음

8) 문묘에서 공자를 제사지내는 전례

9) 승려

을 보여주는 것이라고 하겠다.

(4) 유교경전의 정리와 연구의 중시

당태종은 국자학 제주 공영달 등에게 명하여 〈오경정의〉를 편찬하도록 하고, 이 책을 나라의 모든 사람들이 학습하도록 함으로써 사상을 통제하는 방법으로 삼았다. 〈오경〉에는 유가의 정치, 철학, 도덕사상 등 유가의 중심사상이 모아져 있다.

서한 시기 말엽에는 유가경전이 가지고 있는 장황함 혹은 번거로움과 미래의 길흉화복을 점치는 예언신학의 성행 그리고 위진남북조 시기 현학의 출현으로 유가사상의 영향은 크게 축소되었다. 그러다가 당나라에 들어와 통일된 국가를 통치하기 위한 정치상의 필요에 따라 유학을 진흥시키게 되었다. 그리고 이러한 유학진흥의 일환으로 추진된 것이 바로 유가경전에 대한 정리와 통일이다. 〈오경정의〉의 편찬과 공포는 유가경전의 통일을 나타내는 것이고, 유가사상이 정통의 지위에 올랐다는 것을 뜻한다. 그리고 바로 이 유가사상이 통치계급의 유력한 통치수단이 되었다는 것을 의미한다.

〈오경정의〉의 편찬은 교육과 선사(選士)에 대해서도 중요한 영향을 끼쳤다. 그것은 교육사상과 교육내용의 통일을 가져오도록 하였으며, 과거시험이 유교경전을 기준으로 삼도록 하였다. 〈오경정의〉의 편찬 이후 문종 개성2년(837년) 석경(石經)을 새겨 이것을 "개성석경"이라고 명명하였다. 석경은 모두 9경이 있는데 〈효경〉, 〈논어〉 등 모두 159책 65만자를 수록하고 있다.

당나라 시기 숭유존공(崇儒尊孔)의 문교정책은 과거와 학교교육의 발전방향을 결정하였다. 과거시험이든, 학교의 학습이든 모두 유교경전을 주요내용으로 삼았으며, 그 목적은 유학에 능통한 인재를 선발하고 배양하는 데 두고 있었다. 이에 따라 학교교육은 경학교육이 되었으며, 유가사상은 학교교육과 과거시험을 통제하게 되었다. 그리고 〈오경정의〉는 하나의 통일된 교재가 되었다. 이것은 당대교육의 중요한 특징으로서 후대 봉건교육의 탄생에 적지 않은 영향을 끼쳤다.

만약 한나라 시기의 문교정책이 "독존유술(獨尊儒術)"이었다면, 당나라 시기의 문교정책은 어떤 특징을 가지고 있다고 말할 수 있는가?

당나라 시기에는 "중진유술(重振儒術)" 이외에 불교와 도교를 제창하였다. 즉 숭유존공(崇儒尊孔)을 기초로 삼고, 불교와 도교가 보조수단으로 이용되었던 것이다. 비록 불교와 관련해서 전문적인 학교나 과거시험은 없었지만 불교는 당나라의 교육과 학술사상의 발전에 끼친 영향이 대단히 컸다.

한편, 당나라 시절에는 도교의 지위를 높이기 위하여 숭현학(崇玄學)을 개설하였고, 박사와 조교 각 1인과 학생 100명을 두도록 하였다. 또 도교시험을 두어 〈노자〉를 시험과목으로 더 부과하기도 하였다. 이렇게 보면 그 영향은 불교가 크나, 국가에서는 도교를 더 중시하고, 활성화를 위한 정책을 폈던 것임을 알 수 있다.

2) 당대의 교육제도

당나라 시기는 숭유존공(崇儒尊孔)의 문교정책하에서 정치의 통일, 경제의 번영, 문화와 과학이 최고조로 발달했던 시기이다. 따라서 당나라는 이러한 밑바탕 아래 교육도 커다란 발전을 이룩하게 되었다. 특히 이 시기에는 100여년의 학교교육의 발전과정을 통하여 비교적 완전한 학교교육체제를 구비하게 되었는데, 이는 학교교육의 발전사에서 보면 대단히 중요한 의미를 갖는다고 하겠다.

(1) 중앙과 지방의 학교제도

당나라는 개국(開國)으로부터 천보(天寶) 말까지의 100여 년간(619~756) 국가가 가장 강성했던 시기이고, 교육도 이 시기에 가장 발달했었다고 볼 수 있다.

당나라 시기의 학교교육의 모습을 중앙, 지방, 사학의 세 부분으로 나누어 살펴보면 다음과 같다.

① 중앙

중앙에는 6학이 있었는데 모두 중앙의 직접 관할 아래 두고 있었다. 6학은 국자학, 태학, 사문학, 서학, 산학, 율학으로서 모두 국자감에 예속되어 있었다. 국자감의 장관은 국자제주(國子祭酒)라고 불려졌다. 6학 중의 국자학, 태학, 사문학은 대학교육의 성격을 가지고 있었으며, 나머지 3가지 학교는 전문학교의 성격을 가지고 있었다.

그밖에 숭문관(崇文館), 홍문관(弘文館), 의학 등이 있었는데 그들은 모두 방계 학제에 속해 있었다. 구체적으로 살펴보면 홍문관은 성(省) 직할에 속해 있었으며, 숭문관은 동궁(東宮) 직할이었다. 의학은 전문학교의 성격을 가지고 있으며 태의서(太醫署)에 소속되어 있었다. 특히 의학은 별도의 운영체계를 가지고 있어서 다른 학교와는 달리 현재의 교육부에 해당하는 국자감의 관할에 포함되어 있지 않았다. 당태종 때 중앙과 지방에 모두 의학학교를 열면서 과를 나누어 즉 분과하여 학교를 세움으로써 의학교육에 있어서 새로운 지평을 열었다. 당시 중앙의 의학에는 의학, 침구학, 안마, 약학 등 4가지 전공이 있었다. 의학 전공에는 모두 5개과가 개설되어 있었는데, 내과(7년), 외과(5년), 소아과(5년), 이비인후과(4년), 각법(角法)과(3년: 부황 등을 사용하는 과) 등이 그것이다. 침구학 전공 학생은 경맥과 혈의 위치, 각종 병의 증후를 잘 알아야 하며, 아홉 가지 침구법을 활용할 수 있어야 한다. 안마전공 학생은 풍(風), 한(寒), 서(暑), 습(濕), 기(飢), 포(飽), 노(勞), 일(逸) 등 8가지 항목의 질병을 치료할 수 있어야 하며 겸해서 골절술을 배워야만 한다. 한편 약학전공 학생을 위해서 약초원이 학교에 함께 있었다. 학생들은 이곳에서 각종 약용식물을 식별하는 방법을 배우고, 약재의 배양과 채취, 제조 및 보존 등의 기술을 배웠다.

한편 황족의 자손들은 별도로 설립된 소학교에서 공부하였다. 현학은 사부(祠部)에 속해 있었는데 대학교육의 성격을 가지고 있었다. 집현전서원은 중서성(中書省)에 속해 있었는데 실제로는 중앙도서관의 역할을 하고 있었다.

당나라 때의 학교인 "6학"과 "2관"은 처음 출발할 때 학생이 2,200여 명에 달하였다. 태종 정관년에 이르러서는 학생수가 계속 증가함에 따라 교사(校舍)를 확충하였는데, 당시 학생수는 3,200명에 달했던 것으로 알려지고 있다. 후에도 계속적으로 학생수가 증가하여 "6학"과 "2관"에 속한 학생수가 8,000여 명에 이르게 되었다. 당나라 시기 정관에서 개원까지는 국력이 강한 왕성했던 시기였다. 이에 발맞추어 학교교육도 가장 발달했던 시기의 하나였다.

② 지방

부(府)에는 부학(府學)이 있었고, 주(州)에는 주학(州學)이, 현(縣)에는 현학(縣學)이 있었다. 또 현 안에는 시학(市學)과 진학(鎭學)이 있었다. 모든 주, 부, 현, 시의 각 학교는 모두 하나의 체계적인 관리체제하에 있었는데, 이들을 총괄하기 위하여 장사(長史)를 두고 있었다. 한편 각 주, 부, 시에는 별도로 의학이 설치되어 있었는데, 이 의학은 중앙과 마찬가지로 방계학제의 성격을 가지고 있었다.

지방정부가 관할하는 학교는 그 성격이 모두 초중등학교의 수준에 속하는 것이었다. 이런 학교의 졸업생들은 "향공(鄕貢)"이 되거나 중앙의 사문학에 들어가거나 하였다.

한편 당나라 시절에는 도교를 숭배하는 풍조가 있어서 중앙에 숭현학[10]을 설치했을 뿐만 아니라, 각 주에도 숭현학 1개교씩을 설치하였다. 그리고 현학박사 1인을 두어 〈도덕경〉, 〈장자〉, 〈열자〉, 〈문자〉 등의 도교경전을 가르치도록 하였다. 이 학교의 학생들은 졸업 후에 도거시험(道擧試驗)에 참가할 수 있었다.

---

10) 현학을 숭상하는 학문을 하는 곳. 숭현학은 당현종 때 양경(兩京) 및 각 주에 현원황제 및 숭현학을 설치하였다.

(2) 사학의 번성

당대의 사학은 관학의 발달에 못지않게 커다란 발전을 이룩하였다. 당시의 유명한 유학자들은 제자들을 모아서 가르치고, 경전을 전수하였다. 안사고(顔師古), 공영달(孔穎達) 등은 관직에 나서기 전에는 교수를 업으로 했으며, 유작(劉焯)은 유학으로 대단히 유명하였다. 그들은 국자학에서 박사들과 학문을 논했을 뿐만 아니라, 지위도 대단히 높았다. 그러나 후에는 고향으로 돌아와 전문적으로 교수와 저술활동에 종사하였다. 윤지장(尹知章)은 국자박사였으나, 집에 돌아오면 학생들을 가르치기를 게을리 하지 않았다. 이렇게 국자박사가 되어서도 집에서 생도들을 모아놓고 교수를 했던 것이다. 이러한 저명한 유학자들이 일으킨 사학들은 대부분 개인의 집에서 이루어진 사숙의 형태였지만, 이곳에서 많은 유학자들을 배출해 내었다. 이밖에 농촌에는 사립소학교가 있었다.[11] 당시에는 시를 배우는 분위기가 농촌에까지 깊숙이 전파되어 있었다. 따라서 아동들이 학교에 와서 시를 학습하고 학문을 연마하는 것은 매우 당연한 현상이었다. 당시 이러한 학교에서 사용되던 몽학교과서로는 양대의 〈천자문〉 외에 당대 이한(李瀚)의 〈몽구(蒙求)〉, 무명씨의 〈태공가교(太公家教)〉, 두사선(杜嗣先)의 〈토원책부(免園册府)〉 등이 있었는데, 당시 사학에서 모두 유행하던 책들이다.

(3) 학교의 입학

① 입학자격

앞에서도 보았지만 당나라 시기는 학교의 종류가 그 이전의 어느 시기보다도 많았다. 그리고 학교종류별로 입학대상이 제한적으로 적용되었다.

6학 중에서 국자학은 그 지위가 가장 높았고, 학생들은 문무3품 이상의 자손

11) 元稹은 〈居易集〉의 서문에서 당시 사립의 농촌소학교가 존재했음을 밝히고 있다.

만이 입학할 수 있었다. 다음으로 지위가 높았던 학교는 태학으로서 5품 이상의 자손만이 입학이 허락되었다. 그 다음으로는 사문학으로서 이 학교의 경우는 입학자격이 두 종류로 나뉘어져 있었다. 하나는 문무관 7품 이상의 자손이고 다른 하나는 서민 중의 성적우수자이다. 이외에도 성의 과거시험에서 낙제한 거인(擧人)들도 사문학에 들어와 학습할 수 있었다. 앞에서 말한 3가지 종류의 학교는 본래는 그 지위의 높고 낮음과 상관이 없었다. 그러나 입학자격의 제한으로 인해 그 등급이 다르게 되었고 결국은 학교의 등급이 상하의 관계에 있게 되었다. 서학, 율학, 산학은 전문학교 성격의 학교이다. 자격을 엄격하게 제한하지 않았으며, 8품 이상의 자손 또는 일반서민이 입학해서 학습할 수 있는 곳이었다.

이상의 6개 학교를 살펴본 결과 당나라 시기의 학교교육은 당시 사회를 이끌던 통치 집단을 중심으로 이루어진 계급구조가 학교교육에도 들어와 있었다는 것을 알 수 있다.

한편 홍문관과 숭문관은 앞에 설명한 국자학보다 그 지위가 더 높았다. 당시 가장 지위가 높았던 학교였던 것이다. 따라서 이런 홍문관이나 숭문관에 입학한 학생의 수준이나 집안은 당연히 국자학이나 태학의 학생들보다 낮지 않았다. 한편 지방학교에는 주로 소지주나 중지주의 자제들이 입학하였다.

② 입학연령과 학습연한

중앙과 지방학교의 입학연령은 일반적으로 14세에서 19세까지를 그 한계로 하였고, 학습연한은 9년이었다. 율학은 18세에서 25세까지의 학생이 입학대상이 되었으며, 학습연한은 6년이었다.

③ 입학수속과 의식

귀족가정 출신의 자제와 성의 과거시험을 통과한 거인(擧人)은 어떤 수속도 통과할 필요가 없이 직접 중앙의 각 학관에 들어가 학습할 수 있었다. 지방 측 제, 주, 현의 학생 중 성적우수자에 대해서는 각 주의 장사(長史)가 선발시험을 보아 중앙에 보내면 사문학에 입학할 수 있었다. 평민은 중앙의 사문학에 들어가 학습할 수는 있으나, 이들은 "특별생"으로 칭해졌으며, "준사(俊士)"로 명명되었다. 당시의 학생들에게는 학교에 입학한 후 일체의 의식주를 학교에서 무상으로 제공하였다.

당나라 시기 각 학관의 규정을 보면 스승과 제자는 처음 만날 때 "속수(束脩)[12]의 예"를 표하도록 하였다. 국자학과 태학의 학생은 각자 비단 3필을 스승에게 올렸으며, 사문학의 학생들은 각자 비단 2필을, 율학, 산학의 학생들은 비단 1필을 올렸다. 지방의 주, 현의 학생들도 역시 비단 2필을 스승에게 올렸다. 이밖에 술과 고기를 반드시 스승에게 올려야 했는데, 이에 대해서는 제한을 두지 않았다. 학생들의 스승에 대한 예물은 5등분하여 60%는 박사에게 보내고, 40%는 조교에게 보내졌다. 이런 "속수"는 스승들이 받던 봉급과는 별개의 것이었다. "속수"는 단지 처음 스승을 만난 것에 대한 존경의 표시로서 주어진 것이었다.

(4) 학교행정과 교수학습관리제도

① 교육과정

학교의 교육과정은 과거시험의 요구에 부합하도록 만들어진 것이었다. 당시 유교경전은 대, 중, 소의 3가지 종류로 구분되어 있었다.

대경(大經)은 〈예기〉, 〈춘추좌전〉, 중경(中經)은 〈시경〉, 〈주례〉, 〈의례〉, 소경

12) 스승께 드리던 예물

(小經)은 〈역〉, 〈상서〉, 〈춘추공양전〉, 〈춘추곡양전〉을 말한다. 대경과 중경의 과목은 필수과목이었으며, 소경은 선택과목이었다. 그리고 〈효경〉, 〈논어〉는 공통필수과목이었다. 노자의 〈도덕경〉은 본래는 현학을 숭상하는 교육내용을 가지고 있었다. 그러나 때에 따라서는 공통필수과목이 되기도 하였다. 그만큼 도가에 대한 믿음이 깊었음을 의미하는 것이다.

각각의 과목에 대해서는 수업연한이 정해져 있었는데 〈효경〉, 〈논어〉 각 1년, 〈공양전〉, 〈곡양전〉, 〈상서〉 각 1년 6개월, 〈역〉, 〈시〉, 〈주례〉, 〈예례〉는 각 2년, 〈예기〉, 〈좌전〉은 각 3년이었다.

서학(書學)은 서법을 연구하는 것 외에도 매일 서법을 연습하고 이와 함께 〈국어〉, 〈설문(說文)〉, 〈자림(字林)〉 등을 배웠다. 이때 〈국어〉, 〈설문(說文)〉의 수업연한은 2년이었으며, 〈자림(字林)〉의 경우는 1년이었다. 산학(算學)은 〈손자〉, 〈5조(五曹)〉, 〈9장(九章)〉, 〈해도(海島)〉, 〈장구건(張丘建)〉, 〈하후상(夏侯相)〉, 〈주비(周髀)〉 등을 학습하였다. 율학에서는 율령을 학습하는 것 외에 격식과 법례에 대해서도 학습하도록 하였다.

② 학교행정관리

국자감에는 제주(祭酒) 1인이 있었고, 이 제주는 교육행정을 관장하는 최고장관이었다. 그리고 그 아래에 사업(司業) 2인이 있어서 제주를 도와 유학에 대한 훈도와 교육과 관련한 명령을 내리는 것을 돕도록 하였다. 또 제주 밑에 승(丞) 1인을 두어 6학에 재학하는 학생의 성적을 관리하도록 하였다. 이와 함께 주부(主簿) 1인을 두어 문서 등의 보관, 관리에 대한 책임과 인감을 관리하도록 하였다. 6학에 재학하는 학생이 학업에 열심이지 않고, 연속해서 낙제하거나 9년 동안 재학해도 학업을 달성하지 못하였을 경우, 또 방학이 끝나도 학교에 돌아오지 않는 경우 등에는 모두 제적시키도록 하였다. 한편 주, 부, 현의 학생은 장사(長史)로 하여금 관장하도록 하였다.

③ 교사와 교수법

학교의 교사에는 박사, 조교, 직강(直講) 등이 있었다. 박사는 책임을 지고 학생들의 강의를 담당하는 학교에서는 가장 높은 직위를 가진 자였다. 박사는 자기가 담당한 과목을 책임지고 완수해야 하며, 중도에 기타 과목으로 바꾸지 못하도록 엄격히 제한하였다. 조교는 박사를 보좌하여 교수를 담당하는 사람이고, 직강은 박사와 조교를 보좌하여 경학에 대한 교수를 담당하였다. 율학, 서학, 산학박사와 조교는 각각 전공에 따라 학생을 교수하였으며, 이들은 자기 학생들의 과목시험을 책임지고 감독하는 권한을 가지고 있었다.

박사와 조교는 학교의 교사이면서 정부의 관원이었다. 그들은 학교 안에서의 지위의 높고 낮은 정도가 그대로 정부 안에서의 직위의 높고 낮은 기준이 되었다. 예를 들어 국자학박사는 반드시 정5품 이상이 되어야만 그 자격이 주어졌다. 또 조교는 반드시 7품 이상이 되어야만 자격이 있었다. 기타 6학의 등급과 대우는 이런 기준에 따라 약간씩 하향 조정되었다.

당시의 교수법은 경전을 교수하는 것이었다. 특별한 교수법이 없을 것 같기도 하지만 당시 나름대로의 교수방법이 있었다. 즉 대부분의 교사들은 읽기와 강의를 반복하였는데, 어떤 교사들은 토론식 수업을 진행하는 경우도 있었다.

④ 시험, 진학과 방학

시험은 3종류로 나뉘어 실시되었는데, 순고(旬考), 세고(歲考), 필업고(畢業考)가 그것이다.

"순고"는 순휴가 전에 실시되는 시험이다. "순"이란 우리가 보통 쓰는 상순, 중순, 하순의 순으로서 10일을 의미한다. 따라서 여기서 순휴가란 10일 휴가를 의미하고, 순고란 10일 시험을 의미한다고 볼 수 있다. "순고"는 10일간 배운 내용에 대해서 암송과 해석의 2가지를 시험 보는 것이다. 암송시험은 1,000자 이내의 책 1권을 시험 보며, 해석은 2,000자 이내의 문장에서 대의(大義) 1문제를 포함해 모두 3문제를 묻는다. 2개 이상을 맞으면 합격이지만, 만약 불합격을 하게 되면 벌을 받는다. 그러나 이런 "순고"는 시험간격이 너무 가까워서 학생들의 부담이 과중하다는 등의 문제점 때문에 후에 달마다 시험을 보는 "월고(月考)"로 변경되었다.

"세고(歲考)"는 1년 동안 배운 것을 시험 보는 것으로서 우리의 학기말고사에 해당된다. 구술로 대의(大義) 10문제를 묻는데, 정답이 8문제 이상이면 상등, 6문제 이상이면 중등, 3문제 이상이면 하등으로 구분되는데, 하등은 불합격한 것으로 취급되었다. 따라서 하등을 받은 학생은 반드시 다시 공부를 하여 시험에 합격해야만 했다. 만약 계속해서 3차례 불합격이면 재학시간을 9년까지 연장해서 공부를 할 수가 있는데 그래도 불합격이면 퇴학을 당하게 된다.

퇴학의 규칙에는 3가지가 있었다.

첫째, 방학기간을 넘겨 귀교하지 않을 때, 둘째, 시험에서의 불합격, 즉 재학기간을 9년까지 연장해도 시험에 불합격한 경우, 셋째, 품행이 방정하지 않은 경우 등이다.[13)]

"필업고(畢業考)"는 박사가 문제를 출제하고, 국자제주(國子祭酒)가 시험 감독을 한다. 각 학생은 "2경(二經)"[14)]에 능통해야 하며, "준사"는 "3경(三經)"[15)]에 능통해야 한다. 시험에 합격한 자는 출교해서 성시(省試)에 응시할 수 있다. 그러나 계속 공부하기를 바라는 자와 사문학 졸업생은 태학에 추가입학을 할 수 있도록 하였다. 그리고 태학졸업생에 대해서는 국자학에 추가로 입학할 수 있도록 하였다. 그러나 이런 진학방법은 학업정도를 깊이 파악하여 입학시키는 것이 아니었다. 즉 정식시험을 통해서 입학시키는 것이 아니었기 때문에 단지 그곳에 입학한 사람의 지위를 높이는 역할을 하는 데 불과하였다.

---

13) 王炳照 外, 前揭書, 120쪽

14) 대경(大經) 중의 하나와 소경(小經) 중의 하나 혹은 중경(中經) 2가지를 2경이라고 말한다.

15) 대경(大經) 하나, 중경(中經) 하나, 소경(小經) 하나를 포함해서 3경이라고 말한다.

휴가는 보통 순가, 전가(田假)(5월), 수의가(授衣假)(9월)로 나뉘어져 있었다. 순가는 10일에 1일이 휴가를 주는 것이고, 전가와 수의가는 최대 1개월의 휴가를 주는 것이다. 학생들은 이 기간에 고향을 찾아 부모님에게 인사를 드리거나 친구들을 만나게 된다. 그러나 고향이 먼 학생들을 위해서는 휴가기간을 연장해 주어 고향이 멀어도 부모님을 찾아뵐 수 있도록 하였다.

3) 당대 학교제도의 특징

당나라 시기 학교제도는 사회의 발전만큼이나 다양하게 발전한 모습을 보이고 있다. 이 시기 학제의 특징은 다음과 같이 두 가지로 말 할 수 있다.

(1) 완전한 학교제도의 구비

당나라 시기에 들어와 중국전역에 중앙에서 지방에 이르는 학교제도가 구비되었다.

첫째, 중앙에는 국자감이 설치되어 각급 학교를 총괄하였다. 국자감은 두 가지 성격을 가지고 있었는데 하나는 대학의 성격이고 다른 하나는 교육행정관리기구의 성격이다. 이것은 교육의 발전에 적응하기 위한 관리체제상의 변화라고 할 수 있다. 둘째, 지방학교는 주부(州府)급과 현(縣)급의 두 가지 위계로 구성되어 있었다. 이렇게 됨으로써 통일된 학제가 전국적으로 시행되기 시작하였다. 셋째, 전문학교가 당시 학교유형의 정형이었다. 율학, 산학, 서학 이외에도 의학이 매우 중시를 받았다. 이미 각 전공영역별 교육이 전문적으로 실시되었다. 넷째, 학교의 형식이 다양해졌다. 정규학교 이외에 행정부문 부설의 훈련기구 혹은 도제형식의 교육 등 다양한 방식으로 교육이 이루어지게 되었다. 다섯째, 학교의 여러 가지 제도, 학교의 행정관리와 행정조치 등이 조직적이고 체계적인 양상을 띠게 되었다. 여섯째, 관학방면에서는 봉건통치집단을 위한 계급적 성격이 더욱 강해지는 경향을 보였다. 6학2관의 입학자격에 모두 엄격한 품계를 정해 놓음으로써 일정한 품계를 가진 자손들만이 이런 학교에 입학할 수 있도록 제한하였다. 일곱째, 경학(經學)의 전수는 문자에서부터 해석에 이르기까지 모두 엄격한 통일성과 표준화에 따라 이루어졌다.

(2) 학교와 과거의 관계 밀접

학교가 인재를 양성하는 곳이라면 과거시험제도는 인재를 선발해서 공급하는 기능을 갖고있다고 할 수 있다. 당나라 시기 선재(選才)와 육재(育才)가 밀접한 관계를 갖게되고, 인재에 대한 기준과 요구가 동일해지면서 학교교육은 장족의 발전을 이루게 된다. 이에 따라 학교는 점점 과거의 예비기구화가 되거나 속박을 받게 되었다. 이는 과거시험을 위해서 학교가 존재하는 형국을 만들게 되었고, 결국은 학교의 발전을 위해서 나쁜 선례를 남겼다.

4) 당대의 과거제도

당은 수대의 취사제도를 계승해서 과거에 의한 관리선발방법을 전면적으로 시행하였다. 그리고 이 시기는 "9품중정제"에서 과거제로의 이행과정으로 볼 때 과도기에 해당되는 시기이다. 한편 이것은 중국 고대 관리선발제도의 중대한 개혁에 해당되는 것이었다.

(1) 과거시험의 수속

당나라 시기에는 과거를 통과한 사람들이 대부분 중소지주계급 출신의 선비들이었다. 다시 말해서 일반서민지주 출신의 선비들이었다. 따라서 그들은 작위가 없었다. 그들의 출신자격은 당시의 규정에 따라서 살펴보면 대개 3가지 방법으로 취득된 것이었다. 첫째, 학교출신으로서 "생도"라고 부르고 있다. 둘째, 주와 현의 시험을 통과해서 과거시험에 보내진 경우로써 "향공(鄕貢)"이라고 부르고 있다. 셋째, 황제가 친히 시험을 주관하는 것으로서 "제거(制擧)"라고 부르고 있다. 이 "제거"는 정기적으로 보는 과거시험이 아니고 인재가 대단히 필요할 때 또는 왕이 기쁜 일이 있거나 할 때 거행하는 시험이다.

따라서 여기서 말하는 과거시험은 앞의 "제거"와 같은 것이 아니고, "상공(常貢)", 즉 정기과거시험을 말하는 것이다. 즉 "생도"나 "향공"이 응시하는 시험을 말하는 것이다.

응시방법은 매년 겨울에 중앙과 주현관감이 시험(鄕試)을 통과한 학업성적이 우수한 학생을 선발하여 상서성(尙書省)으로 보낸다. "향공"은 개인이 스스로 주, 현에 응시신청을 한다. 학교 졸업예정생, 즉 "생도"는 장사(長史)가 음식과 술 등으로 예를 갖추어 상서성(尙書省)으로 응시원서를 보낸다. 응시 신청된 서류는 정리가 된 후 예부(禮部)[16]로 보내져 거기에서 시험을 치르게 된다. 이들은 상서성에서 주관하는 성시(省試)에 합격한 후 다시 이부(吏部) 시험에 합격해야 정식으로 관직을 받을 수 있었다. 이러한 과거시험의 과정을 간략히 나타내보면 다음과 같다.

향시(지방) → 성시(중앙 상서성 예부) → 이부시

(2) 시험과목과 시험방법

당나라 시대의 과거는 설치된 과도 많았고, 또 자주 시험을 보았다. 정기적으로 치러졌던 과거시험의 과로는 수재과(秀才科), 명경과(明經科), 진사과(進士科), 명법과(明法科), 명자과(明字科), 명산과(明算科) 등 6개과가 있었다. 이밖에 비정기적으로 치러지는 과들로 3례과(三禮科), 3전과(三傳科), 일사과(一史科), 삼

16) 開元 24년(공원736년)전 까지는 호부(戶部)에서 시험을 실시하였다.

사과(三史科), 개원례과(開元禮科), 도거과(道擧科), 동자과(童子科) 등이 있었다. 이런 다양한 종류의 시험은 그 내용으로 보면 각자가 특징이 있었지만, 그러나 실제적으로 보면 그 차이가 크지 않았다. 왜냐하면 시험내용이 대부분 유교경전에 통달한 유생을 뽑는 것이었기 때문이다.

정기시험 과목 중 명법, 명서, 명산과는 수요가 많지 않고, 통치계급에서 그리 중시하지 않았기 때문에 자주 시험을 보지 않았다. 수재과는 선발기준이 너무 높고 어려워서 당나라 초기에는 매우 적은 사람만이 합격할 수 있었다. 그러다가 고종 1년에 시험이 정지되었다. 자주 시행된 시험은 명경과 진사의 2개 과였다. 이러한 명경과는 한대(漢代)부터 있었다. 시험의 주요내용은 오경(五經)의 뜻과 이치에 대한 기억과 해석이었다. 동시에 당면한 업무나 정세에 대한 대책을 답하는 내용도 시험 속에 포함되어 있었다. 진사과는 수대(隋代)에 개설된 과목으로서 시험의 주요한 내용은 당면한 업무나 정세에 대한 대책을 답하도록 하는 것이었다. 또 유교경전의 뜻을 묻는 문제도 포함되어 있었다. 내용상으로 보면 명경과와 진사과는 큰 차이가 없는 것처럼 보인다. 모두 통경치세(通經治世)의 인재를 뽑는 데 초점을 맞추고 있기 때문이다. 그러나 당대에 들어와 진사과가 특별히 중요시되고 명경과를 가볍게 보는 경향이 나타나기 시작하였다. 매년 진사에 합격하는 숫자는 30명인데, 진사과의 경우 100명 중에 1~2명이 합격하는 반면, 명경과의 경우는 10명 중 1~2명이 합격하는 경향을 보이고 있었다. 그래서 "30세에 명경과에 합격하면 늙은 것이고, 50세에 진사과에 합격하면 나이가 적은 것이다"라는 말이 생겨나기도 하였다. 이것은 명경과의 시험이 쉽고, 진사과의 시험이 어려웠다는 것을 말해주고 있다.

당대 과거시험의 주요한 방법은 첩경(貼經), 묵의(墨義), 구술시험, 책문(策問), 시부(詩賦)의 다섯 가지였다.

"첩경"은 당나라 시기 과거의 시험과목 중 가장 중요한 과목의 하나였다. 따라서 당시에는 각 과의 시험에 반드시 첩경을 보도록 하였다. 구체적인 시험방법은 책 속의 어떤 행의 몇 개 글자 위에 종이를 붙인 후, 수험생이 이 부분의 글자를 채워 넣게 것이다. 이것은 현재 시험문제의 한 유형으로 사용되는 빈칸 채우기와 유사한 형태라고 할 수 있다.

"묵의"는 간단한 경전의 뜻에 대한 문답이다. 이 과목은 수험생이 경전의 문장과 경전의 주(注)와 소(疏)를 숙련되게 읽을 수 있어야만 대답할 수 있다. 이 시험의 경우 수험생은 필답시험의 경우 "묵의"로서 답하고, 구술시험일 경우 "구의(口義)"로 답한다.

"첩경"과 "묵의"는 시험을 주관하는 입장에서 보면 간편한 방법이었기 때문에 널리 사용되었다. 이 시험은 언제나 30~50문장 심지어는 100개 문장을 시험 문제로 출제하였다. 이 과목은 응시생 수가 많기 때문에 사람들이 잘 모르는 구석에 있는 문장 등 실제 시험에 필요한 문제보다는 시험출제자의 편의에 따라 문제가 출제되는 현상이 벌어지게 되었다. 다시 말해서 시험출제자의 입장에서는 수험생이 답을 쓰기가 어려운 것을 출제해야만 하는 상황이 생긴 것이다. 이런 시험문제 출제방식은 결국은 과거시험의 본질을 변질시켜 버렸다. 즉 본래 독서인들이 경서를 제대로 이해했는지를 시험하는 것으로부터 벗어나, 일종의 기계적인 암기를 잘하는 사람들을 양성하는 시험으로 전락시켜 버린 것이다.

"책문"은 수험생에게 문제를 내주고 이에 대해서 문장을 짓게 하는 것이다. 문제출제의 범위는 인사, 정치 등의 책략, 시무책 등이었다. 이러한 책문법은 비교적 바람직한 시험방법의 하나였다. 그러나 후에 들어와 이 시험방법도 수험생들이 과거의 책문에 난 문제들을 암기하는 형태로 변질되어 버렸다.

"시부"는 후에 와서 첨가된 시험과목이다. 이 시험은 수험생들이 경전의 뜻과 구책(舊策)을 암송만 하는 시험제도의 문제점을 개선하기 위하여 첨가한 것이다. 이 시험은 경전의 의미를 묻는 책문의 기초 위에서 시부를 더 시험 보는 것을 말한다. 그래서 첩시(帖詩)라고 칭하기도 한다. 후에 진사과의 시험은 이

"시부"에 편중되었고, 어느 경우에는 "첩경"에 불합격하여도 "시부"의 성적이 좋으면 합격시키기도 하였다. 그리고 이런 현상은 결국 "시부"를 흥하게 하는 한 원인이 되었다. 그러나 이러한 시의 격식을 따지는 문제는 하나의 고정된 형식을 가지게 되면서 문제점을 드러내게 되었다. 즉 당시의 시는 모두 12귀 내지는 16귀로 이루어져 있었다. 이 중 12귀 시를 예로 들어보면 처음 2귀는 주제를 보고, 중간의 8귀는 두 귀씩 짝을 지으면 되고, 최후의 2귀는 결론을 내면 되었다. 이런 고정된 형식은 결국 시간이 흘러감에 따라 수험생들의 관념을 고정시키는 원인으로 자리 잡게 되었다. 그리고 점점 형식주의에 빠진 팔고문으로 변성되어 갔다.

당나라 시기에 과거시험의 과목이 많았다는 것은 당시 정치적인 안정, 경제의 번영, 문화, 학술, 과학의 발전을 반영하고 있다. 그러나 봉건제도에서 필요로 하는 관리는 통경치술(通經治術)의 인재였기 때문에 많은 전문기술 인재들은 중시를 받지 못하였다.

당대 과거시험의 방법은 다종다양하다. 암기위주도 있었고, 뜻을 논하는 것에 치중하는 경우도 있었다. 또 시부와 같은 것은 문학적인 것을 강조하는 경향이 강했다. 그러나 어떤 방법이든지간에 당시의 과거시험 방법은 제도화과정에서 본래의 목적을 상실하고 말았다. 제도화 과정은 시험의 정형화를 만들어 내었고, 이에 따라 수험생들은 암기위주의 형식주의에 빠져 실제 필요한 지식은 도외시하는 현상이 생겨나게 되었다.

한편 독서인이 성시(省試), 즉 상서성 예부시에 합격하면 단지 "출신(出身)"을 취득할 뿐 바로 관직에 나가지는 못하였다. 관직에 오르고 싶은 마음이 있으면 이부(吏部)시험에 참가해야만 하였다. 이부시험은 "서(書), 판(判), 신(身), 언(言)"의 4개 방면을 포괄하고 있다. 첫 번째 시험은 "서"인데, 이 "서"는 서법과 글씨쓰기를 보는 것이다. 두 번째 시험은 "판"이다. 이 시험은 다른 종류의 문체를 사용해서 문장을 짓게 하는 것이다. 세 번째 시험은 "신"으로서 외모가 단정한 지 아닌지를 보는 것이다. 네 번째 시험은 "언"으로써 발음이 분명한가를 보는 것이다. 이러한 "서, 판, 신, 언"의 네 가지 시험을 모두 통과해야 관직을 받을 수 있었다. 이러한 과정을 거쳐 받는 관직은 그 지위가 그리 높지는 않았다. 그러나 봉건통치집단의 일원이 되는 것이었기 때문에 독서인이 과거시험에 합격하는 것은 일생일대의 큰 사건이었다.

(3) 수험생의 생활과 시험합격 후의 영예

과거시험은 봉건시대 인재를 선발하는 하나의 방법이었을 뿐만 아니라, 지식인 및 관리의 대열에 들어가는 일종의 수단이기도 하였다. 당시 대부분의 독서인들은 생활의 출구를 찾기 위하여 일생을 과거시험에 소모하였다. 또 시험과정에서 여러 가지 수모를 당하기도 하였다. 예를 들면 수험생은 시험응시 전에 반드시 보증인이 있어야 하였으며, 시험 보는 기간 스스로 준비한 물, 탄, 식기 등을 지참해야만 하였다. 시험장에 입장할 때에는 감독관이 이름을 부르며 몸을 수색하였고, 고사장안은 병사들이 엄격하게 감독을 하였다.[17)]

이러한 과정을 거쳐 과거시험에 합격한 사람은 합격하자마자 다른 세상의 사람으로 변해버리게 된다. 당시 진사에 합격하면 물고기가 용으로 변해버렸다는 말이 있을 정도였다. 물고기란 바로 진사에 합격하기 전의 독서인을 의미하는 것이고, 용이란 진사에 합격한 독서인을 일컫는 말이었다. 그리고 이렇게 과거시험에 합격한 것은 가문의 명예를 빛내는 일이기도 하였다. 따라서 중소지주계급 출신의 지식인들은 자신들의 지위를 높이기 위하여 더욱 과거시험에 매달렸다.

---

17) 〈通志 · 選擧志〉

(4) 과거제도의 작용과 영향

당나라 시기 과거제도의 실시는 봉건 군주전제정치의 요구를 만족시켜 주었고, 중앙에 권력을 집중시키도록 하였다. 그리고 이러한 결과는 효과적인 봉건통치에 커다란 도움을 주었다. 이것을 좀 더 구체적으로 말해 보면 다음과 같다.

첫째, 관리의 선발과 등용을 중앙의 조정에서 하면서, 권력의 집중과 통일을 강화시키는 결과를 초래하였다.

둘째, 관리의 선발이 통일된 기준에 따라 이루어졌다. 따라서 관직을 맡고 싶은 사람은 국가에서 정한 기준에 맞추려고 노력해야 했다. 그리고 이것은 결국 사상의 통일을 가져왔다. 셋째, 각 지방의 서민지주와 평민들에게 정치참여의 기회가 주어졌고, 이들이 정치에 참여하게 됨에 따라 통치계급의 기초가 넓어지게 되었다. 넷째, 과거시험은 사람들이 보기에 가장 공평한 제도로 보였다. 어떤 사람이라도 공부를 하면 관직에 오를 수 있는 기회가 주어졌기 때문이다. 따라서 대부분의 지식인들이 유학을 기본으로 하는 과거공부에 매달리게 되었다. 이는 봉건통치에 대한 불만세력을 없애고, 다른 사상이 들어올 여지를 주지 않는 효과가 있었다. 이것은 바로 봉건사회가 중국에서 1300여년의 오랜 역사를 갖게 된 근본원인이라고 할 수 있다.

당대의 과거제도는 이전의 선사제도(選士制度)를 기초로 해서 새로운 발전을 한 것이다. 그것은 한나라 시기에서부터 위진남북조까지의 선사(選士)제도의 경험을 종합하고 있다.

이러한 과거제도는 당대의 교육에 심각한 영향을 끼쳤다. "선재(選才)"와 "육재(育才)"의 기준과 요구가 단일화되면서 과거제도는 학교교육의 발전을 촉진시키는 촉매제 역할을 하였다. 그러면 과거가 당나라 교육의 발전에 어떤 촉매제의 역할을 하였는가?

첫째, 과거를 통해 명성과 지위를 획득할 수 있기 때문에, 일반적으로 집안배경 등 출신이 낮은 지식인들은 모두 학문에 정진하는 현상이 나타나도록 하였다. 수, 당 이전에는 학교를 졸업한 사인(士人)들은 모두 관직에 오를 수 있었다. 그러나 수, 당 이후에는 학교를 졸업한 사인(士人)들이 반드시 과거시험, 즉 이부시험에 합격해야만 비로소 관직에 오를 수 있게 되었다. 결국 과거제도가 학교교육의 발전을 이끄는 현상이 생겨나도록 하였다.

둘째, 과거는 주로 유가경전을 내용으로 삼고 있었다. 이것은 위진 이후의 학교교육에서 유행하던 청담학풍(淸談學風)과 현허사상(玄虛思想)을 결속시키는 역할을 하였고, 학교교육내용의 통일을 가져오도록 하였다.

셋째, 과거과목 중에서 명법(明法), 명산(明算), 동자(童子), 무거(武擧) 등의 등장은 당시 사회적으로 조성되어 있던 문(文)을 중시하고 무(武)를 경시하는 풍조, 경(經)을 중시하고 산(算)을 경시하는 풍조, 성인을 중시하고 아동을 경시하는 풍조를 줄이는 데 일조를 하였다.

그러면 과거시험은 무슨 내용을 시험보고, 학교교육은 이에 따라 무엇을 중요하게 여기게 되었는가? 그리고 이러한 과거시험이 학교교육에 끼친 영향은 무엇인가?

첫째, 과거시험의 내용이 유가의 몇 가지 경전의 구절과 시부에 국한되고, 시험방법도 죽은 지식을 암기하는 데 한정됨에 따라, 학교교육도 이의 영향을 받아 문사(文辭)를 중시하고, 실학을 소홀히 하게 되었다. 또 암기를 중시하고, 의미와 이치를 따지는 일을 경시하게 되었다. 이에 따라 교조주의, 형식주의의 악습이 생겨나게 되었다.

둘째, 과거시험은 독서, 시험, 관리등용의 세 가지를 긴밀히 연계시켰다. 과거는 지식인이 관으로 들어가는 계단이 되었고, 그들이 더 높은 자리로 올라가기 위한 가장 좋은 문으로 여기게 되었다. 따라서 공부를 하는 목적도 학문을 갈고 닦아 사회에 기여한다는 것보다는 자신의 부귀영화를 위해서 공부를 하는 경향을 띠게 되었다. 이런 개개인의 공부에 대한 철학의 변화는 학교교육의 방향에 커다란 변화를 일으키게 되었다.

셋째, 과거시험의 최종적인 합격 여부를 결정하는 권한은 주시험관, 예부, 이부, 재상, 황제에게 주어졌다. 이러한 과정에서 합격의 기준이 많은 부분 권문세가에게 유리하도록 바뀌었다. 일반 수험생들이 줄을 대지 않고 과거시험에 합격한다는 것은 매우 어렵게 되었다. 이에 따라 사회 일각에 부정적인 기풍이 형성되기 시작하였다.

3. 5대(五代)의 교육

5대 시기는 그 존재기간이 50년에 불과하고 또 전쟁의 여파로 인해 전반적으로 학교교육이 쇠퇴하는 모습을 보였다. 그러나 후당(後唐)은 학교교육에 비교적 주의를 기울여 국자감에 200명의 학생이 있었다. 그러나 국자감에 입학한 학생들이 열심히 공부하지 않고, 단지 이름만 걸쳐놓는 등 국자감의 운영은 매우 형식적이었다. 후당 명종 천성 3년(928년)에는 주, 부 지역에 주학(州學)을 설치하라는 명령을 내렸다. 그리고 후주 세종 현덕 2년(955년)에는 지금의 개봉(開封)지역에 국자감을 건설하고 학사를 세웠는데, 이 학사는 송 대에까지 이어져 내려왔다. 이러한 5대 시기에는 유, 불, 도를 동시에 중시하는 교육정책을 펴나갔다. 그러나 유, 불, 도 3교 중에서 유교를 가장 중시하였다. 이에 따라 학교교육이 유가경전의 내용을 중심으로 하여 이루어졌다.

종합적으로 볼 때 5대 시기의 학교는 후당 시기에 비교적 발전이 있었지만, 후주나 후진 시기에는 별로 발전을 보이지 않았고, 특히 후진에서는 쇠퇴하는 경향을 보였다. 특히 5대 시기 관학교육이 쇠퇴함에 따라 일부 학문이 깊은 사람들은 점점 은거를 하게 되었고, 이들은 자신의 거처에서 강학을 하기 시작하였다.

5대 시기의 과거는 후양과 후진이 공거(貢擧)[18]를 2년 정지한 이외에는 중단되지 않고 이어져 내려왔다. 그러나 대부분이 명경과를 위주로 해서 시험을 보았고, 진사과는 매우 적게 뽑았다. 이것은 명경과가 단지 첩경이나 묵의를 시험 봄으로써 비교적 쉽고 간단하게 일을 처리할 수 있었기 때문이다.

이 시기 교육의 발전과 관련되는 중요한 일이 발생했는데 그것은 바로 나무판으로 인쇄한 서적의 출현이다. 당나라 말기에 나무판 인쇄서적이 등장하기 시작하여 5대 시기에 성행하기 시작하였다. 이때부터 개인이 돈을 대어 〈9경〉을 인쇄하여 판매하기 시작했고, 사람들은 쉽게 책을 사볼 수 있게 되었다.

18) 전국에서 뽑혀 올라온, 즉 지방과거에 뽑혀 올라온 선비를 대상으로 시험 본다는 의미

CHAPTER

07

송나라 시기의 교육

960년 조광윤(趙匡胤)이 후주를 멸망시키고, 송나라를 세웠다. 이에 따라 5대 10국의 할거시대는 끝이 나고 통일된 중앙집권적 봉건국가가 탄생하게 되었다. 송나라는 북송(960~1127년)과 남송(1127~1279년)의 두 시기로 나눠지는데 319년 간이나 존속하였다. 송나라는 상대적으로 안정된 사회 환경을 기반으로 하여 농업, 공업, 상업 등의 방면에서 큰 발전을 이루었다. 이러한 경제적 발전은 곧 교육의 발전을 위한 새로운 전기를 마련해 주었다.

1. 송대의 "문"을 중시하는 문화, 교육정책

송나라 문화, 교육정책은 당시 사회상황과 밀접한 관련이 있었다. 송나라는 나라를 세운 초기의 할거세력을 없애기 위해 통치전략상에서 커다란 변화를 가져오게 된다. 그것은 바로 전략적으로 원래의 "무"를 중시하던 것을 "문치"를 강조하는 것으로 바꾸었다는 점이다. 이에 따라 문화, 교육정책면에서 다음과 같은 커다란 변화가 이 시기에 있었다.

1) 과거의 중시와 사인(士人)의 중용

북송의 통치자들은 당말과 5대의 각지 절도사들이 자신의 군대를 무기로 하여 지역별로 할거하던 폐해를 없애고 정권을 공고히 하기 위하여 문인들을 중용하였다. 그리고 그들로 하여금 전국의 관리를 맡도록 하고, 군대마저도 이런 문관의 통제를 받도록 하였다. 개보 5년(972년) 송태조는 재상 조보(趙普)에게 5대때 잔혹함으로 인하여 인민이 많은 피해를 입었다고 하고, 이를 방지하기 위하여 유신(儒臣) 100여 명을 뽑아 각 대주(大州)를 나누어 다스리게 하겠다고 하였다. 그러면서 송태조는 만약 그들이 탐관오리가 된다고 해도, 설마 그 위해가 무신 한 사람보다는 작을 것이라고 역설하였다.

한편 당시에는 정치상의 필요성 때문에 문인이 절실히 요청되었다. 이에 따라 전통의 과거시험을 이용해서 대량의 문사들을 뽑았다. 이에 따라 북송 초기에는 대부분의 황제들이 과거시험을 중시하였다. 개보 6년 송태조는 시험관들에 대한 시험을 치러 그 자질을 검증하기도 하고, 시험지를 직접 열람하기도 하였다. 이러한 것들은 전시(殿試)에서는 하나의 제도로 확정되었다. 송태종도 과거시험을 통해 인재를 선발하는 데 많은 힘을 기울였다. 송태종이 과거에 들이는 정성이 많은 만큼 과거에 합격하는 수도 급속도로 증가하였다. 송태조는 개보 6년에 127명을 과거로 뽑았고 이후 갈수록 증가시켰다. 송태종 때에는 태평흥국 2년 그러니까 977년에 한 번에 뽑은 과거합격자가 500명에 달하기도 하였다.

2) 흥학운동과 학교의 설립

송나라는 초기에 과거시험을 통해 적지 않은 인재를 선발했기 때문에 당시 통치차원에서 요구되던 인재의 수에 있어서는 부족함이 없었다. 그리고 이러한 과거시험을 통한 인재의 충원은 중앙집권을 세우고 공고히 하는 데 커다란 힘이 되었다. 그러나 당시 과거를 통해서 인재를 뽑는 데만 치중하다보니 학교를 세워서 인재를 양성하는 데는 소홀히 하게 되었다.

시간이 흘러감에 따라 통치계급 내부의 일부 뜻이 있는 인사들은 과거시험에 의지해서 인재를 뽑는 것만으로는 충분하지 않다는 것을 인식하게 되었다. 그리고 그들은 학교를 세워서 인재를 양성해야 할 필요성이 있다고 느끼게 되었다. 이러한 일부인사들의 주장이 반영되면서 송나라 초기 80여 년간의 과거중시정책이 점점 학교를 일으켜서 인재를 양성하는 쪽으로 방향이 바뀌게 되었다.

제1차흥학운동은 범중엄(範仲淹)이 송대의 인종 경력 4년에 일으킨 것으로 역사가들은 "경력흥학(慶歷興學)"이라고 부르고 있다. 범중엄(989~1052년)은 북송의 저명한 정치가이자 문학가이며 교육가이다. 경력 3년 7월에 참지정사(參知政事)에 임명되었고, 그 자리에 오른 지 얼마 되지 않아 10가지 개혁안을 내어놓았는데, 그중에 흥학육재(興學育才)와 과거개혁 등의 내용이 포함되어 있었다. 다음해 3월 인종은 범중엄이 내어놓은 개혁안에 대해서 여러 대신들과 토론을 벌였다. 그 결과 구양수(歐陽修)를 비롯한 여러 대신들은 범중엄의 개혁안에 대해 찬성을 표시하였고, 이러한 개혁안을 제대로 추진할 것을 왕에게 상소하였다.

제1차흥학운동의 주요 내용은 다음과 같은 세 가지를 들 수 있다.

첫째, 모든 지방에 학교를 설립하도록 하였다. 주, 부, 군(軍)에는 반드시 학교를 세우도록 하고, 현(縣)지역에는 사자(士子)가 200명 이상이면 학교를 세우도록 하였다. 교관은 해당 지역의 유학자 중에서 고명한 사람을 선발해서 담당하도록 하였다. 이와 함께 과거시험 응시자는 반드시 일정기간의 학교교육을 받아야만 시험에 응시할 수 있도록 규정하였다.

둘째, 과거시험을 개혁하고자 하였다. 과거시험의 순서를 먼저 책(策)을 보고, 다음 순서로 논(論), 시부(詩賦)를 본 후 첩경(貼經), 묵의(墨義)에서 끝나도록 하였다.

셋째, 태학을 창건하였다. 원래의 국자감은 규모가 너무 작기 때문에 공부하려는 사람들을 충분히 수용할 수가 없었다. 이를 개선하기 위하여 태학을 창건하고, 200명의 학생을 모집하였으며, 석개(石介), 손복(孫復) 등 유명한 유학자들이 태학에 와서 학생들을 가르치도록 하였다. 이들은 태학에서 당시의 저명한 교육가였던 호원(胡瑗)이 창시한 "분재교수방법(分齋教授方法)"을 사용해서 학생들을 교육시켰다. 경력(經歷) 시기의 흥학(興學)은 비록 범중엄이 조정에서 떠나가는 바람에 실패로 돌아갔다. 하지만 그의 개혁을 위한 노력은 북송교육의 발전에 커다란 촉진작용을 하였다.

제2차 흥학운동은 왕안석(王安石)이 송대의 신종 영년에 주도한 것으로서 "희녕흥학(熙寧興學)"이라고 불린다. 왕안석은 북송의 저명한 정치가이자, 문학가이며 교육가이다. 희녕 2년(1069년) 참지정사(參知政事)로 임명되어 그 다음해부터 신종의 지지 하에서 개혁 작업을 이끌었다.

"희녕흥학"은 희녕 시기의 새로운 법에 관련된 내용을 담고 있는데 그 내용은 다음과 같은 네 가지이다.

첫째, 태학을 개혁하여, "삼사법(三舍法)"을 창립하다는 것이다. 삼사법이란 태학 내에 외사(外舍), 내사(內舍), 상사(上舍) 의 세 학사를 만드는 것을 말한다. 둘째, 주와 현의 지방학교를 회복시키고 발전시키는 것이다. 셋째, 무학, 율학, 의학 등의 전문학교를 세우는 것이다. 넷째, <3경신의(三經新義)>를 편찬해서 통일된 교재로 사용하는 것이다.

"희녕흥학"도 앞의 1차흥학운동 때와 마찬가지로 왕안석이 조정에서 물러나게 되자 결국 실패로 돌아가게 된다. 그러나 그의 개혁을 위한 노력은 결국은 후대의 흥학운동에 커다란 영향을 끼치게 되었다.

제3차흥학운동은 채경(蔡京)이 송의 휘종(徽宗)때에 벌이었던 운동을 말하는 것으로서 "숭녕흥학(崇寧興學)"이라고 불리고 있다.

숭녕 원년(1102년) 송의 휘종은 채경(1047~1126년)에게 희녕 시기의 신법을 계승해서 북송의 통치위기를 구해 줄 것을 부탁하였다. 채경은 휘경의 뜻에 따라서 "숭녕흥학(崇寧興學)"의 기치를 내걸었다. 그는 희녕 시기의 교육을 부흥시키려는 정책들을 기초로 삼아 숭녕 시기에 맞는 새로운 개혁안들을 펼쳐나갔다. 당시 "숭녕흥학"의 주요한 내용은 다음과 같았다.

첫째, 전국 모든 지역에 지방학교를 설립한다는 것이다. 숭녕 원년 8월에 주와 현에 학교를 설치하고, 주에는 2인의 교수를 두도록 하는 영을 내리었다. 작은 주 혹은 거인(擧人)이 적은 지방은 2~3주의 사람들을 하나의 주로 묶어 공부하도록 하였다. 그리고 현에는 소학을 설치하도록 하였다. 같은 해 2월 휘종은

〈주, 현의 학칙에 관한 령〉을 내리는 등 지방학교에 관한 구체적인 규정을 내어놓았다.

둘째, 현학(縣學), 주학(州學), 태학(太學)의 3단계 학제를 건립하였다. 현의 학생은 시험을 보아 통과되어야만 주학에 진학할 수 있고, 주(州)의 학생은 3년마다 시험성적에 근거해서 태학에 입학하게 되는데 이때 시험성적에 따라 외사, 내사, 상사 중 한 학사에 입학하였다.

성적 상등자는 상사, 중등자는 하등상사, 하등자는 내사에 입학하였고, 그 외의 사람들은 외사에 입학하였다. 이런 학제는 원, 명, 청대의 학교교육에 커다란 영향을 끼쳤다.

셋째, 새로이 벽옹(辟雍)이라는 학교건물을 설치하는 등 태학을 발전시키고자 노력하였다. 이 벽옹은 숭녕 원년에 세워졌는데 태학의 외사(外舍)였다. 이렇게 외사를 세우면서 태학의 학생수도 대폭 증가되어 상사생 200명, 내사생 600명, 외사생 3,000명이 되었다.

넷째, 의학, 산학, 서학, 화학(畵學) 등의 전문학교를 설립하였다. 숭녕 2년에 의학을 설립하였고, 다음해 6월 산학과 서학, 화학을 설립하였다. 9월에는 주학(州學)에 별도의 학사를 설치하도록 하여 무과 인재를 양성하도록 하였다.

다섯째, 과거를 보지 않고, 학교를 통하여 사(士)를 선발하고자 하였다. 이것은 당시 취사제도의 중대한 변화를 의미하는 것으로 이후의 학교교육의 발전에 공헌한바가 대단히 크다.

상술한 송나라 시기 세 차례의 흥학운동은 비록 앞의 두 차례는 소기의 성과를 거두지는 못했지만 송나라의 교육발전에 적지 않은 기여를 하였다. 제3차의 흥학운동은 송의 교육발전에 촉진작용을 하였으며, 앞의 두 차례의 흥학운동을 뛰어넘는 성과를 거두었다.

3) 존공숭유(尊孔崇儒)와 불(佛)과 도(道)의 제창

송나라는 교육부흥의 정책을 추진하였고, 이 과정에서 존공숭유(尊孔崇儒)를 요구하였다.

송의 태조는 스스로 공자와 안연(顔淵)을 찬양하는 글을 선정하기도 하는 등 유교를 숭상하는 기풍을 닦아 나갔다. 송태종 즉위 후에는 인재를 선발할 때 반드시 경전의 뜻에 통달하고, 공자에 대한 예를 잘 아는 사람을 선발하는 것을 명확히 규정함으로써 유학의 지위를 높였다.

송의 진종이후에는 존공숭유(尊孔崇儒)가 더욱 돌출 되는 경향이 있었다. 1008년에는 공자를 "현성문선왕(玄聖文宣王)"으로 삼았고, 1012년에는 "지성문선왕(至聖文宣王)"으로 바꾸었다. 그리고 진종은 친히 〈지성문선왕찬(至聖文宣王贊)〉을 펴내고, 공자를 인륜의 사표라고 칭송하였다. 또 〈숭유술론(崇儒術論)〉을 펴내어 유학을 제도(帝道)의 강(綱)이라고 찬양하였다.

존공숭유(尊孔崇儒)와 동시에 송나라의 통치자들은 불교와 도교를 크게 제창하였다. 송태종은 982년에 역경원을 설립했으며, 그 다음해에는 어린 학동 50명을 선발하여 역경원에서 범문(梵文), 범학(梵學)을 공부하도록 하였다. 한편 송의 진종은 더욱 불교를 중시하여, 999년에는 〈석씨론(釋氏論)〉을 저술하고, 석가모니의 계율은 공, 맹, 순과 같다는 주장을 내놓았다. 이 당시 불교가 대단히 번성하여 전국의 승려수가 40만 명에 이르렀던 것으로 알려지고 있다. 남송 때에는 전국에 사찰이 우후죽순처럼 건립되는 등 불교가 최고로 성황을 이루었다.

송나라는 도교에 대해서도 개방적, 우호적인 태도를 취하였다. 송태종 때에는 개봉(開封), 소주(蘇州) 등지에 도교사당을 건립하고, 다방면으로 도교경전을 수집하였다. 진종 때에는 전국에 도교사당인 "천경관(天慶觀)"을 건립하도록 하였다. 또 그는 태학, 벽옹에 각각 〈내경〉, 〈도덕경〉, 〈장자〉, 〈열자〉 박사 2인을 배치하도록 하였다. 이때부터 도교의 지위는 매우 높아지게 되었으며, 도교가 전국적으로 성행하게 되었다.

송나라의 통치자들이 존공숭유(尊孔崇儒)와 함께 불교와 도교 모두를 제창하게 된 주된 이유는 나라를 다스리기 위한 것이었다. 그러나 적극적으로 이 3교를 모두 부흥시킨 결과 유, 불, 도 이 3가지 종교는 오랫동안 앞자리를 차지하기 위한 치열한 투쟁을 벌이게 되었고, 이런 투쟁과정을 거치면서 유, 불, 도 3교는 점점 융합의 길로 들어서게 되었다. 그리고는 마침내는 유가사상이 주체가 되고, 불교와 도교사상이 같이 공존하는 새로운 사상체계가 형성되었는데, 그것이 바로 이학사상(理學思想)이다. 이 이학사상은 원, 명, 청에 들어와 커다란 발전을 이루게 되고, 결국은 중국 봉건사회 후기의 통치사상이 되었다.

2. 송대의 교육제도

송나라 시기의 교육제도는 기본적으로는 당대의 제도와 맥을 같이하고 있다. 송나라 초기에는 과거를 통하여 관리를 선발하는 방식을 취해 왔다. 이에 따라 비록 관학이 있기는 하였으나 그렇게 주시를 받지는 못하였다. 그러다가 제3차 흥학운동 이후에야 비로소 중앙과 지방에 완전한 형태의 관학교육체계가 형성되기 시작하였다.

송나라의 관학교육제도는 크게 중앙관학과 지방관학으로 나눠진다.

중앙관학은 국자감의 관할하에 속하는데, 이에 해당하는 학교들로서는 국자학, 태학, 벽옹(辟雍), 사문학, 광문관, 무학, 율학, 소학 등이 있었다. 중앙각국의 관할에 속하는 학교들로는 의학, 산학, 서학(書學), 화학(畵學) 등이 있었고, 중앙정부의 직속학교로는 자선당(資善堂), 종학(宗學), 제왕궁학(諸王宮學), 내소학(內小學) 등이 있었다.

지방관학은 주학(州學), 부학(府學), 군학(軍學), 감학(監學)과 현학(縣學) 등이 있었는데, 지방정부와 “제거학사사(提擧學事司)”의 관할하에 있었다.

1) 중앙관학

(1) 국자학(국자감이라고 칭하기도 함)

이 학교는 송나라 시기 최고교육관리기구이자 최고학부이다. 국자학은 경조(京朝)의 7품 이상의 자제들을 학생으로 받아들였으며, 국자생이라고 불렀다. 송나라 초기에는 학생정원이 정해져 있지 않았으나, 후에 정원이 200명으로 제한되었다. 국자학은 초기에 판감사(判監事), 강서(講書)[1], 승(丞), 주부(主簿) 등의 직책을 두었다. 건륭 3년(962년) 송태조는 최송(崔頌)을 국자학의 판감사로 임명하고, 생도를 모아서 강의하도록 하였다. 이에 따라 개보 8년 975년까지 국자생은 70여 명으로 증가되었다. 그러나 그 이후 국자생에 대해서 정부가 그렇게 중시를 하지 않게 되자, 언제나 학교에 나오는 학생은 10여 명에 불과하게 되었고, 많은 국자생들이 학교에 나오지 않게 되었다. 이에 따라 여러 가지 방법들을 동원하여 학생들을 충원하고자 노력하였지만 그리 쉬운 일이 아니었다. 이렇게 보면 당시의 국자학은 비록 최고학부의 이름을 가지고는 있었지만 실제는 허명에 불과하였다고 볼 수 있다.

(2) 태학

태학의 지위는 원래 국자학보다 낮아서, 8품 이하의 자제 혹은 서민 중에서 성적이 뛰어난 자를 학생으로 받아들였다. 비록 국자학보다 그 지위는 낮았지만 태학은 송나라 시기 “흥학육재(興學育才)”의 중점이자, 중앙관학의 핵심이었다.

태학은 인종 경력 4년(1044년)에 창설되었다. 처음 학생모집 인원은 200명이

1) 순화 5년에 직강(直講)으로 명칭이 변경되었다.

었으며, 신종 희녕초에 이르러는 100명이 증가되었다가, 후에는 900명이 되었다. 그러다가 희녕 4년(1071년)에 태학 부설로 삼사(三舍)가 만들어지면서 태학생은 1,000명까지 증가하였다. 그중 외사생이 700명, 내사생 200명, 상사생 100명이었다. 원풍 2년(1079년)에는 태학의 규모가 2,400명까지 늘어나게 되었는데, 학생구성비를 보면 외사생이 2,000명으로 가장 많았으며, 내사생 300명, 상사생 100명 순이었다.

"숭녕흥학" 시기에 이르러 태학은 장족의 발전을 이룩하게 된다. 숭녕 원년(1102년) 태학생의 총수는 3,800명에 달하였는데, 그중 외사생 3000명, 내사생 600명, 상사생 200명이었다. 이때를 송대 태학의 전성 시기라고 할 수 있다.

남송 시기에는 고종 소흥 13년(1143년)에 처음으로 태학이 설립되어 역시 "삼사법"이 실시되었다. 당시의 태학생은 700명으로서 그중 외사생 570명, 내사생 100명, 상사생 30명이었다. 남송의 태학은 영종에 이르러 비교적 큰 발전이 있었는데 외사생이 1,400명, 내사생 130명, 상사생 30명으로서 전체 태학생수가 1560명에 달하였다.

이러한 태학의 구성을 보면 제주(祭酒)가 태학 전체를 관장하고, 사업(司業)이 제주를 도와 교무를 관리하며, 박사는 경전을 강의하는 등 학생을 지도하는 업무를 나누어 맡고 있었다.[2)]

태학의 교육내용은 주로 유가의 경전을 학습하는 것을 위주로 하고 있었지만 시기에 따라서는 도교를 배워야 하는 경우도 있었다. 예를 들면, 신종 희녕 8년(1075년)에는 왕안석이 편찬한 〈3경신의(三經新義)〉를 태학생들이 반드시 학습하도록 하였고, 휘종 중화원년(1118년)에는 태학에 〈내경〉, 〈도덕경〉, 〈장자〉, 〈열자〉박사를 설치하고, 도가의 학문을 교수하도록 하였다.

전체적으로 보면 태학은 송나라 시기 비교적 활발한 교육활동을 전개하였고, 그 설치효과도 높았던 것으로 볼 수 있다.

---

2) 〈宋史 · 職官志〉

(3) 벽옹

벽옹(辟雍)은 태학의 분교라고 할 수 있다. 벽옹이 시작된 것은 숭녕원년이었는데, 당시 채경(蔡京)이 "숭녕흥학"의 책임을 지고 있을 때였다. 이때 각지 주학(州學)이 3년에 한 번 태학에 보낼 학생을 선발하였는데, 태학의 규모가 작아서 이렇게 뽑은 학생을 다 받을 수 없었다. 그래서 주학에서 뽑은 학생들을 받아들이기 위하여 개봉 남부지역에 새로이 "벽옹"이라는 이름의 태학 분교를 설치하였던 것이다. 이렇게 벽옹을 설치함에 따라 태학에는 상사생과 내사생이 공부하는 곳이 되었고, 벽옹은 외사생만이 공부하는 곳이 되었다. 그래서 혹자는 벽옹을 외학(外學)이라고 부르기도 한다.

벽옹에는 교관으로 사업(司業)과 승(丞) 각 1인, 박사 10인, 학정(學正), 학록(學錄) 각 5인, 학유(學諭) 10인, 직학(直學) 2인을 두고 있었다.

(4) 사문학, 광문관

이 두 개의 학교는 모두 사자(士子)의 과거시험을 준비시키기 위한 과거예비학교의 성격을 가지고 있었다. 사문학은 인종 경력 3년(1043년)에 건립되었으며, 8품 이하와 서민의 자제를 학생으로 모집하였으나, 얼마 지나지 않아 학생모집을 정지하였다. 광문관은 철종 원우 7년(1092년)에 설립되었는데, 학생수는 2,400명에 달하였으나, 2년 후에 학생모집을 중단하였다.

(5) 전문학교

송나라 시기의 전문학교로는 여섯 종류가 있었다. 그것은 무학, 율학, 의학, 산학, 서학, 화학(畵學) 등이다.

① 무학

무학은 송나라 시기 가장 일찍이 설립한 전문학교이다. 인종 경력 2년(1042

년) 12월 무학을 설치하도록 하였고, 다음해 5월 정식으로 개봉지방에 무학을 설립하였다. 그러나 같은 해 8월 학교의 문을 닫게 되었다. 신종 희녕 5년(1072년) 원래의 무학을 중건하였으며, 학생 수는 100명이었다. 휘종 숭녕 초에는 각 주에 무학을 설치하도록 하였다. 남송시절에는 고종 소흥 16년(1146년)에 무학을 시작하였다.

송나라 시기에는 무학을 매우 중시하였는데, 그 이유는 당시 외적의 침입이 거세었기 때문에 국방을 지킬 인재가 필요했기 때문이다. 이러한 무학은 그 전통이 원, 명, 청에까지 이어져 커다란 영향을 끼쳤다.

② 율학

율학도 무학과 마찬가지로 중요하게 취급되었다. 송나라 초에는 박사를 두고, 법률을 교수하도록 하였다. 그러다가 신종 희녕 6년(1073년)에 이르러 국자감 산하에 율학을 설치하고 학생을 모집하도록 하였다. 당시 율학에는 교수 4인이 있었는데, 후에 추가로 학정(學正) 1인을 배치하였다. 학교에는 단안전공[3]과 율령전공의 두 개 전공이 있었으며, 월 1회의 공식적인 시험과 3번의 사적인 시험이 있었다. 조정에서는 새로운 법령이 공포되면 이 법령을 율학으로 보내어 학생들이 연습하도록 하였다. 한편 율학의 학생들은 태학의 규칙에 따라서 학교 내에서 생활을 하도록 하였으나, 관의 명을 받은 경우 학교 밖에서 생활하는 것도 허락하였다. 이러한 율학은 송대에 필요한 법률인재를 길러내는 데 기여하였다.

③ 의학

의학은 그 설치역사가 비교적 이르다. 초기에는 태상사(太常寺)에 속해 있었는데, 신종 때에 이르러는 전문 관리를 두어 관할하도록 하였다. 의학에는 교

3) 안건을 판결하는 것을 학습하는 전공

수 1명, 학생 300명이 있었고, 방맥과(方脈科)[4], 침구과, 양과(瘍科)[5] 등 3개의 과로 나뉘어져 있었다.

의학은 휘종 숭녕 때에는 국자감에 예속되어, 박사, 학정(學正), 학록(學錄) 각 4인씩을 두고 교육을 하도록 하였다. 의학에는 태학과 마찬가지로 삼사법(三舍法)을 시행하였는데, 상사생 40명, 내사생 60명, 외사생 200명 등 총 300명의 학생이 있었다. 한편 각 사(舍)에는 별도로 사의 장(長) 1인과 학유(學諭) 각 1인을 두었다. 대관 4년(1110년)에는 의학이 태의국(太醫局)으로 귀속되었으나, 송나라에 대한 금의 침입으로 의학은 잠시 학생모집을 중단하였다. 그러다가 남송 고종 소흥때 다시 의학교육이 회복되었다.

④ 산학

산학은 휘종 숭녕 3년(1104년)에 시작되었으며, 명관(命官)과 서민자제 약 210명을 학생으로 받아들였다. 교육내용으로는 〈9장(九章)〉[6], 〈주비(周髀)〉[7], 〈해도(海島)〉, 〈손자〉, 〈오조(五曹)〉, 〈장구건(張丘建)〉, 〈하후양(夏侯陽)〉 산법과 역산(曆算), 천문 등이 있었다. 이밖에 하나의 소경(小經)[8]과 대경(大經)을 학습해야만 하였다. 매월 정기적으로 공시(公試)와 사시(私試)를 치렀으며, 삼사법을 실행하는 등 태학과 비슷하였다. 대관 4년(1110년)에는 산학이 태사국(太史局)에 귀속되었다.

⑤ 서학

서학(書學)은 휘종 숭녕 3년(1104년)에 창립되었으며, 다른 학교들과 마찬가

4) 병을 진단하는 과
5) 종기, 부스럼을 치료하는 과
6) 중국에서 가장 오래된 산법(算法)으로서 구장산술(九章算術)이라고 함.
7) 고대 중국의 천문산술서로 원래의 이름은 주비산경(周髀算經)임.
8) 그다지 중요하지 않은 경서

지로 삼사법을 실행하였다. 학생들은 출신의 귀천에 상관없이 누구든지 이 학교에 입학하여 공부할 수 있었으며, 모집 학생수에 제한을 두지 않았다. 주로 기서체, 예서체, 초서체 등 3가지 글씨체를 학습하였으며, 반드시 〈설문(說文)〉, 〈자설(字說)〉, 〈박아(博雅)〉, 〈방언〉 등과 〈논어〉, 〈맹자〉 등을 학습하였다. 이 서학은 대관4년(1110년)에 한림원 서예국으로 편입되었다.

⑥ 화학

화학(畵學)은 산학이나 서학과 동시에 설립되었을 뿐만 아니라, 운영상의 여러 가지 면에서 같은 점이 많다. 화학에는 불도, 인물, 산수, 오수(鳥獸), 화죽(花竹), 옥수(屋水) 등의 전공과정이 개설되어 있었다. 이밖에 반드시 〈설문〉, 〈방언〉, 〈석명(釋名)〉 등의 기초이론과목을 공부하도록 하였다. 이 화학은 대관 4년(1110년)에 한림원 서화국으로 편입되었다.

(6) 귀주학교(貴胄學校)

송나라 때 전문적으로 왕실의 자손들을 교육시키기 위하여 설립된 학교가 있었는데 그것이 바로 귀주학교이다. 귀주학교에는 네 가지 종류가 있었는데 자선당(資善堂), 종학(宗學), 제왕궁학(諸王宮學), 내소학(內小學)이 그것이다.

자선당은 황태자가 공부하던 장소이다. 처음 만들어진 것은 1016년 진종시절로써 지금의 개봉 땅에 있었다. 종학은 송나라 초기에 설립되었으나 제대로 운영되지 않아 방치상태에 있었다. 그러다가 휘종 숭녕 때에 이르러 돈종원(敦宗院)을 설립하고, 그 밑에 대학과 소학을 설립하면서 그 기능을 발휘하기 시작하였다. 그러다가 정강(靖康)의 난이 일어나 종학은 쇠퇴의 길을 걷게 되었다.

남송 시대에 들어와서는 남송고종 소흥 4년(1144년)에 임안(臨安)에 종학을 다시 중건하였다. 학생정원은 100명으로써 그중 대학생이 50명, 소학생이 40명, 직사(職事)가 5명이었고, 학생은 모두 왕의 자손들이었다. 영종 가정 9년(1216

년)에는 종학의 교수를 위해 박사와 학유(學諭) 1인을 두도록 하고, 종정사(宗正寺)에 예속시켰다.

한편 제왕궁학은 북송과 남송 기간 동안 계속 설치되어 있었다. 이것은 종학과 같은데 역시 대학과 소학이 같이 설치되어 있었다. 내소학은 이종 순우 2년(1242년)에 창립되었으며, 교수 2인을 두고 이었다.

2) 지방관학

송나라 시기의 지방행정은 크게 3단계로 나눠진다.

제1단계는 로(路)로서 가장 상위의 행정구역이다. 제2단계는 주, 부, 군, 감(일반적으로 주 혹은 부가 설치되어 있었고, 특수형세인 경우에 한해서 군이나 감이 설치되어 있었다.), 제3단계는 현이었다.

"로"는 직접 학교를 설치해서 운영하지는 않고, 학관(學官)을 두어서 "로" 아래 행정구역들의 소속 학교를 관할하였다. 따라서 송나라 시기의 지방학교는 두 급이 있었다. 하나는 주 혹은 부, 군, 감이 설립한 학교로써 주학 혹은 부학, 군학, 감학으로 불려진다. 다른 하나는 현이 설립한 학교로서 현학이라고 불려진다. 당시에는 주나 현에 학교를 설립하는 것이 보통이었으므로 송대의 대부분의 학교는 주학과 현학이 주류를 차지하고 있다.

송나라 시기는 일찍이 지방학교를 설립하였다. 〈광서통지(廣西通志)〉의 기록에 따르면 개보년대(968~975년)에 현학을 설립했던 것으로 나타나고 있다. 또 982년에도 흥국현학을 건립했던 것으로 기록되어 있다. 〈강남통지(江南通志)〉를 보면 진강부학이 983년에 건립된 것으로 나타나고 있다. 이렇게 보면 이미 송나라 건국초기에 각 지역에 지방관학이 설립되어 있었다는 것을 알 수 있다.

당시 통치자가 전국적으로 지방학교를 설치하라는 요구를 하지는 않았다. 그렇지만 적극적인 지지의사를 표시하였던 것으로 알려지고 있는데, 그러한 징표는 다음과 같은 것을 통해서 알 수 있다.

첫째, 서적을 하사한 점을 들 수 있다. 예를 들어 진종 함평 4년(1001년) 6월에는 "주, 현의 학교와 생도가 모이는 강의 장소에 〈9경〉을 하사하였다"[9]고 한다. 둘째, 학전(學田)을 하사했다는 점이다. 예를 들어 진종 건흥원년(1022년)에 연주(兗州)[10]주학에 학전 10경(頃)을 하사하였다. 이것은 송나라 시기 지방관학에 학전을 하사하기 시작한 시초가 된다.

이러한 송나라 시기 서적이나 학전의 하사는 지방관학의 발전에 커다란 영향을 끼쳤음을 부인할 수 없다.

송나라 시기에 지방관학이 크게 발전하기 시작한 것은 "경력흥학(經歷興學)" 때부터이다. 경력 4년에 주, 현에 학교를 설립한다는 령을 내림으로써 지방 곳곳에 학교가 설립되기 시작하였다. "희녕흥학(熙寧興學)"도 지방관학의 발전을 촉진하였다. 희녕4년에는 수도의 동쪽과 서쪽, 하동과 하북, 협서지방의 다섯 곳에 로학(路學)을 세우도록 명령하였다. 그리고 그 다섯 곳의 학교에다 학전을 주어 경비문제를 해결하도록 하고, 교사도 배치해 주도록 하였다.[11] 이렇게 학교운영을 위한 두 가지 중요한 문제, 즉 학교의 경비와 교사문제를 해결해 줌으로써 주학(州學)의 발전을 도모하였다. 원풍 시기에는 이미 전국에 18로 53개 주, 부, 군, 감 지역에 학관을 임명하여 교수를 담당하도록 하였다.

"숭녕흥학(崇寧興學)"은 송나라 시기 지방관학의 전성기를 구가하였던 시기로서, 당시 학생수가 20여만 명에 이르렀던 것으로 알려지고 있다.

한편 남송 초기에는 지방관학의 설립과 발전에 주의를 기울였으나, 효종 이후 국내외적인 상황 예를 들면 금나라와의 분쟁, 경비부족 등의 원인으로 인하여 지방관학은 쇠락의 길을 걷게 되었다.

---

9) 〈續資治通鑒〉 卷二十二

10) 현재의 산동성 서남쪽 10개 현의 지역

11) 〈文獻通考 · 學校考七〉

송나라 시기의 지방관학은 일반적으로 모두 규모가 있는 교사(校舍)를 갖추고 있었으며, 삼사법(三舍法), 제사, 오락, 숙식, 장서수집 등 여러 방면에서 비슷하게 운영되었다. 보편적으로 현재의 도서관에 해당되는 장서루(藏書樓)라는 것이 설치되어 있었고, 장서구비 정도도 대단했던 것으로 알려지고 있다. 학교마다 삼사법을 채용하고 있었고, 중앙관학과 지방관학을 연계시키는 것 등 대부분이 비슷하게 운영되었다. 또 학교의 관리와 관련해서도 일정한 규정을 만들어 운영해왔다. 예를 들어 희녕 8년(1057년)에는 각 주의 학관(學官)은 반드시 먼저 교관자격시험인 학사원시험을 치러서 우수한 자만이 임용될 수 있도록 하였다. 학교의 운영경비 면에서는 학전제도를 시행함으로써 학교운영상의 어려움을 최소화하도록 하고 있다. 이러한 것들은 모두 송나라 시기에 관학이 발전할 수밖에 없던 이유를 잘 나타내주고 있다.

종합적으로 송나라 시기의 관학제도는 당나라 제도를 계승, 발전시켜 자기만의 독특한 특징을 이루었다고 볼 수 있다. 그 특징은 다음과 같은 네 가지로 요약할 수 있다.

첫째, 전문적인 교육행정기구가 설치되는 등 관리체제가 과거보다 진일보되었다. 중앙에 국자감을 설치해서 중앙관학을 관리하도록 했을 뿐만 아니라, 숭녕 2년(1103년)에는 각 로(路)에 "제거학사사(提擧學事司)"를 설치하고, 각 로, 주, 현의 학교행정을 관장하도록 하였다.[12] 이 "제거학사사"는 짧은 기간 설치되었다가 선화 3년(1121년)에 폐지되었다. 그러나 송나라 이전까지 전문적인 교육행정기구가 없이 지방관학을 관리해 왔다가, 전문행정기구를 설립하여 관학을 관장하게 된 것은 교육사적으로 보면 대단히 큰 의미가 있는 것이라 하겠다.

둘째, 관학의 유형이 다양화되었다. 송나라 시기 중앙관학은 유학(국자학, 태학, 사문학 등을 포함), 율학, 의학, 산학, 서학 외에 화학(畵學)과 무학(武學)이 설치되어 있었다. 지방관학에는 유학 이외에 무학, 의학, 도학(道學) 등이 설치

12) 〈宋史 · 職官志七〉

되어 있었다. 중앙에 설립된 무학과 화학 그리고 주, 현 지역에 설립된 무학과 도학은 당나라 시기에는 없었던 것이다. 이렇게 볼 때 당나라 시기 유학을 중심으로 학교가 설립되어 있던 것을 송나라 시기에 들어와 무학과 도학 등의 설립으로 관학의 유형을 다양화하였다는 것은 결국은 당나라 때까지의 유학으로 통일된 사상의 굴레를 벗어난 새로운 변화로서 큰 의미를 갖는다고 할 수 있다.

셋째, 중앙관학의 입학자격을 완화시켰다. 송나라 시기에는 중앙관학의 입학자격을 당나라 시기보다 훨씬 완화시켰다. 서학의 경우에는 자격제한을 취소시키기까지 하였다. 이것은 학교교육의 공평성을 회복시킨 일대 사건이라고 할 수 있다.

넷째, 학전제도(學田制度)의 성립을 들 수 있다. 학전은 송나라 시기에 처음 시작된 것은 아니다. 이미 5대 시기에 학전이 있었다는 기록이 전해지고 있다. 그러나 학전이 일종의 제도로써 자리를 잡은 것은 송나라 때부터이다. 이 시기 이후 일반적으로 지방학교에는 학전을 보유하게 되었고, 학교경비를 충당하는 주요한 방법으로 자리 잡게 되었다. 이 제도는 후대의 원, 명, 청조까지 오랫동안 이어져 내려왔다.

3. 송대의 서원

서원이 처음 시작된 것은 당나라 말기부터이다. 그리고 이러한 서원이 하나의 교육제도로써 형성되고 발전하게 된 것은 송나라 시기부터이다. 송나라는 국가의 통일을 실현하였고, 당나라 중엽과 5대 이후의 장기적인 분열과 할거의 혼란한 국면을 종속시켰다. 뿐만 아니라 사회경제적인 측면에서도 어느 정도의 회복과 발전을 이룩함으로써 국민의 생활이 상대적으로 안정되고, 학문에 관심을 가지는 사람들이 많아졌다.

그러나 당시의 통치자들은 공을 세우고, 이익을 쫓는 데만 급급해서 과거로 인재를 선발하는 것만을 중시하고, 교육을 통해서 인재를 배양하는 것에 대해서는 소홀히 하였다. 이에 따라 송나라가 시작된 후 80년간 관학은 발전을 가져오지 못하였다. 이런 상황 하에서 서원은 새로운 교육조직으로서 강대한 생명력을 가지게 된다.

송나라 초기 서원들이 큰 발전을 이룩하는 가운데 몇몇 저명한 서원이 출현하게 된다. 그것은 송나라 시기의 4대 서원으로 불리는 백록동서원, 숭양서원, 악록서원, 응천부서원이 그것이다. 이러한 송나라 시기 서원교육의 특징을 종합적으로 분석해 보면 다음과 같다.

첫째, 서원이 일종의 교육제도로 확립되었다. 서원은 당나라 말기 처음 시작될 때에는 대부분이 개인 혹은 가족의 독서와 치학(治學)의 장소였다. 따라서 보편적이 아니었고, 체계적인 규장제도도 없었다. 송나라 때에 이르러 서원의 수량이 크게 증가했을 뿐만 아니라, 전국 방방곳곳에 설립되었고, 점차 서원교육체계를 형성하게 되었다. 서원에는 산장(山長), 동주(洞主), 원장(院長), 당장(堂長) 등의 직책이 있었고, 이들로 하여금 서원의 조직을 관리하고 교육을 책임지도록 하였다. 또 학전(學田)을 설치하도록 하여 서원의 운영경비를 보장해주었다. 활동내용도 당나라 시기의 서원보다 더욱 풍부하고, 충실해졌으며, 생도들을 모아 강학을 하는 외에 학술연구와 제사, 서적수집, 각서(刻書)활동 등도 전개하였다. 당연히 가장 중요한 것은 대표적인 서원교육이론인 〈백록동서원게시〉를 만들었다는 점이다. 이 〈게시〉 속에는 서원교육의 종지, 교육방법 및 원칙 등이 자세히 제시되어 있는데, 이를 통하여 서원이 하나의 교육제도로 정식 형성되도록 하는 데 커다란 기여를 하였다.

둘째, 서원은 남송리학의 발전과 학술문화의 번영을 촉진시켰다. 남송의 이학대가들은 몇몇 서원을 그들의 강학장소로 삼았다. 예를 들면 주희(朱熹)는 백록동서원, 악록서원, 무이정사, 창주정사 등에서 강학을 했으며, 장식(張栻)은 악록서원, 여조겸(呂祖謙)은 여택서원, 육구연(陸九淵)은 상산서원에서 강학을 하였다. 그들은 서원을 강론과 자신의 학술사상을 전파하는 중요한 기지로 삼았다. 그리고 이러한 과정을 통하여 서로 다른 학파를 형성해 나갔다. 동시에 그들은 다른 학파의 대사들을 자신이 강의하는 서원에 와서 강학을 하도록 하였다. 예를 들면 장식은 주희를 초청해서 그가 강학을 하는 악록서원에 와서 강학을 하도록 하였으며, 주희는 육구연을 그가 강의하는 백록동서원에 와서 강학을 하도록 하였다. 서원은 또 서로 다른 학파들 사이에 토론과 쟁명을 벌이는 상호교류의 중요한 장소가 되기도 하였다. 이러한 서원간의 상호교류는 이학의 흥성과 발달 그리고 학술의 번영에 기여하였다.

셋째, 서원의 관학화 경향이 출현하였다. 서원의 관학화란 바로 서원이 정부의 통제를 받아서 관학의 체계 속으로 들어가는 것을 말한다. 이런 경향은 송나라 시기에 이미 명확하게 출현하였다. 그러한 경향은 다음 두 가지 현상으로 나타났다.

하나는 개인이 서원숙사를 건립하고, 거기에 장서 등의 설비를 갖추어 정부에 기증한 후 일정한 관직을 얻는 경향이다. 즉 학사(學舍)를 미끼로 관에 들어가는 것이다. 조정은 서원에 원액(院額), 서적, 밭 등을 내리거나, 서원의 학관을 임명하였다. 이런 서원은 이미 사립학교의 성격이 변화되어 정부운영으로 바뀐 경우이다. 어떤 경우에는 아예 지방관학으로 바뀌는 경우도 있었다. 대표적인 경우가 응천부서원이다.

다른 하나는 주나 군의 장관이 직접 지방관부의 재산을 이용해서 서원을 설립하고, 조정으로부터 원액(院額), 서적, 밭 등을 하사받아 지방관학이 되는 경우이다. 대표적인 경우로 석고서원 등이 있다. 이런 경향은 다음과 같은 두 가지 효과를 가져오게 되었다.

하나는 이런 서원은 조정의 장려를 받았기 때문에 천하에 이름이 알려지게 되었고, 다른 서원들을 자극시켜 전체 서원의 발전을 촉진시켰다. 다른 하나는 정부가 서원에 대한 통제를 강화함으로써 서원이 점점 관학체계 속으로 들어가게 되었다는 점을 들 수 있다. 어떤 서원은 스스로 지방관학으로 변경하고, 과거준비를 위한 장소가 되기도 하였다.

CHAPTER

08

요, 금, 원나라 시기의 교육

10세기에서 14세기에 걸쳐 세 개의 중요한 왕조가 출현하였는데, 그것은 바로 요(916~1125년), 금(1115~1234년), 원(1271~1368년) 나라이다. 그들의 공통적인 특징은 현재의 중국경내에서 한족 외에 거란족, 여진족, 몽고족의 통치자들이 건립한 국가라는 점이다. 각 왕조의 통치자들은 정권을 공고히 하기 위하여 모두 "한화(漢化)"정책을 추진하였다. 정치, 경제, 문화, 교육 등 각 방면에서 중원문화를 광범위하게 흡수하고자 하였으며, 부단히 사회개혁을 진행하고, 각 민족과 민족문화의 대융합을 위하여 노력하였다. 동시에 자기 민족의 인재를 배양하기 위해 금과 원나라는 전문적인 민족학교를 설립하는 등 체계적인 민족교육을 위해 노력하였다.

이러한 요, 금, 원 시기의 교육은 그 어느 다른 시기와는 비교할 수 없는 특징을 지니고 있다.

1. 요나라의 교육제도

요나라의 교육제도는 태조 시기에 처음으로 만들어졌다. 요태조는 나라를 세운 뒤 적극적으로 한화(漢化)정책을 추진하면서, 교육사업의 발전을 도모하였다. 건국 후 얼마 지나지 않은 신책 3년(918년)에 요태조는 공묘(孔廟), 불사(佛寺), 도관(道觀)을 건립하고, 다음 해에는 친히 공묘에 가서 제례를 올렸다. 또 황후와 황태자에게 명하여 사(寺)와 관(觀)에 가서 절을 하도록 하였다. 이것은 요태조가 유, 불, 도 세 가지 사상을 동시에 중시한다는 것을 표명한 것이다. 그렇지만 그는 그중에서 유학을 더 숭상하였다. 신책 5년(920년)에는 거란글자가 만들어져 전국에서 사용하도록 공포함으로써, 거란족이 글자가 없던 역사를 마감하였다.

그런데 이보다 더 중요한 것은 당나라의 교육제도를 모방해서 황도(皇都)에 국자감[1]을 설치하였다는 사실이다. 〈요사・지리지(遼史・地理志)〉를 보면 국자감은 궁궐의 서남쪽에 위치해 있었는데, 국자감의 북쪽은 공묘로 삼았다고 기록하고 있다. 국자감은 최고학부이자 전국교육을 관리하는 기구였다. 이러한 국자감에는 제주(祭酒), 사업(司業), 감승(監丞), 주부(主簿) 등의 직책이 설치되어 있었다. 후에 태종, 성종, 도종 시기에 이르러 태조가 건립한 교육제도의 기초 위에서 점점 요나라의 교육제도를 확립해 나갔다.

태종은 남경에 국자학을 설치하고, 남경태학이라고 칭하였다. 도종 청녕원년(1055년) 12월에는 상경(上京), 동경(東京), 중경(中京), 서경(西京)에 모두 국자학을 설치하여 먼저 설립된 남경국자학을 포함하여 "5경학(五京學)"이라고 칭하였다. 청녕 6년(1060년) 6월에는 중경에 국자감을 설치하였고, 서경에도 국자감을 설치하였다. 이에 따라 요나라 시기에는 5개의 국자학 외에 3개의 국자감이 설치되어 있었다.

요나라 시기 지방관학에는 부학(府學), 주학(州學)과 현학(縣學)이 있었다. 이러한 학교들에는 박사와 조교가 있어 교육을 담당하였다. 한편 요의 통치자들은 귀족자제의 교육을 매우 중시하였다. 이에 따라 "제왕문학관(諸王文學館)"을 설치하고, 제왕반독(諸王伴讀)과 제왕교수(諸王教授)를 두어 교육을 담당하도록 하였다.

거란족은 유목민족이고, 수렵을 중시하는 민족이었다. 그럼에도 불구하고 요나라가 존립한 200여 년간 적극적으로 중원문화를 가져와 존공숭유정책을 펴고, 교육을 발전시켜 중앙과 지방에 이르는 관학체계를 건립하였다.

---

1) 태종 때에 황도(皇都)를 상경(上京)이라고 개칭함에 따라 상경국자감이라 불리게 된다.

2. 금나라의 교육제도

금나라의 학교교육제도는 당, 송의 제도를 모방하여 건립된 것이다. 세종과 장종 시기에 이르러 금나라 교육은 전성기를 구가하게 되었다.

1) 중앙관학

중앙에는 국자감이 있었고, 그 아래에 다섯 개의 중앙관학이 있었다. 국자감을 포함해서 소학, 태학, 여진국자학, 여진소학과 여진태학의 여섯 학교를 "6학"이라고 불렀다.

(1) 국자감

국자감은 금나라 시기 최고학부에 속하는 학교이자 중앙의 기타 학사업무를 관리하는 교육행정기구이기도 하다.

이 학교가 처음 문을 연 것은 해릉 천덕 3년(1151년)이다. 이 국자감에는 소학이 부설되어 있었다. 국자감과 소학 이 두 학교는 종실과 외척황후대공 이상의 친척과 공신 그리고 3품 이상 관원의 형제와 자손을 입학대상으로 삼았다. 국자감과 소학의 차이는 15세 이상인 경우 국자감에 입학하고, 15세 미만인 경우 소학에 들어가 공부하도록 하였다. 소학의 학생정원은 100명이었고, 학생들을 가르치기 위하여 교수 등 학관(學官)이 설치되어 있었다. 국자감에는 사부(詞賦), 경의(經義) 학생 100명이 있었다. 이곳에는 초기에는 제주, 사업, 감승 각 1인이 있었는데, 명창 2년(1191년)에 감승 1인을 더 두었다.

국자감은 교육과 행정관리업무 외에 각종 교과서를 출판하는 책임을 지고 있었다. 당시 학교에서 사용하는 각종 교재인 〈역경〉, 〈상서〉, 〈시경〉, 〈춘추좌씨전〉, 〈예기〉, 〈주례〉, 〈논어〉, 〈맹자〉, 〈효경〉 등의 9경과 〈사기〉, 〈전한서〉,

〈후한서〉, 〈삼국지〉, 〈진서(晋書)〉, 〈송서〉, 〈제서〉, 〈양서〉, 〈진서(陳書)〉, 〈후위서〉, 〈북제서〉, 〈주서〉, 〈수서〉, 〈구당서〉, 〈신당서〉, 〈구오대사〉, 〈신오대사〉 등의 17사 그리고 〈노자〉, 〈순자〉, 〈양자〉 등의 서적을 출판하였다. 결국 당시의 국자감은 전국 교과서 출판의 중심역할을 했음을 알 수 있다.

(2) 태학

태학은 대정 6년(1166년)에 처음 세워졌다. 이 태학의 입학생들은 두 가지 유형이 있었다.

하나는 5품 이상 관원의 형제와 자손이고, 다른 하나는 지방 각부가 추천한 생원과 과거의 종장 거인(擧人)이다. 이들 모두는 반드시 예부고시를 거쳐야만 입학이 허락되었는데, 그러나 두 번째 유형의 학생들은 이 예부시험이 면제되었다. 태학의 학생정원은 처음에는 160명이었다가 후에는 400명으로 증가되었다. 이 400명 중 첫 번째 유형의 학생이 150명, 두 번째 유형의 학생은 250명이었다. 학교에는 박사, 조교 등의 직책이 있어서 학생들에 대한 교육을 담당하였다.

(3) 여진국자학, 여진소학, 여진태학

이 학교들은 여진족 인재를 양성하기 위해서 특별히 설립되었다.

대정 13년(1173년)에 금나라는 정식으로 여진국자감을 건립하고, 여진진사과를 설치하였다. 이 과에서는 책(策)과 시(詩)를 가지고 취사(取士)를 하였는데, 27명의 학생이 뽑혔다. 이들 학생은 여진족 역사상 최초의 진사였다. 더욱 많은 여진족 인재를 배양하기 위하여 이 진사들은 모두 교수직을 수여 받았다. 어떤 이는 새로 설립된 여진국자학의 교원이 되기도 하였다. 연령이 비교적 적은 여진귀족자제들도 연령에 맞는 정규의 학교교육을 받도록 하기 위하여 여진국자학이 설립된 해에 여진소학을 설립하였다. 대정 28년(1188년)에는 또 여진태학이 설립되었다.

이상에서 알 수 있는바와 같이 금나라의 중앙관학은 국자감, 소학, 태학 외에 여진족 인재를 양성하기 위한 별도의 여진국자학, 여진소학과 여진태학을 건립하였다.

한편 금나라의 중앙관학에는 앞에 설명한 여섯 가지 외에 사천대(司天臺)와 궁녀학교가 있었다. 사천대는 정부기구로써 천문역수(天文曆數)를 관장하고, 바람과 구름을 관찰하는 임무를 맡고 있었다. 이 학교에는 76명이 재학하였는데, 그 중 한족학생 50명, 여진족 학생 26명이었다. 이들은 이곳에서 천문 등을 배웠다.

궁녀학교는 궁정 내에 설치되어 있었으며, 궁녀를 대상으로 전문적인 교육을 실시하였다. 이 학교의 교관은 "궁교(宮敎)"라고 불렸는데, 행위가 단정하고, 학문이 통달한 연로한 인사들이 이 학교의 궁교가 되었다. 궁교는 수업시 청사(靑紗)를 사용하여, 궁녀와 격리시킴으로써 궁교와 궁녀가 직접 만나지 못하도록 하였다.

2) 지방관학

금나라의 지방관학에는 부학, 진학, 주학과 여진부학, 여진주학 그리고 의학이 있었다.

(1) 부, 진, 주학

금나라 건국초기에는 일부 교육에 관심이 있는 지방 관리들이 그들의 관할지에서 지방학교를 설립하여 운영하였다. 그러다가 이러한 지방학교가 본격적으로 운영된 것은 세종 대정 16년(1176년) 정부가 각 지방에 부학을 설립하도록 지시하면서 부터이다. 이러한 지시에 따라서 경부(京府)에 설립된 부학이 17개소, 학생수는 1,000여 명에 달했다. 부학이 설립된 후 정부는 또 각지에 주학을 설치하도록 지시하였다. 대정 29년(1189년)에는 전국의 경(京), 부(府), 절진(節鎭), 방어주(防御州)에 모두 학교를 설립하도록 하였는데, 이 때 각 부, 절진, 주 인구의 과다를 고려하여 학교의 규모를 설정하도록 하였다.

대정16년에는 부학의 학생자격을 반드시 정시(廷試)[2] 자격을 획득하거나 종실황친 등으로 자격을 제한하였다. 그러다가 얼마 후 5품 이상과 조정의 6품 이상 관원의 형제와 자손 그리고 부(府)의 추천을 획득한 형제 혹은 자손과 거인 등으로 확대하였다. 학생의 입학은 학관의 주지하에 시험을 치러서 성적순으로 입학을 허가하였는데, 부(府)의 추천자와 과거시험의 종장 거인은 시험을 면제하였다.

(2) 여진부학, 주학

대정 13년(1173년) 금나라는 중앙에 여진국자학을 설립하는 동시에 여진족 집단거주지역인 중도(中都) 등 22곳에 여진부학과 여진주학을 설치하였다. 이들 학교는 여진진사를 교수로 삼아 학생들을 교육시켰으며, 학생들은 전부 여진족 자제들이었다.

(3) 지방의학

지방의학은 10과로 나뉘어져 있었다. 학생들은 매월 시험을 보아서 그 성적순에 따라 상이나 벌을 주었다.

금나라 시기 중앙관학이거나 지방관학이거나 모든 학생들은 정부에서 일체를 책임지고 배양하였다. 따라서 이런 학생들을 위해서 드는 경비도 만만한 것이 아니었다. 이런 학교들의 경비문제를 해결해주기 위하여 각 학교에는 학전

2) 전시(殿試)라고도 하며, 임금이 대전(大殿)에서 친히 집행하는 과거의 최종시험.

(學田)이 하사되었다. 금나라 시기에는 학생들이 정부로부터 경제상의 보조를 받는 것 외에도 또 종신토록 잡역(雜役)이 면제되었다.

이상의 금나라 시기의 교육제도를 종합해보면 다음과 같은 두 가지 특징이 있다.

첫째, 비교적 완전한 형태의 여진족교육체계를 갖추고 있었다. 금나라는 여진족이 세운 나라이다. 당시 여진족은 노예사회의 단계에 있었다. 정치, 사회, 문화, 교육 등 모든 방면에서 비교적 낙후되어 있었다. 심지어는 자신들의 문자도 보유하지 못하고 있었다. 금나라 건립 후 각종 조치를 취하여 민족교육을 발전시키는 동시에 한편으로는 여진족의 문자인 "여진대자(女眞大字)"와 "여진소자(女眞小字)"를 만들어 내었다. 또 중앙에서 지방에 이르는 여진족교육체계를 건립하였다. 금나라는 이러한 교육체계를 통하여 국가발전에 필요한 여진족 인재를 양성해 낼 수 있었다. 한편 이러한 여진족교육체계는 후대 원나라의 몽고족교육체계의 형성에도 적지 않은 영향을 끼쳤다.

둘째, 학생의 입학자격이 엄격하게 규정되어 있었다. 중앙관학의 입학자격을 보면 송대는 당대보다 덜 엄격하였다. 금나라 시기의 학교 입학자격을 보면 송대보다는 당대의 규정을 따라 엄격하게 규정하였다.

3. 원나라의 교육제도

원나라에서 학교교육이 시작된 것은 태종 와활태(窩闊台) 때부터이다. 세종에 이르러 학교교육의 발전이 전성기에 들어가게 되었는데, 이때 중앙에서 지방에 이르는 관학체계와 교육관리기구가 건립되었다.

1) 중앙관학

원나라의 중앙관학에는 국자학, 몽고국자학, 회회국자학(回回國子學)이 있다.

(1) 국자학

국자학은 원 6년(1269년)에 설립되었으며, 전문적으로 한족문화를 가르치던 학교이다. 이 학교는 원 28년에 이르러 국자감으로 바뀌었다. 학생정원은 국자학 초기에는 80명이었으나 후에는 400명으로 증가되었다. 이들 이외에도 배당생(陪堂生)[3]으로 20명이 더 있었다. 학생은 종족을 구분하지는 않았으나, 이 학교에 입학하기 위해서는 일정한 자격을 갖추어야만 하였다. 그 자격은 숙위대신(宿衛大臣) 자손, 7품 이상의 조관(朝官)자녀와 위사(衛士)자제, 평민 중에서 우수한 자, 3품 이상 조관(朝官)의 추천을 얻은 자 등으로 한정하였으며, 그래야만 배당생(陪堂生)이 되어 공부를 시작할 수 있었다.

국자감에는 제주 1인, 사업 2인, 박사 2인, 조교 4인이 있었으며, 이외에 정록(正錄), 반독(伴讀)이 있어서 교무와 잡무 등 행정사무를 처리하였다.

원나라 시기 국자감의 중요한 특징은 인종 연우 2년(1315년)에 집현학사 조맹부와 예부상서 원명선의 건의를 받아 도입한 성적에 따른 진급제와 학생성적누가법을 들 수 있다.

성적에 따른 진급제는 국자학을 상, 중, 하의 세 등급과 여섯 기숙사로 나누는 방법이다. 그리고 학생들을 각자의 성적에 따라 각 기숙사에 나누어 들어가도록 하여 각각의 수준에 따라 다른 내용을 학습하도록 하는 방법이다. 이때 그 학업성적과 품행은 다음 단계진급의 중요한 자료가 된다. 이것은 송대의 삼사법(三舍法)을 계승, 발전시킨 것이다.

학생성적누가법은 진급제와 서로 연관되어 있다. 이 학생성적누가법은 학생

3) 현재의 청강생과 비슷함.

의 1년간의 학업성적을 누적하는 방법이다. 이것은 송대의 태학에서 처음 시작되어, 원대의 국자학에 와서 더욱 완전한 형태를 띠게 되었다. 이 학생성적누가법은 학생들의 평상시 성적을 중시하기 때문에, 학생들이 평시에 학업에 열중하도록 하는 풍조를 만들어 내었다.

(2) 몽고국자학

이 학교는 세조 지원 8년(1271년)에 창설되었다. 이 학교는 몽고족과 한족 관원의 자제 중에서 우수한 학생들을 입학시켰다. 이 학교에는 교육과 관리를 담당하는 학관(學官)으로 박사, 조교, 교수, 학정, 학록, 전서 등이 있었다. 교재는 몽고문으로 된 〈통감절요(通鑒節要)〉를 사용하였으며, 학업이 끝나고 시험을 치러 성적이 우수한 경우 관직을 수여하였다.

(3) 회회국자학

이 학교는 지원 26년(1289년)에 페르시아문자를 전문적으로 가르쳐 이들 문자에 능숙한 외국어 번역인재를 양성하기 위해서 만들어졌다. 입학자격은 공경대부(公卿大夫)와 부유한 자제 등이 그 대상이 되었다. 이 학교의 설립 후 실제로 많은 외국어 전문 인재들이 배출되어, 사회의 수요를 만족시켜 주었다.

이 밖에 원나라 시기에는 사천대(司天臺)와 태사원(太史院) 부설학교가 있었다.

2) 지방관학

원나라는 로(路), 부, 주, 현의 행정구역에 따라 지방에 로학(路學), 부학, 주학, 현학과 제로소학(諸路小學), 사학(社學)과 같은 유학을 설립하여 운영하였다. 이밖에 제로몽고자학(諸路蒙古字學), 제로의학(諸路醫學), 제로음양학(諸路陰陽學) 등의 전문학교를 운영하였다.

로학은 세조 지원 9년(1272년)에 창설된 학교로서, 학교에는 교수, 학정, 학록 등의 학관이 각각 1인이 있었다. 부학 그리고 상규모와 중규모의 주학에는 교수 1인이 배치되어 있었다. 교수는 조정에서 임명하였는데, 기타 학관은 예부나 각 성 혹은 선위사(宣慰司)에서 임명하였다.

지원 28년(1291년)에는 강남제로학과 현학에다 소학을 설치하도록 하였다. 사학(社學)은 지원 23년(1286년)에 설립되기 시작하였는데, 농촌지구에서 농한시간을 이용하여 운영되었다. 이 학교는 농가의 자제를 대상으로 초등교육을 실시하였는데, 이 사학을 통하여 농촌지구의 교육발전에 기여를 하였다.

제로몽고자학은 지원 6년(1211년)에 만들어졌는데, 로, 주, 부의 관원자제 및 민간자제들이 입학하여 학습하였다. 교재는 몽고국자학의 교재와 동일한 것을 사용하였다. 제로의학은 세조 중통 3년(1262년)에 태의원(太醫院) 직속으로 설립되었다. 제로음양학은 천문과 산력(算曆)을 학습하는 학교로써 지원 28년(1291년)에 창설되었다.

3) 교육관리기구

원나라는 중앙에서 지방에 이르는 관학체계를 건립하는 동시에 상응한 교육관리기구를 설치하여, 운영하였다.

중앙에는 최고의 교육기관이자 교육행정기구로써 국자감이 있었다. 국자감은 지원 24년(1287년)에 창립되었는데, 집현전의 관할하에 있었고, 국자학은 국자감의 관할 하에 있었다. 몽고국자학은 몽고국자감에 속해 있었고, 몽고한림원의 관할 하에 있었다. 회회국자감은 연우원년(1314년)에 창설되어 한림 겸 국사원의 관할하에 있었다. 천문과 산력(算曆)을 공부하는 학생들은 사천대에서 관할하였다.

지방의 경우 로, 부, 주 현에 설치된 유학계통의 학교는 모두 유학제거사(儒

學提擧司)가 관할하도록 하였다. 제로몽고자학은 몽고제거학교관(蒙古提擧學校官)의 관할 하에 두도록 하였다. 제로의학은 의학제거사(醫學提擧司)가 관할하도록 하였으며, 그 위에 태의원(太醫院)이 있었다. 제로음양학은 인종 연우 초기에 제정된 규정에 따라 음양학교수(陰陽學敎授)가 관리하였으며, 그 위에는 태사원(太史院)이 있었다.

4) 원나라 시기의 서원

원대에 건립된 최초의 서원은 태종 8년(1236년) 양유중(楊惟中)이 건립한 태극서원이다. 이후 여러 유학자들에 의해서 많은 서원이 세워졌다. 통계에 의하면 원나라 시기에 신축된 서원의 수는 143개소, 복구된 서원이 65개소, 다시 지은 서원이 19개소로 총 227개였던 것으로 알려지고 있다.[4)]

원대에는 서원을 적극 장려하는 한편 통제를 강화하는 정책을 취하였다.

당시 다음과 같은 것들이 통제의 수단으로 이용되었다.

첫째, 서원책임자의 임명권을 통제하였다. 원대의 서원은 중기와 후기에 이르러 서원의 책임자는 조정이나 지방정부 혹은 파견인원이 맡았다. 그들은 당연히 조정에서 임명한 관리였던 것이다. 이에 따라 서원은 급속히 관의 제도 속으로 들어가게 되었다.

둘째, 교사들에 대한 초빙권을 통제하였다. 원정부는 서원의 교사 임용권한을 서원에 주지 않고, 관으로 하여금 서원의 교사를 임용하도록 하였다. 서원의 직학(直學), 교수 등은 반드시 예부 등 행정관서의 심사를 거쳐 조정에서 임용을 허가하였다.

셋째, 서원에 대한 감사활동을 강화하였다. 원정부는 서원의 책임자 또는 교직원에 대해서 정기적으로 감사를 실시하여, 만약 큰 과실이 발견될 경우에는

4) 喻本伐 外著, 中國教育發展史, 華中師範大學出版社, 1992, 310쪽

그 직을 취소하였다.

넷째, 서원경비의 사용권한을 통제하였다. 원정부는 서원에 금전과 물품을 제공하는 방법을 통하여 서원에 대한 통제를 강화하였다. 물론 이러한 서원에 대한 지원은 서원이 번성하도록 하는 조건을 제공해 준 면도 있다. 그렇지만 이러한 정부의 서원에 대한 통제는 결국 서원을 점점 관학화의 길로 들어서도록 만들었고, 그 결과 과거의 자유로운 강학의 특징을 잃어버리도록 하였다.

CHAPTER

09

명나라 시기의 교육

명나라(1368~1644년)는 14세기 중엽 승려였던 주원장(朱元璋, 1328~1398년)이 세운 국가이다. 이 나라는 중국의 봉건사회 발전과정에서 중요한 시기를 점하고 있다.

명나라 초기 명의 통치자는 정권을 견고히 하기 위해 정치와 군사방면에서 여러 가지 개혁을 실시하였다. 동시에 경제방면에서도 농업, 수공업 등의 발전을 꾀하는 정책을 펴나갔으며, 상업과 도시경제의 발전을 촉진하고자 노력하였다.

상품경제의 발전에 따라서 명의 중엽 이후 특별히 가정(嘉靖) 만력(万曆) 시기(1522~1620년)에 양자강 삼각주와 연해지구의 수공업 분야에서 자본주의적 색채를 지닌 생산방식이 나타났다. 이것은 봉건사회 내부에 출현한 경제방면의 새로운 패러다임이었다. 그리고 이러한 자본주의적 생산방식의 도입은 경제를 크게 발전시켰고, 그 결과 교육도 이에 맞추어 양적으로나 질적으로 큰 발전을 이루게 되었다.

명대의 통치사상은 정주이학(程朱理學)이었다. 따라서 통치자는 여러 가지 방법으로 정주이학의 지위를 높이고자 노력하였다. 그러다가 명나라 중엽이후 왕수인(王守仁)이 육구연(陸九淵)의 학설을 계승하고 발전시켜 정주이학과 서로 상반되는 "왕학(王學)"을 창립하였는데 이 왕학은 100년간이나 이어졌다.

한편 만력 시기 이후 서양의 선교사들이 중국땅에 들어와 선교활동을 시작하였다. 그리고 이를 통해 중국인들은 서양의 문물인 역산(曆算), 수리, 측량 등의 지식을 받아들이게 되었다. 당연히 왕학의 창립과 서양문물의 흡수 등은 명나라 시기 교육에 큰 영향을 끼쳤다.

1. 명나라 시기의 문화, 교육정책

명태조 주원장은 한 국가를 세운 왕이었지만 그의 학문수준은 그리 높지 못하였다. 그러나 그는 선현의 역사적 경험이나 교훈 그리고 자신의 경험과 실천 과정을 통해 학교교육이 국가를 다스리는 이치를 세우는 데 중요한 작용을 한다는 사실을 잘 알고 있었다. 이에 따라 명 건립 초기부터 교육은 국가발전의 중요한 요소로서 중시를 받았다. 명태조는 천하를 다스리려면 가장 중요하고, 급한 것이 나라를 세울 후원자들에 대한 교화라고 보고, 그들을 교화시키기 위해서는 학교를 흥하게 해야 한다고 주장하였다.[1] 이때부터 "치국(治國)은 먼저 교화를 해야 하는데, 교화는 학교로서 근본을 삼는다."[2]는 교육정책방향이 확립되었다. 이러한 교육정책은 명대 내내 다음과 같은 세 가지 구체적인 내용으로 표현되어 나타났다.

1) 학교의 설립과 인재양성

명나라의 태조인 주원장은 인재는 국가의 보배로운 재산이며, 인재는 학교에 의탁하여 배양해야 한다고 보았다. 이에 따라 명나라가 창건되기 전인 원나라 지정25년(1365년)에 천부학(天府學)을 국자학으로 바꾸어서 중앙최고학부로 삼았다. 그 3년 후 명나라가 창건되고 나서는 귀족자제들과 문에 우수한 서민들을 학교에 입학시켜 교육시키도록 하였다. 그리고 이런 조치의 결과로 홍무 4년, 즉 1,371년에는 학생수가 2,728명이나 되었다.[3] 홍무 15년(1382년)에는 국자학을 국자감으로 바꾸고, 거기에 제주 1인, 사업(司業) 1인, 감승(監丞), 전부(典簿) 각 1인, 박사 3인, 조교 16인, 학정(學正), 학록(學錄) 각 3인, 장찬(掌饌)[4] 1인을 두도록 하였다. 영락원년(1403년)에는 별도로 북경에 국자감을 설치하였다. 이렇게 명나라 시기에는 남북 두 곳에 국자감이 있었다. 영락 18년(1420년) 명나라는 정

1) 〈明太祖實錄〉 卷二十六

2) 〈明史 · 選擧志一〉

3) 〈南雍志〉 卷十五

4) 식사담당

식으로 북경으로 수도를 옮기게 되었다. 이에 따라 원래 북경에 있던 국자감을 경사국자감, 즉 수도에 위치한 국자감으로 부르게 되었다.

중앙에 학교를 적극적으로 설립하는 동시에 명나라의 통치자들은 교육사업의 발전에도 커다란 관심을 기울였다. 홍무 2년(1369년)에는 "흥학령(興學令)"을 내려서 전국 각지에 모두 학교를 설립하도록 하였다. 이에 따라 전국의 부, 주, 현 지역에 우후죽순처럼 학교가 세워졌다. 그리고 학교교육이 제대로 이루어지도록 하기 위해 부학(府學)에는 교수(教授)를, 주학(州學)에는 학정(學正)을, 현학(縣學)에는 교유(教諭)를 두도록 하였다. 각 학교에는 또 별도로 훈도(訓導)를 두도록 하였는데, 부학에는 4인을, 주학에는 3인을, 현학에는 2인을 두도록 하였다. 동시에 각 학교의 학생수와 학생들에 대한 대우에 대해서도 명확한 규정을 두었다.

한편 홍무 8년(1375년)에는 수도와 부, 주, 군, 현 지역에는 학교가 있어 교화가 제대로 되고 있으나, 그 이하 지역에는 학교가 없어 민에 대한 교화가 제대로 이루어지지 못하고 있다고 본 정부에서는 향(鄕)과 사(社) 지역에 사학(社學)을 설치하도록 하였다. 이렇게 함으로써 중앙에서부터 군, 현지역과 그리고 향, 촌지역에 이르는 학교교육체계가 세워졌다. 이러한 학교교육체계는 중국의 학교교육발전사로 보면 명조 이전 어느 시대에도 볼 수 없었던 비약적인 발전이었다.

2) 과거의 중시와 인재의 선발

학교를 설립한 목적은 나라에 유용한 인재를 양성하기 위한 것이었다. 특히 학교가 양성한 인재는 명정부의 관원이 되어야만 학교를 설립한 목적을 달성할 수 있었는데, 이를 위해 인재를 선발하는 제도가 중요해질 수밖에 없었다. 원래 인재를 선발하는 제도는 크게 보면 두 가지가 있었는데 그것은 천거(薦擧)

와 과거방식이다.

천거는 명태주 시기 우수한 인재가 있을 경우 시험이 아닌 추천 방식으로 관원에 임명하는 방식이다. 이러한 천거 방식은 명나라 정부에 많은 인재를 불러 모으도록 하였다. 이렇게 천거를 통해 관에 들어간 많은 사람들이 포의(布衣)부터 고위관직인 대학사(大學士), 상서(尙書), 시랑(侍郞) 등을 지냈다. 그러나 건문, 영락이후 과거가 더 중요하게 취급되고, 천거가 경시되면서 사인(士人)들은 모두 과거로서 관직에 등용하는 것을 영예로 여기게 되었다. 이에 따라 천거제도는 이름만 존재하게 되었고, 과거제도가 명나라 시기 가장 중요한 선사제도가 되었다.

명나라 때 과거를 시행해서 취사(取士)를 하기 시작한 것은 홍무 3년(1370년)부터이다.

당시 명정부는 칙령을 내렸는데 그 내용은 "금년 8월부터 과거를 특설한다"[5]는 것이었다. 이에 따라 중앙과 각 성에서는 향시(鄕試)를 거행하였으며, 그 다음해에는 수도인 북경에서 회시(會試)를 거행하여 120명을 선발하였다. 그러나 당시에는 관리의 결원이 많아서 많은 인재가 한꺼번에 필요하였다. 당연히 한 번의 과거시험만으로는 부족한 관리를 다 채울 수가 없었던 것이다. 그래서 각 성에서는 연속 3년간 시험을 보았고, 이에 합격한 사람들에게는 수도인 북경에서 거행하는 회시를 면제하고 직접 관직을 맡을 수 있도록 하였다.

그러나 과거에 합격한 소년들 중 매우 적은 숫자만이 주어진 업무를 능히 처리할 수 있는 것으로 드러나 홍무 6년부터 10년간 과거시험제도를 정지하였다. 그러다가 홍무 15년에 다시 시험이 부활되었다.

명나라 시기의 과거제도는 전대의 과거제도와 비교하여 발전적인 면이 있는 것으로 평가받고 있다. 그중 하나가 "서길사(庶吉士)"의 선발인데 이 제도는 홍무 18년에 시작되었다. 당시 진사들이 한림원, 승칙감(承敕監) 등에서 정사를

5) 〈明史 · 選擧志二〉

보았는데, 이를 칭해서 서길사라고 하였다. 영락 2년(1404년)에 들어와 서길사를 한림원의 전속으로 하였는데, 문학이나 학업이 우수한 사람을 뽑은 후에 3년간을 교육시켜 시험을 거쳐 우수한 자를 한림원의 편수, 검토 등으로 임용하였다. 그리고 그 외의 사람들은 어사(御使), 주현관(州縣官) 등을 주었다. 한림원은 명 시기에는 인재의 비축기지로 인식되었기 때문에 과거 어떤 것과도 비교할 수 없을 정도로 중시되었다. 예를 들면 "진사가 아니면 한림원에 들어가지 못하고, 한림원에 들어가지 못하면 내각에 들어가지 못한다. 남, 북예부상서, 시랑(侍郎)과 이부의 우시랑(右侍郎)은 한림이 아니면 될 수 없다"는 말이 나올 정도였다.[6)]

명나라 시기의 과거는 학교교육과 밀접한 관련성 속에서 추진되었다. 〈명사·선거지일(明史·選擧志一)〉을 보면, 과거는 반드시 학교를 통해서 시작된다고 하고 있다. 즉 학교교육을 받은 사람들만이 비로소 과거시험에 참가할 자격이 주어졌던 것이다. 결국 학교교육의 직접적인 목적은 과거시험에 참가하기 위한 것이었다. 이렇게 명대의 과거는 학교교육을 기초를 삼고, 학교는 과거시험으로서 목적을 삼는 양자가 밀접하게 결합된 모습을 띠고 있었다.

3) 사상통제의 강화와 문화전제의 시행

명나라 시기 통치자들은 전국에 학교를 설립하고, 과거를 중시하였는데 이것은 모두 그들이 필요로 하는 치술 인재를 길러내기 위한 것이었다. 따라서 교육을 적극적으로 발전시키는 것과 동시에 각종 조치를 취하여 사상통제를 강화하고, 문화전제통치를 실시하였다.

당시의 이러한 특징을 다음과 같은 세 가지 사례를 통하여 살펴보기로 하겠다.

6) 〈明史·選擧志二〉

(1) 정주학의 권장과 〈맹자〉에 대한 배척

명나라의 통치자들은 정주이학(程朱理學)을 적극적으로 권장하는 등 이 정주학을 사상, 문화, 교육영역의 통치사상으로 삼았다. 명의 태조 주원장은 학자가 강의를 할 때는 주자의 학을 중심으로 하여야 한다고 하였으며, 성조 영락13년(1415년)에는 한림학사 호광(胡廣) 등에게 명하여 〈오경대전〉, 〈성리대전〉 등을 편찬하여 전국에서 사용하도록 하는 등 이 두 가지를 교과서로 활용하도록 하였다. 정주이학은 당시 천하의 사인(士人)들이 공부하는 기본내용이 되었으며, 관에 들어가는 주요한 통로가 되었다.

정주이학을 적극적으로 권장하는 동시에 당시의 통치자들은 기타의 사상에 대해서는 배척하는 태도를 보이었다. 이에 따라 역대 통치자들에게 중요한 서적으로 읽히던 〈맹자〉는 배척을 당하게 되었다. 명태조는 〈맹자〉 중의 어떤 부분은 군주전제통치에 불리하다고 보았다. 이에 따라 그는 맹자를 공묘로부터 축출하고, 공자와 함께 배향전(配享殿)[7]에 있을 수 없도록 하였다. 또 홍무20년(1394년)에는 유신(儒臣)들에게 영을 내려 〈맹자〉 일서(一書)에 대한 심사를 실시하여 약 85곳의 문제점이 있는 곳을 발견하여, 그 85곳의 내용을 삭제하고, 삭제된 내용은 과거시험의 명제 등이 될 수 없도록 하였다. 이와 함께 전체 〈맹자〉 일서 중에서 삭제된 부분을 뺀 나머지를 묶어 〈맹자절문(孟子節文)〉이라 칭하고, 이를 전국학교에서 사용하도록 하였다. 이러한 〈맹자〉 일서(一書)에 대한 삭제사건은 명나라 시기 문화전제통치의 한 단면을 잘 보여주고 있다고 하겠다.

(2) 학교의 엄격한 관리와 학생의 정치활동 금지

명나라 정부는 중앙과 지방의 학교들에 대해서 엄격한 관리를 실시하였다.

---

7) 공자묘 내에 공자와 합사(合祀)된 사람들을 모시는 곳.

국자감에는 "승건청(繩愆廳)"[8]을 설치하고, 감승(監丞)으로 하여금 책임을 지도록 하였다. 국자감에는 또 학규를 만들어 국자감에 소속된 학생들의 언론활동이나 행동에 대해서 엄격한 단속을 실시하고, 타인에 대한 장단점 등에 대한 토론을 금지시켰다. 만약 이러한 금지를 위반했을 경우에는 "승건청"에서 엄격한 벌을 주었다. 예를 들면 홍범 27년에 국자감 학생인 조린(趙麟)이 학대를 참지 못해, 항의의 뜻을 표시하자, 학교당국은 스승을 모욕하는 죄를 범했다고 보았다. 이에 따라 학교의 규정에 따라서 100대의 곤장을 치고, "충군"[9]하게 하였다. 더 나아가 한 사람의 징벌을 통해 백 사람을 훈계하기 위해 조린을 극형에 처했다. 그리고 국자감 앞에 장대를 세우고 이를 모든 사람들이 보도록 하였다. 이 장대는 126년을 서 있다가 명무종 정덕 14년(1519년)에 비로소 철거되었다.

한편 지방학교 중에서도 이와 같은 전제적인 학교관리체제를 실시하는 학교가 많았다.

(3) 문장에 대한 검열

명나라 시기의 통치자들은 사상통제를 강화하기 위하여 문장에 대한 검열을 강화하였다. 만약 문장에 문제 있는 부분이 발견될 경우 사인(士人)들을 잔혹하게 박해하였다. 이에 따라 명나라 초기에는 적지 않은 사람들이 문자로 인해서 참형을 당했다. 후세에 청나라 사람 조익(趙翼)이 쓴 〈명나라 초기 문자의 화〉라는 글을 보면 이와 관련한 내용이 비교적 집중적으로 기재되어 있다. 예를 들어 항주부학의 교수인 서일기(徐一夔)는 축하문을 한편 발표했다가 명태조의 노여움을 사게 되어 화를 입었으며, 절강부학의 교수인 임원량(林元亮)도 마찬가지였다. 이런 문장 때문에 화를 입은 사람은 부지기수였다. 명의 태조인 주원장은 이렇게 사상통제의 일환으로 무고한 사람들을 살해하였고, 특히 교육을

8) 잘못을 바로잡는 일을 하는 곳으로 지금의 생활지도를 담당하던 곳이라고 할 수 있다.

9) 옛날 유형(流刑)의 일종으로 범죄자를 먼 곳으로 보내 군인으로 충당하거나 노역에 종사케 한 것을 말한다.

담당하는 각급 교관들을 박해하였다. 그 목적은 일종의 공포분위기를 조성하여 하교의 교사와 학생들로 하여금 다른 생각을 하지 못하고, 통치에 복종하도록 하기 위함이었다. 이러한 내용을 통해 우리는 명나라 시기의 전제통치가 사상이나 교육방면에 까지 깊숙이 개입하고 있었다는 것을 알 수 있다.

물론 명나라의 통치자들은 역사적 경험과 치국(治國)의 필요성 때문에 교육을 가장 중요한 위치에 놓고 매우 중시하였다. 그들은 "치국을 하려면 먼저 교화를 하고, 교화는 학교를 본으로 삼는" 문교정책을 시행했다. 이에 따라 학교교육은 급속도로 발전하였고, 그 교육보급정도가 당, 송대보다 나으면 나았지 javascript:fn_submit2();떨어지지는 않았다. 또 과거제도도 중시를 받음에 따라 "한림의 성함이 극치에 이른" 모습을 보여주었다.

그러나 당시 전제통치를 통한 사상 통제의 강화는 역대 어느 왕조보다도 심한 것으로서 한 시대의 사상발전에 큰 영향을 미쳤다.

2. 명나라 시기의 관학제도

명 시기의 관학은 그 설치수준에 따라 보면 중앙관학과 지방관학의 두 가지로 나누어 볼 수 있다.

중앙관학에는 국자감과 종학, 무학 등이 있었고, 지방관학에는 부학(府學), 주학(州學), 현학(縣學)과 도사유학(都司儒學), 위유학(衛儒學), 도전운사유학(都轉運司儒學), 선위사유학(宣慰司儒學), 안무사유학(按撫司儒學) 등이 있었다. 이외에 무학, 의학, 음양학, 사학(社學) 등이 있었다.

중앙에 있는 국자감은 대학의 성격을 갖는 학교였으며, 무학, 의학, 음양학은 전문학교의 성격을 가지고 있었다. 부학(府學), 주학(州學), 현학(縣學)과 도사유학(都司儒學), 위유학(衛儒學) 도전운사유학(都轉運司儒學), 선위사유학(宣慰司儒

學), 안무사유학(按撫司儒學)은 중등학교의 수준과 유사한 성격을 가지고 있었다. 사학은 소학의 성격을 가지고 있었으며, 종학은 귀족의 자제를 교육시키는 학교였다.

교육행정관리방면에서 국자감은 대학 성격을 가진 학교인 동시에 명대 최고의 교육행정관리기구이기도 하였다. 국자감에는 장관으로 제주(祭酒), 차관으로 사업(司業)을 두었으며, 중앙관학의 전체적인 정책이나 방향 등을 주관하였다. 지방교육행정기구로는 명나라 초기에는 원나라의 제도를 답습하여, 각 성에 유학제거사(儒學提擧司)를 설치하였다. 그러다가 정통 원년(1436년)에 처음으로 "제독학교관(提督學校官)"[10]을 설치하여 학교업무를 담당하도록 하였다.

1) 중앙관학

(1) 국자학

명나라 시기의 국자감은 남북으로 나뉘어져 있었다. 남쪽에는 남경에 국자감이 있었고, 북쪽에는 북경에 국자감이 있었는데, 당시 북경의 국자감은 경사국자감으로 존중되었다. 남경의 국자감은 크고 넓었으며, 교내에는 교육활동에 사용하는 정당(正堂)과 지당(支堂)이 있었다. 정당은 "이윤당(彛倫堂)"이라고 불렀는데, 총 15칸으로 구성되어 있었다. 지당은 정당의 뒤쪽에 위치해 있었는데, 모두 6개가 있었다. 이 여섯 개의 명칭은 솔성(率性), 수도, 성심, 정의, 숭지(崇志), 광업 등이었다. 각 당은 15칸의 방으로 이루어져 있었는데, 중간의 다섯째 방에 교사자리가 설치되어 있었다. 또 정원이 설치되어 있어서 각종 나무들이 자라고 있었다. 이상에서 알 수 있는바와 같이 명나라 시기 남경국자감은 교실이 넓고 클 뿐만 아니라, 환경 또한 아름다웠다는 것을 알 수 있다. 이밖에 도서관, 식당, 학생숙사, 외국유학생숙사, 양호실, 창고, 문묘 등의 건축물이 있었다.

10) 간단하게 提學官 혹은 提學으로 불려진다.

국자감에서 공부하는 학생들은 통칭해서 감생(監生)이라고 불렀다. 이들 "감생"은 입학자격의 차이에 따라 "거감(擧監)", "공감(貢監)", "음감(蔭監)", 예감(例監)으로 구분되었다.

회시(會試)에 낙방한 거인(擧人)이 국자감에 들어와서 공부하는 경우를 "거감"이라고 칭하였으며, 지방의 부, 주, 현의 학생이 시험에 뽑혀서 국자감에 들어와 공부하는 경우를 "공감"이라고 하였다. 또 선조의 유덕으로 국자감에 입학한 학생을 "음감"이라고 불렀고, 일반서민의 자제들이 기부금을 내고 입학한 경우에는 "예감" 혹은 "민생"이라고 불렀다. 이밖에 외국에서 명나라의 국자감에 입학해 공부하는 유학생들은 "이생(夷生)"이라고 불렀다.

국자감에 입학한 학생들의 근본은 모두 달랐지만 그러나 재학기간 동안은 융숭한 대접을 받았다. 이에 따라 국자감의 학생수는 갈수록 많아지게 되었는데, 홍무 26년(1396년)에는 이미 학생수가 8,124명이 되었고, 영락 20년(1422년)에는 9,972명까지 증가되었다.[11] 이때가 명나라가 건립된 후 국자감의 학생수가 가장 많을 때였다. 그러나 정덕(正德) 이후 점점 쇠락의 길로 접어들더니 융경(隆慶), 만력(万曆) 이후에는 남과 북의 국자감 모두 유명무실해지고 말았다.

국자감에는 여러 직무를 담당하는 교관들이 있어 자신들의 해당직무에 따라 교육을 실시하고 학생들을 지도하였다.

먼저 "제주(祭酒)"와 "사업(司業)"은 국자감의 학생들을 훈도 하는 책임을 지고 있었다. 명나라 초기에는 학행이 있는 자가 그 일을 맡았으나 후에는 한림관으로 이전되었다. "감승(監丞)"은 승건청(繩愆廳)을 책임지면서, 학생들의 훈도를 담당했으며, "박사"는 학생들에게 경전을 가르치는 등 국자감의 교수 중에서 가장 중요한 자리에 있었다. 박사 밑으로 "조교", "학정", "학록" 등이 있었는데 공동으로 학생들에 대한 수업을 담당하였다. 이외에 "전부(典簿)"라는 직책이 있었는데, 이 전부는 문서와 경비 그리고 도서관리 등을 책임지고 있었다.

---

11) 〈南雍志〉卷十五〈儲養考〉

또 "장찬(掌饌)"은 식사를 책임지고 있었다.

교육내용은 〈역(易)〉, 〈시(詩)〉, 〈춘추〉, 〈예기〉 등이 중심이 되었으며, 〈대학〉, 〈중용〉, 〈논어〉, 〈맹자〉 등도 같이 배우도록 하였다. 당시 국자감에 들어가서 공부하는 목적은 관리가 되는 것이었다. 따라서 왕조의 율령을 배우는 것이 시급한 문제중의 하나였다.

〈어제대호(御制大誥)〉[12]라는 책은 명태조가 중요하다고 여긴 것을 뽑아 묶은 것이다. 그 책에는 살인의 죄상, 민을 가르치고 본분을 지키기, 조세, 부역 등의 문제가 다양하게 포함되어 있었다. 학생들은 이 책을 통해서 조정을 대신해서 훈화를 하는 심부름꾼의 역할을 습득할 수 있었다. 또 국자감의 학생들은 그들이 필요로 하는 왕조의 율령을 습득할 수 있었다. 상술한 내용이외에 매월 한 차례씩 활쏘기 연습을 하도록 했으며, 매일 200여 자의 습자를 하도록 하였다.

명대 국자감의 교육제도는 두 가지 특기할만한 점이 있다.

첫째, 홍무 5년(1372년) 국자감 학생에 대한 역사제도(歷事制度)를 만들었다는 점이다. 이 제도는 현대의 실습제 또는 인턴제와 성격이 비슷한 것이다. 국자감의 학생은 일정한 수업연한이 되면 정부 각 부문에 가서 견습을 받게된다. 중앙정부 각 부문에 가는 경우도 있지만, 지방의 주나 현에 가서 양전(糧田)을 정리하고, 수리사업을 감독하는 등의 일을 맡는 경우도 있었다. 이러한 국자감 학생들의 견습기간은 개인마다 달랐다. 어느 경우에는 3개월인 경우도 있고, 어떤 경우에는 6월, 1년인 경우도 있다. 심지어는 더 긴 경우도 있었다. 건문(1399~1402년)때에 들어와 심사방법을 정해서 국자감 학생들의 견습과 관련한 명확한 규정을 내어놓았다.

국자감 학생들은 견습기간이 만료되면 심사를 거쳐 상, 중, 하의 3등급으로 나눠졌다. 상의 등급을 받은 자는 이부로 보내어 관직을 받도록 하였으며, 중과 하의 등급을 받은 자들은 1년을 재고하도록 하였다.

---

12) 끝에 "고(誥)"라는 말이 나올 경우 훈계, 면려하는 내용으로 된 문체가 나옴.

명나라의 통치자들이 이러한 견습제도를 내놓게 된 원인은 명나라 초기의 관리부족의 문제를 해결하기 위해서였다. 그러나 한편으론 이러한 현지 견습 과정을 통하여 실제 국정경험을 쌓게 함으로써 학생 개인에게도 좋은 성장의 기회를 제공한 측면도 있다. 그러나 이 제도는 후에 와서 국자감 학생의 증가와 견습이 형식으로 전락해버림에 따라 그 의의를 상실해 버리고 말았다.

둘째, 성적에 따른 진급제를 도입하여 활용하였다. 명나라는 국자감을 6당 3급으로 구분하였다. 6당 중에서 정의, 숭지(崇志), 광업 3당은 초급으로 삼았고, 수도(修道), 성심의 2당은 중급으로, 솔성(率性)은 고급으로 삼았다. 국자감의 학생들은 각자의 수준에 맞추어서 각 당에 들어가 공부를 한 후 차례로 자기 수준에 맞게 진급할 수 있도록 하였다. 〈4서(四書)〉에 능통하지 못한 자는 정의, 숭지, 광업 3당에서 공부하되 1년 반 이상의 학습을 하고, 문리가 조리가 있는 자는 수도, 성심의 2당에 진급해 공부할 수 있도록 하였다. 수도, 성심에 들어와 다시 1년 반을 공부하여 경사(經史)에 능통하고, 문리가 우수한 경우에는 솔성에 진급해서 공부할 수 있도록 하였다. 이러한 제도는 명나라의 고유한 제도는 아니었고, 원나라 때의 방법을 채용하여 발전시킨 것이다.

2) 기타 중앙관학

(1) 종학

종학은 전문적으로 귀족자제의 교육을 위하여 설립한 학교이다. 이 학교에 재학하는 학생들은 종생(宗生)이라고 불렀다. 종학의 교사는 왕부장사(王府長史), 기선(紀善), 반독(伴讀), 교수(敎授) 중에서 학행이 우수한 자를 선발하여 담당하도록 하였다. 종학은 또 종실(宗室)에서 추천한 1인을 종정(宗正)으로 삼아 학교의 전체 행정을 맡도록 하였다. 그러나 후에는 업무량의 증가로 인하여 종정 밑에 2인의 종부(宗副)를 두었다.

종학의 학습내용은 〈황명조훈(皇明祖訓)〉, 〈효순사실(孝順事實)〉, 〈위선음즐(爲善陰騭)〉 등의 서적을 읽는 것을 중심으로 하고, 덧붙여서 〈사서〉, 〈오경〉, 〈통감〉, 〈성리(性理)〉 등을 겸해서 독서하도록 하였다. 종학의 학생들은 재학 중에 매년 제학관(提學官)이 조직한 시험을 보도록 하였다. 후에는 이들 종학의 학생들은 과거시험에 참가하여 적지 않은 인재를 배출하였다.

(2) 무학

무학에는 중앙무학과 지방무학이 설치되어 있었다. 정통 6년(1441년)에 경위무학(京衛武學)을 설치하고, 그곳에 교수 1인, 훈도 6인을 두었다. 정통7년에는 남경에 남경무학을 설치하였다.[13] 성화 원년(1465년)에는 무학학규를 제정하였으며, 홍치6년(1493년)에는 병부상서 마문승(馬文升)의 건의를 받아서 〈무경7서(武經七書)〉를 간행하여 북경과 남경의 무학에 보내어 학생들의 교재로 사용하도록 하였다.

3) 지방관학

명나라 시기의 지방관학은 그 성격에 따라 구분해 보면 크게 유학, 전문학교와 사학(社學)의 세 부류로 나눌 수 있다.

(1) 유학

유학은 지방행정구획에 따라 설립한 "부학", "주학", "현학", 군대편제에 따라 설립한 "도사유학", "행도사유학", "위유학"과 곡물이나 재화집산지에 설치한 "도전운사유학", 토착민집단취락지에 설립한 "선위사유학"과 "안무사유학" 등

---

13) 〈明會要〉 卷二十五 〈學校上〉

이 있다.

주, 부, 현학의 보편적인 설립은 홍무 2년(1369년)에 시작되었다. 부학(府學)에는 교수 1인, 훈도 4인을 두었다. 주학에는 학정 1인, 훈도 3인을 두었고, 현학에는 교유 1인, 훈도 2인을 두었다. 부, 주, 현학에 입학한 학생들은 통칭해서 생원이라고 불렀다. 교육내용은 모든 학생이 공통으로 일경(一經)을 배우고, 예, 악, 사, 어, 서, 수로 과를 나누어 공부하였다.

생원은 름선(廩膳), 증광(增廣), 부학(府學)의 세 가지 유형이 있었다.

름선생원은 재학기간 동안 정부로부터 돈과 양식 등을 지급받는 생원인데, 명나라 초기의 생원들은 모두 이렇게 양식과 어육 등을 제공받았다. 이러한 혜택에 따라 학교에 입학하고자 하는 학생이 많아지자 학생수를 증원하기까지 하였다. 정통 12년(1447년) 예부는 풍양지부 양찬의 건의를 받아들여 정원 외로 학생들을 받아들이게 되었는데, 이들을 부학생원이라고 부르게 되었다.

명나라 시기 부, 주, 현학의 학생 수는 름선과 증광생원은 정원이 있었는데, 그 수는 재경부학 60명, 재외부학 40명, 주학 30명, 현학 20명이었고, 부학생원은 정원제한이 없었다.

일반적으로 처음 입학자를 부학생원으로 삼았는데, 나이가 경과하고, 과목시험에 우수한 성적으로 낸 경우에야 비로소 증관생원이나 름선생원이 될 수 있었다.

생원은 10년 동안 학습을 하게 되는데 그럼에도 불구하고 학업의 달성이 어려운 경우 벌을 내리거나 재학당시 받았던 양식을 반납하도록 하였다. 그러나 학업이 우수한 자에 대해서는 진급을 시켜 름선생원에 이르면 국자감에 들어가 공부할 수 있도록 하였다.

한편 도사유학은 홍무 17년(1384년)에 시작되었으며, 처음 설치된 곳은 요동(遼東)지방이었다. 행도사유학과 위유학은 모두 홍무 23년에 시작되었다. 이러한 학교를 설립한 목적은 무신자제를 교육시키기 위한 것이었다.

(2) 전문학교

이런 종류의 학교로는 무학, 의학과 음양학을 들 수 있다.

명나라 초기에는 무학이 없었다. 그러다가 정통중기에 중앙에 중앙무학이 설치되었다. 그렇지만 지방에는 아직 무학이 설치되지 않았다. 그러다가 숭정 10년(1637년) 지방에 무학을 설치하도록 하였다. 그러나 당시는 이미 명나라가 망해 가는 단계에 접어든 상황이었기 때문에 전국적으로 실치 되지는 못하였다.

의학은 홍무 17년(1384년)에 시작되었다. 부의학에는 정과(正科) 1인, 주의학에는 전과(典科) 1인, 현의학에는 훈과(訓科) 1인을 두어 교육을 담당하도록 하였다.

음양학은 의학과 같은 홍무 17년에 처음 시작되었다. 부음양학에는 정술(正術) 1인, 주에는 전술(典術) 1인, 현에는 훈술(訓術) 1인을 두어 교육을 담당하도록 하였다.

(3) 사학(社學)[14]

사학(社學)은 홍무 8년 명태조가 천하에 사학을 설립할 것을 지시하면서 전국 각지에 설립되기 시작하였다.

명조의 사학은 성진(城鎭)과 향촌지구에 설립된 학교로써 민간자제를 교육의 대상으로 삼은 일종의 지방관학이다. 이 학교는 8세 이상 15세 미만의 민간아동을 입학시켜서 교육시켰는데, 약간은 강제성을 띤 교육기관이었다. 이는 "민간자제가 8세에 취학하지 않으면, 그 부모에게 벌을 준다."[15]는 기록을 보아서도 알 수 있다.

아동이 사학에 들어가게 되면 먼저 〈3자경(三字經)〉, 〈백가성(百家姓)〉, 〈천자

---

14) 여기서의 사학(社學)은 관학이며, 우리가 보통 생각하는 사학(私學)은 아니다. 한자로 보면 분명히 알 수 있다.

15) 〈明史 · 楊繼宗傳〉

문〉 등을 학습하게 된다. 그런 후에 경(經), 사(史), 역(曆), 산(算) 등의 지식을 학습하도록 하였다. 동시에 〈어제대고(御制大誥)〉를 반드시 학습하도록 함으로써 국가의 율령과 관혼상제의 예를 알도록 하였다. 사학의 교사는 사사(社師)라고 칭했다. 일반적으로 지방에서 학행이 있는 자를 사사로 선발해서 교육을 담당하도록 하였다.

명나라의 사학은 그 전대인 원대 사학제도를 계승 발전시킨 것이다. 명대에 들어와 더 보편화되었으며, 그 수도 많아졌다. 이렇게 사학이 원대에 비해 발전하게 된 것은 명나라 통치자들이 사학을 중시했기 때문이다. 예를 들어 정통 원년(1436년)에는 사학과 부, 주, 현학 등 유학과의 연계를 도모했다. 또 홍치 17년(1504년)에는 각 부, 주, 현에 사학을 건립해서 저명한 스승을 모셔서 15세 이하의 민간아동이 입학해 공부하도록 하였다. 이렇게 명나라의 통치자들이 사학을 중시한 이유는 여러 가지 이유가 있겠지만 가장 중요한 이유는 나라의 통치에 유리하도록 민간인을 키우고자 하는 데 있었다.

이상과 같은 명대의 관학제도는 다음과 같은 네 가지 특징을 가지고 있다.

첫째, 최고학부인 국자감에 여러 가지 새로운 발전이 있었다. 예를 들어 학생의 학교입학자격의 제한을 풀고, 학생의 입학 당시 상황에 따라 학생을 거감(擧監), 공감(貢監), 음감(蔭監), 예감(例監) 등으로 나누었다. 국자감 학생의 견습제도를 만들어 학교가 양성하는 인재와 사회가 요구하는 인재의 모습이 직접적으로 연계되도록 노력하였다. 이와 함께, 진급제를 실시하여 학생들이 학습의 정도에 따라 더 상위의 교육을 받도록 하였다.

둘째, 지방관학이 커다란 발전을 하였다. 지방행정구역에 따라 학교를 설치했을 뿐만 아니라, 군대편제에 근거하여 무신자제를 교육시키기 위한 학교를 설치하였다. 그 뿐만 아니라, 전국의 곡물과 재화집산지 그리고 토착민 집단거주지에도 학교를 설립하도록 하였다. 이러한 과정을 거쳐 명대에는 지방학교가 전국 각지에 보편적으로 설치되었는데, 이것은 이전의 지방학교 발전수준을 훨씬 초월하는 것이었다.

셋째, 사학(社學)제도가 더욱 완전하게 구비되었다. 사학이 처음 잉태된 것은 원나라 때인데, 명나라에서 이 제도를 받아들여 계승, 발전시켰다. 명나라 때에는 사학이 전국 방방곡곡에 설치되었고, 학생모집, 교사초빙, 학습내용, 교수방법 등에서 비교적 체계화된 모습을 갖추게 되었다. 이러한 사학은 명대에 들어와 민간아동에게 초보적인 지식과 윤리도덕교육을 실시하는 중요한 형식이 되었다.

넷째, 지방에서부터 중앙에 이르기까지 학교교육의 연계체제가 확립되었다. 명조의 규정을 보면 사학에서의 성적우수자는 유학생원이 될 수 있도록 하고 있다. 이 말은 사학의 우수한 졸업생은 부, 주, 현학 등 유학의 학생이 될 수 있다는 것을 의미한다. 또 부, 주, 현학의 학생은 세공(歲貢), 선공(選貢), 은공(恩貢), 납공(納貢) 등의 방법을 통해 국자감에 진학할 수 있도록 하였다. 이렇게 함으로써 사학－부(주, 현)학－국자감의 3단계 학제가 만들어지게 되었다. 이러한 명나라 시기 관학제도의 특징들은 후대인 청나라 교육에 커다란 영향을 미쳤다.

3. 명나라 시기의 서원

명조의 서원은 당시 통치계급의 문화 교육정책과 내부적 상황의 영향을 많이 받았다. 이에 따라 시기에 따라 발전하기도 하고, 쇠퇴하기도 하는 등 곡절이 많은 과정을 거쳤다. 이 시기 서원은 크게 침체－발흥－금지와 훼손의 3단계 발전과정을 거쳤다.

명나라가 세워진 때부터 효종 홍치 18년(1505년)의 130여 년간은 명조의 서원은 침체상태에 있었다. 당시 통치자들은 학교교육을 중시해서, 관학을 크게 발전시킴으로서 당시의 관학은 당, 송시대보다도 더욱 크게 발전하였다. 이렇게 관학을 중시하는 것과는 대조적으로 서원에 대해서는 그리 관심을 갖지 않았다. 당연히 서원의 수리나 복구 등에도 별 관심을 기울이지 않았다. 한 예를 들어 그 유명한 백록동서원(白鹿洞書院)은 지정 11년(1351년) 원나라 말기의 병화로 훼손된 후 그대로 방치되다가 정통 3년(1438년)에 이르러서야 비로소 중건을 하게 되었다. 방치된 기간이 무려 87년이나 되었던 것이다. 어떤 경우에는 서원 터에다가 관학을 짓는 경우도 있었고, 어떤 경우에는 아예 서원을 관학으로 바꾸는 경우도 있었다.[16)]

명나라의 통치자들은 관학을 적극적으로 발전시키는 것과 동시에 과거도 크게 제창하였다. 그러면서 과거와 학교교육을 긴밀히 연계시켰다. 이를 위해서 과거가 반드시 학교로부터 출발하도록 하였다. 이렇게 됨에 따라 사인(士人)들은 공명을 얻기 위하여 분분히 관학에 입학하게 되었고, 서원은 더욱 냉대를 받게 되었다. 또 한편으론 통치자들은 관학과 과거를 통해 이미 인재에 대한 수요를 만족하고 있었기 때문에 서원을 일으킬 생각을 가질 필요가 없었다. 이밖에 서원이 비교적 자유로운 학풍을 가지고 있었기 때문에 명초의 전제통치와 맞지 않았다. 이상의 몇 가지 원인으로 인하여 명초의 서원은 상당한 기간 동안 침체 속에 빠지게 되었다.

당연히 명초 서원의 침체는 이 시기 서원이 존재하지 않아서가 아니었다. 명의 태조는 일찍이 홍무 원년(1368년)에 수선서원(洙泗書院)과 니산이서원(尼山二書院)을 설립한 적이 있다. 이 때부터 전국각지에 서원이 창립되었다. 〈백록동서원사략〉을 보면 홍무 원년에서 굉치 18년(1505년) 까지 강서성에 새로 설립한 서원은 51개소인 것으로 기록되어 있다. 〈광동서원제도연혁〉을 보면 같은

16) 〈도광남창현지〉에 기재된 바에 따르면 홍무5년(1372년) 남창 지현에서는 관학을 옮기면서 동호서원의 원지(院址)로 학교를 옮겼으며, 이에 따라 서원은 문을 닫았다는 기록이 있다. 또 〈동치신건현지〉를 보면 새로 짓는 현학에 서원의 당을 내어놓았다는 기록이 있다.

기간 내에 광동에 신설된 서원 수는 17개소인 것으로 나타나고 있다. 이상에서 알 수 있는 바와 같이 명나라 초기 서원의 침체는 통치자가 서원을 중시하지 않고, 장려하지 않음에 따라 서원의 수가 감소한 것이지, 서원을 금지해서 서원교육이 침체된 것은 아니었음을 알 수 있다.

명대의 서원은 정덕(1506~1521) 이후부터 침체의 늪을 벗어나면서, 융성하기 시작해, 가정 때(1522~1566)에 꽃을 피우게 된다.

한 통계에 따르면 명나라 시기 서원의 총계는 1,239개였으며, 그중 가정 시기에 가장 많아 사원전체의 37.13%를 차지하고 있었다. 만력 시기는 두 번째로 전체의 22.71%를 차지했던 것으로 나타났다.[17] 또 〈안휘서원연혁고〉를 보면 명나라 시기 안휘성에는 총 98개소의 서원이 있었는데, 그중 가정 시기에 건립한 것이 39개소로 전체의 약 40%를 차지하고 있었다. 이밖에 〈광동서원제도연혁〉을 보면 정덕이후 광동에 설립된 서원은 150개소로서 그중 정덕 때에 건립한 것이 8개소, 가정 때에 건립한 것이 78개소, 만력 때에 건립한 것이 43개소로 나타나고 있다.

이상에서 알 수 있는바와 같이 당시 전국적으로 어느 정도의 서원이 세워졌는지는 알 수 없으나, 서원은 명나라 중엽 이후 서서히 일어나기 시작해서 가정 시기에 가장 활발했다는 것을 알 수 있다.

명나라 중엽 이후 서원이 흥하게 된 원인은 다름과 같은 세 가지 원인을 들 수 있다.

첫째, 명나라의 통치집단이 이미 쇠퇴의 상황에 빠져있었고, 내부갈등이 격화되어 있었다. 이와 함께 환관이 전권을 잡게 되면서, 이단자를 배척하고, 반대파를 숙청하는 현상이 벌어지게 되었다. 이에 따라 재야의 사대부들은 서원을 설립하여, 학생들을 가르치면서, 한편으로는 조야에 대해 풍자와 비난을 가하였다. 이에 따라 이 시기 서원의 강학내용은 자주 정치적 색채를 가질 수밖

17) 〈宋元 明淸書院槪況〉

에 없었다.

둘째, 과거의 부패와 관학의 쇠락을 들 수 있다. 과거장에 부정행위가 속출하는 등 각가지 폐단이 나타나게 되고, 관학도 이미 과거에 종속되는 현상이 나타났다. 이에 따라 학생들은 공부에 관심을 두는 것이 아니라, 학교를 통하여 과거응시자격을 얻는 데만 관심을 가지게 되었다. 이에 따라 학교는 과외응시자격을 얻는 장소로 전락해 버리게 되었고, 학교교육 자체가 유명무실해지게 되었다. 이에 따라 일부 뜻 있는 인사들이 서원을 설립해서 제자들에게 강의를 하게 되었다.

셋째, 왕수인 등 저명한 학자들의 이끌음이 있었다. 왕수인(1472~1528)은 34세 때부터 제자들에게 학문을 가르치는 동안 용강서원(龍岡書院), 염계서원(濂溪書院), 부문서원(敷文書院) 등 여러 개의 서원을 건립하였다. 이와 함께 문명서원(文明書院), 악록서원(岳麓書院), 백록동서원(白鹿洞書院) 등에서 강의를 하기도 하였다.

저명한 학술대가들이 서원에 와서 강의를 하고, 제자들을 길러내는 현상은 명나라 중엽 이후의 서원의 발전에 직접적인 영향을 미쳤다. 그러나 명나라 중엽 이후에는 서원들이 당시 권력자들에 의해서 네 차례에 걸친 금지와 훼손의 과정을 거치게 된다.

CHAPTER

10

청나라 초기에서 아편전쟁 전까지의 교육

1619년 여진족 누르하치가 후금을 건립하였고, 20년 후 국호를 청으로 바꾸었다. 그후 순치 4년(1644년)에 청의 세조가 북경에 도읍을 정하여 입성하면서 중국대륙을 통치하게 되었다. 청이 중국을 통치한 기간은 1911년 중화민국이 성립될 때까지 267년간이나 계속되었다.

아편전쟁 이전의 청나라(1644~1840년)는 중국 봉건사회의 마지막 단계였다. 1840년 아편전쟁 이후는 외국세력의 중국침략이 본격화됨에 따라 반봉건, 반식민지국가로 전락해 가는 처지에 놓이게 된다. 여기서는 청나라의 교육을 청의 초기로부터 아편전쟁 이전까지로 한정하여 살펴보고자 한다.

1. 청나라의 문화, 교육정책

청나라의 통치자들은 북경에 도읍을 정한 후, 명나라와 마찬가지로 교육을 발전시키는 것이 국가를 다스리는 중요한 방법이라고 보고 교육발전을 위한 다양한 조치들을 취했다.

순치 12년(1655년)에 "문교를 흥하고, 경술을 숭상함으로써 태평을 연다."[1]는 문교정책을 확정하여 발표하였다. 아편전쟁 이전까지의 청나라의 문교정책은 바로 이 순치 12년에 발표된 정책을 관철시키는 것에 중점을 두고 추진되었다. 이것을 좀 더 구체적으로 살펴보면 다음과 같다.

1) 유가경술의 숭상과 정주이학의 제창

유가경술[2]은 역대 봉건통치자들에 의해 사회를 지배하는 사상이자 행위에

---

1) 〈淸朝文獻通考 · 學校考七〉

2) 유교의 경의(經義)로 한 통치력(한국고전용어사전 해석)

관한 최고의 권위를 인정받는 사상이었다. 또 유가경술은 봉건통치를 견고하게 하는 정신적 지주이기도 하였다. 당연히 청대에 들어와서도 이와 같은 경향은 예외가 아니었다. 청나라 건립초기 순치제(順治帝)는 〈6경〉을 숭상하여, 하늘의 도가 이 책에 실려 있다고 할 정도였다. 이러한 경(經)에 대한 숭상은 곧 공자에 대한 존경으로 이어졌다. 북경에 수도를 정한 뒤 청나라의 통치자들은 몇 가지 "존공(尊孔)"을 위한 조치를 취하였다. 순치원년(1644년) 공자의 제65대손(孫)인 공윤식을 "연성공(衍聖公)"으로 삼았다. 또 순치 2년에는 공자를 "대성지성문선성사"로 봉했다가, 순치 14년에 "지성선사"로 바꾸어 봉하였다. 강희 22년(1638년)에는 강희대제가 친히 "만세 사표"라는 현판을 써서 전국 각지의 공묘에 걸도록 하였다. 이밖에도 건륭시절에는 수차례나 곡부에 와서 인사를 드리기도 하였다.

유가경술을 숭상하고 공자를 존경하는 것과 동시에 청대의 통치자들은 정주이학(程朱理學)을 크게 제창하였다. 정주이학에 대한 숭상을 표시하기 위하여 순치 12년과 강희 5년 주희의 15대손인 주황(朱煌)과 16대손인 주곤(朱坤)이 한림원의 오경박사를 맡도록 하였다. 강희 29년에는 강희제가 직접 "대유세택(大儒世澤)"이라는 글을 써서 고정서원(考亭書院)에 하사하고 걸도록 하였다. 강희 51년에는 주희를 공묘에서 모실 수 있도록 함으로써, 10인의 현인 중 두 번째가 되도록 하였다. 강희 52년에는 〈주자전서〉를 편찬하고, 강희제 스스로 서문을 쓰기도 하였다. 강희제는 또 신편 〈성리정의〉를 편찬하여 다시 한번 정주이학을 숭상하도록 하였다. 이러한 통치자들의 제창에 힘입어 정주이학은 청대에 들어와 학문과 육재(育才)의 중심사상이 되었을 뿐만 아니라, 과거시험의 기본 내용이 되었다.

2) 학교의 설립과 엄격한 학규의 제정

청초에는 명나라의 제도를 답습하여 중앙과 지방에 광범위하게 학교를 설립하였다. 〈청사고 · 선거지일〉을 보면 순치제는 북경에 도읍을 정하자마자 명북감(明北監)을 태학으로 삼도록 하고, 거기에 제주(祭酒), 사업(司業)과 감승(監丞), 박사, 조교, 학정(學正), 학록(學錄), 전적(典籍), 전부(典簿) 등의 학관을 두도록 하였다고 기록하고 있다. 이와 함께 태학 내에 솔성(率性), 수도, 성심, 정의, 숭지(崇志), 광업 등 6당을 설치하도록 하고 이곳을 교육의 장소로 삼았다. 그 이후 계속해서 산학, 팔기관학(八旗官學), 종학, 각라학(覺羅學), 경산관학(景山官學), 함안궁관학, 러시아문관 등이 문을 열었다. 지방의 경우도 명나라의 제도를 답습하여 부, 주, 현학과 위유학(衛儒學)을 설치하도록 하였다. 그리고 부에는 교수 1인, 주에는 학정 1인, 현에는 교유 1인을 두도록 하였다. 이와 함께 각 성에는 교육을 관리하는 행정장관을 두도록 하였는데, 초기에는 이들을 독학도(督學道)라고 칭하였다. 그리고 이들은 각 부랑(部郎) 중에서 진사출신자로 임명하도록 하였다. 그러나 일부 지역 예를 들면 순천, 강남, 절강 등의 지역에서는 이들을 독학정(督學政)이라고 칭하였으며, 한림관이 이 일을 담당하도록 하였다. 옹정 4년(1726년)에는 일률적으로 학원으로 바꾸었는데, 일부에서는 학정이라고 부르기도 하였다.

이밖에 전국의 성향지구와 소수민족집단취락지역에는 사학(社學), 의학(義學), 정학(井學) 등을 설치하도록 하였다.

이렇게 학교를 설립, 보급하는 것과 동시에 청정부는 명나라 때의 방법을 채용하여 각종 엄격한 학규를 제정하였다. 그리고 이를 통하여 각급 학교에 대한 엄격한 관리와 통제를 강화하였다. 그중 가장 유명하고, 영향력이 컸던 것은 다음의 세 가지이다.

첫째, 순치 9년(1652년)에 공포한 〈와비문(臥碑文)〉이다. 이 〈와비문〉은 8개조로 되어있는데, 그 내용은 학생의 입장에서 본다면 "계율"과 같이 엄격한 것이었다. 또 〈와비문〉에는 지방관학에서의 학습, 교수방법 등에 대한 구체적인 요구가 들어있다. 그러나 더 중요한 것은 그 〈와비문〉이 내용 속에 학생들의 출판, 집회, 결사의 권리를 박탈하고 있다는 점이다. 청정부는 이러한 〈와비문〉을 통해 청나라에 복종하는 충신을 양성하고자 한 것이다.

둘째, 강희 39년(1700년)에 공포한 〈성유16조(聖諭十六條)〉이다. 이것은 봉건의 정치, 윤리, 도덕을 표준으로 삼아 학생들의 사상, 행위, 학습, 생활 등의 각 방면에 대한 청정부의 요구를 구체적으로 내어놓은 것이다. 이 성유16조는 전국의 학교에서 학생들을 교육시키는 원칙이 되었다.

셋째, 옹정 2년(1724년)에 공포한 "직성학궁(直省學宮)"의 〈성유광훈(聖諭廣訓)〉이다. 이 〈성유관훈〉의 내용과 〈성유16조〉의 내용은 대동소이하다. 다만 〈성유관훈〉에서는 〈성유16조〉에 대해서 좀 더 발전된 해석을 제시하고 있다는 점을 그 차이점으로 들 수 있다.

3) 강경과 온건이 결합된 조치와 통제의 강화

청대의 통치자들이 "교육을 흥하게 하고, 경술을 숭상하는" 근본목적은 당연히 청왕조의 국가체제를 공고하게 하는 데 있었다. 그들은 강경과 온건의 두 가지 조치를 수단으로 해서 당시의 한족 지식인들에 대한 통제를 강화하였다. 이와 함께 각종 방법을 사용하여 사인(士人)들을 얽어매었다. 당시 청나라의 통치자들이 취한 방법은 크게 보면 세 가지가 있다.

첫째, 명나라와 마찬가지로 과거제를 도입하였다. 청나라는 천총 3년(1629년)부터 과거를 통해서 관리를 뽑는 제도를 시행하였다. 북경에 도읍을 정한 후에는 과거로 인재를 뽑는 원칙을 더욱 확고히 하였다. 이때의 과거는 명나라 때의 과거제도를 답습한 것으로서, 청의 과거제도는 결국 명나라의 제도를 토대로 하여 만들어진 것이라고 할 수 있다. 이런 과거제도는 당시 사인(士人)들이 정치에 참여하는 중요한 방법이 되었다.

둘째, 제과(制科)를 설치하여, 추천을 통하여 관직을 주었다. 제과(制科)란 천자, 즉 왕이 직접 우수한 인재를 뽑는 제도로서 박학홍사과(博學鴻詞科), 경제특과(經濟特科), 효경방정과(孝廉方正科) 등이 있었는데, 그중 박학홍사과(博學鴻詞科)의 영향이 가장 컸다. 강희 18년(1679년)에는 한번 제과를 실시해서 50명을 선발하였다. 그리고는 그들에게 한림관이라는 벼슬을 내렸는데, 그중 5명은 평민이었다. 이런 방법은 당시의 사인들에게 커다란 영향을 끼쳤다. 추천제, 즉 지방관에게 명을 내려 중앙정부에 숨어있는 우수한 인재를 추천하도록 한 이 제도는 청조에 적지 않은 유용한 인재를 발굴해 주었다.

셋째, 서적을 편찬하였다. 강희와 건륭연간에 청정부는 학자들로 하여금 대형서적을 편찬하도록 하였다. 강희시절에 편찬된 〈명사〉, 〈강희자전〉, 〈고문도서집성〉 등과 건륭시절에 편찬된 〈속통지(續通志)〉, 〈속통전(續通典)〉, 〈속문헌통고(續文獻通考)〉, 〈청조통지〉, 〈청조통전〉, 〈청조문헌통고〉, 〈대청회전〉, 〈사고전서(四庫全書)〉 등이 그것이다. 그중 〈고문도서집성〉은 10,000권으로서 내용은 천문, 땅, 명론, 박물, 이학, 경제 등의 6편으로 나뉘어져 있는데, 중국 내에 현존하는 가장 규모가 큰 서적으로 알려져 있다.

청정부가 학자를 모아서 책을 편찬한 목적은 그 밑바탕을 보면 물론 사인들을 이용해 그들의 문치성세(文治盛世)를 세상에 알리려는 의도가 숨어 있었다. 그러나 당시 고대문헌의 대한 정리와 보존은 후대를 위해 커다란 의미가 있다. 과거의 학술적 성과와 사회발전상들이 자세히 기록됨으로서 후대가 당시 역사를 심층적으로 이해할 수 있는 기회를 제공하였다.

이상의 내용들은 사인들을 자신의 통치권 안으로 끌어들이려는 온건한 방법이었다고 볼 수 있다. 그러나 이와는 상반되게 청정부는 강압적인 방법으로 사인(士人)들이 다른 생각을 갖지 못하도록 통제하기도 하였다.

첫째, 동맹과 결사의 자유를 억압하였다. 전국의 지방관학에 내린 〈와비문

(臥碑文)〉을 보면 동맹을 맺고, 단체를 조직하는 것을 불허한다고 하고 있다.

둘째, 서적을 훼손하였다. 청정부는 학자들로 하여금 책을 편찬하도록 하는 동시에, 한편으로는 통치에 불리한 서적에 대해서는 훼손을 가하였다. 건륭 38년부터 47년 사이에 분서(焚書)가 24차례, 불태워 없앤 서적이 538종 13,862부였다. 그러나 실제로 불태워 없앤 서적은 이것보다 더 많을 것으로 추정되고 있다.

셋째, 커다란 필화사건이 많았다. 강희, 옹정, 건륭의 세 왕조 시기에 사상과 문자 때문에 죄를 지어 필화를 겪는 사례가 많아졌다. 한 통계에 따르면 108차례 이상의 필화사건이 있었던 것으로 전해지고 있다.[3] 청나라 시기의 필화사건은 그 규모가 크고, 필화 당사자에 대한 벌이 대단히 엄중하였다. 예를 들어 옹정 4년(1726년) 예부시랑 사사정(査嗣廷)이 강서 지역의 시험관이 되어서 〈대학〉 중의 "유민소지(維民所止)"라는 네 자를 과거시험의 문제로 내었다가, "유(維)"와 "지(止)" 두 자가 "옹정(雍正)" 두 자 속에 들어있는 것으로 인해서 그 직을 박탈당하고 하옥되었다. 그 후 그가 옥에서 병사하자 그 가족들까지 피해를 입었고 결국은 가족들이 뿔뿔이 흩어지게 되었다. 그뿐만이 아니라, 사사정의 고향인 절강성의 향시와 회시를 6년 동안이나 정지시켰다. 이외에도 커다란 필화사건으로는 강희 2년(1663년) 발생한 "장정롱(庄廷鑨)의 〈명사(明史)〉에 관한 안", 강희 52년에 발생한 "대명세(戴名世)의 〈남산집(南山集)〉에 관한 안", 옹정6년에 발생한 "여유량 문선안(呂留良文選案)" 등이 있다.

2. 청나라 시기의 관학제도

청대의 관학제도는 기본적으로 명대의 제도와 비슷하다. 다만 만주족이 세

---

3) 孫培靑, 前揭書, 448쪽

운 국가이니만큼 만주족을 우대하는 정책이 관학제도에도 반영되어 있었다. 청대의 관학은 크게 중앙과 지방의 두 부류로 나뉘어져 있다.

중앙에는 국자감과 종학, 각라학(覺羅學), 팔기관학(八旗官學), 경산관학(景山官學), 함안궁관학(咸安宮官學), 산학(算學), 러시아문관 등이 설치되어 있었다. 지방에는 부학(附學), 주학(州學), 위학(衛學) 등이 있었는데 이들을 통칭하여 유학이라고 불렀다. 이밖에 또 사학(社學), 의학(義學), 정학(井學) 등이 있었다.

1) 중앙관학

(1) 국자감

국자감은 국학과 태학으로 불리기도 하는데, 처음 시작된 것은 순치원년(1644년)이었다. 〈청조문헌통고 · 학교고 3〉을 보면 "순치원년에 국자감관을 설치한다"고 규정하고 있다.

국자감에는 제주(祭酒)와 사업(司業)으로 만주족과 한족 각 1인을 두어 국자감 전체를 총괄하도록 하였다. 감승(監丞)으로 만주족과 한족 각 1인을 두었으며, 이들로 하여금 승건청(繩愆廳)을 책임지도록 하였다. 조교는 만주족 16인, 몽고족 8인, 한족 6인 등 총 30인, 학정(學正)은 한족 4인, 학록(學錄)은 한족 2인으로 보하여 교수활동을 담당하도록 하였다. 또 전적(典籍)으로 한족 1인을 두어 도서업무를 전담하도록 하였다. 전부(典簿)는 만주족과 한족 각1인을 두었는데, 이들은 행정업무를 담당하였다.[4] 이러한 국자감 내의 업무조직과 내용을 보면 명나라 시기의 국자감과 비슷하다는 것을 알 수 있다.

국자감의 학생은 통칭해서 "감생(監生)"이라고 불렀다. 그러나 그 자격에 따라서 감생(監生)과 공생(貢生)으로 나뉘어졌다.

"감생"은 일반적으로 국자감에 직접 등록한 학생을 칭한다. 이 감생에는 우

4) 〈皇朝文獻通考 · 學校考〉

감(優監), 음감(蔭監), 예감(例監)이 있었다. "공생"은 세공(歲貢), 은공(恩貢), 발공(拔貢), 부공(副貢), 우공(優貢), 공공(功貢)이 "6공"이 있었다. "세공"은 6공 중에서 정규생을 말한다. 그 "세공" 속에는 정공(正貢), 배공(陪貢), 2배공(二陪貢)이 있었다. "세공"은 학생 수가 정해져 있었는데, 순치 2년에 정한 규정을 보면, 부학은 매년 공 1명, 주학은 3년마다 공 2명, 현학은 2년마다 공 1명을 배출할 수 있었다. "은공(恩貢)"은 국가가 좋은 일이나 경축하는 일이 있을 때, 특별히 지시를 내려 각 성에서 선발해서 보내온 향공(鄕貢)을 말한다. "발공"은 각 지방학교에서 선발해서 보내온 학생인데 12년마다 한 차례의 선발이 있었다.[5] "우공"은 "발공"과 비슷하며 자주 뽑지 않았다. "부공"은 향시에 합격하였으나 거인(擧人)의 인원수에 제한이 있어 거인의 자격을 받지 못한 사람 중에서 국자감에 입학하는 사람을 말한다. "공공"은 군대에 2등 공로가 있는 름생(廩生)[6]이 국자감의 학생으로 입학한 것을 말한다. 그러나 이 "공공"은 오래 지나지 않아 폐지되었다.

국자감의 학생들은 몇 개의 당(堂)으로 편성되어 운영되었다. 그 당은 솔성(率性), 수도, 성심, 정의, 숭지(崇志), 광업의 6당이었다. 학생은 가장 많을 때가 300명이었다.

국자감의 교육내용은 〈오경〉, 〈사서〉, 〈통감〉 등의 서적이 중심이 되었으며, 이 밖에도 〈13경〉, 〈21사〉 등을 함께 학습하도록 하였다. 이와 함께 청조와 유관한 조(詔)[7], 고(誥)[8], 표(表)[9] 책론, 성리(性理), 습자(習字) 등의 과목이 있었다. 건륭시에는 제주 조국린(趙國麟)의 건의를 받아 〈흠정사서문〉을 6당에 공포하여, 모든 학생들이 사용하도록 하였다. 이 책은 명청 시기의 우수한 문장을 편집한 것이다.

---

5) 후에 6년마다 1번으로 바꾸었다가, 다시 원래대로 12년마다 1번으로 변경하였다.

6) 관청에서 돈과 양식 등을 지급한 생원(生員)

7) 천자의 명령이나 조서

8) 왕의 명령 또는 포고문

9) 임금에게 올리는 서장(書狀), 즉 상주서(上奏書)

(2) 종학(宗學)과 각라학(覺羅學)

종학은 청왕실의 자제를 전문적으로 교육시키기 위해 설립한 학교이다. 순치10년(1653년) 여덟 개의 기(旗) 지역에 각각 종학을 설치하였다. 아직 벼슬을 받지 못한 왕실자제로서 연령이 만10세 이상이면 모두 학교에 입학해서 공부하도록 하였다.

각라학은 청나라의 각라(覺羅)씨 자제가 설립한 학교이다. 이 학교가 시작된 것은 옹정7년(1729년)때 부터이다. 당시 팔기아문에 만학(滿學)과 한학(漢學) 각 1개교를 설치할 것을 지시하였다. 그리고는 팔기각라(八旗覺羅) 내의 8세 이상 18세이하의 자제들을 입학시켜 교육시키도록 하였다. 각라학에는 총관(總管) 1인을 두었고, 학교에는 부관(副管) 2인을 두었다. 이밖에 청서(清書) 교습 1인, 기마와 사격 교습 1인을 두었으며, 한서(漢書) 교습은 생도 10인당 1인을 두었다. 학생들은 재학기간에 특별한 대우를 받았다. 그리고 학업이 끝난 후에는 각종시험을 통해 관직에 오를 수 있었다. 각라학은 성격으로 볼 때 종학의 범주에 속한다고 볼 수 있다. 그러나 각라학 재학생의 신분으로 볼 때는 종학보다 그 범위가 좀 더 넓었다.

(3) 팔기관학(八旗官學), 경산관학(景山官學), 함안궁관학(咸安宮官學)

모두 팔기(八旗)[10]의 자제를 위하여 설립한 학교들이다. 다른 점이 있다면 팔기관학(八旗官學)은 국자감에 속해 있었으며, 경산관학(景山官學), 함안궁관학(咸安宮官學)은 내무부 관할로 되어있었다는 점이다.

팔기관학은 순치원년(1644년)에 처음 시작되어 총 네 곳에 설치되었다. 학생들은 10일마다 국자감에 가서 과목에 대한 시험을 한 차례씩 보았으며, 봄과

10) 청대 만주족의 군대조직과 호구편제이다. 총군(總軍)을 각각 기(旗)의 빛에 따라 정황(正黃), 정백(正白), 정홍(正紅), 정람(正藍), 양황(鑲黃), 양백(鑲白), 양홍(鑲紅), 양람(鑲藍)의 팔기로 나누었으며, 후에 또 몽골팔기와 한군(漢軍) 팔기를 추기로 설치하였다.

가을에는 5일에 한 차례씩 사격연습을 하였다. 이 팔기관학은 제도적으로 국자감과 서로 연결되어 있었다. 그러나 이 팔기관학은 가경, 도광이후 쇠퇴하면서, 유명무실해졌다.

경산관학은 강희25년(1686년)에 처음 만들어졌으며, 수도인 북경에 설치되었다. 이 학교에는 만문(滿文)과 한문(漢文)이 각각 세 방씩 설치되었다. 각 방의 교습은 만문 3인, 한문 4인이 담당하였다. 학생은 내부삼기좌령, 관령하의 어린 아동 366명을 입학시켜 만주족문과 한문을 가르쳤으며, 수업연한은 3년이었다.

함안궁관학은 옹정7년(1729년)에 설립되었는데, 함안궁 내에 별도로 독서방 3곳을 설치함으로써 시작되었다. 이 학교는 경산관학의 학생과 좌령, 관령하의 13세에서 23세 사이의 우수한 청소년 90명을 뽑아서 교육을 시켰는데, 각 방의 정원은 30명이었다. 이 학교의 교수는 한림원에서 선발된 한림 9인이 담당했는데, 각 방마다 3인을 배치하였다.

청정부에서 설립한 기학(旗學)에는 앞에 설명한 학교 말고도 여러 가지가 있다. 그중 중요한 것만 들어보면 성경관학(盛京官學), 팔기몽고관학(八旗蒙古官學), 팔기의학(八旗義學), 팔기교장관학(八旗教場官學), 팔기학당 등이 있다.

기인(旗人) 자제에 대한 교육을 중시하고, 기학(旗學)을 보급한 것은 청나라 시기 관학제도의 중요한 특징 중의 하나이다.

(4) 산학

강희 52년(1713년)에 산학관이 처음 설립되었는데, 이때 팔기의 자제들을 입학시켜 산법(算法)을 학습시켰다. 건륭 3년(1738년)에는 흠천감(欽天監) 부근에 산학을 설립하고, 만주족과 한족학생 각 12명, 몽골족과 한족의 군인학생 각 6명을 선발하였다. 건륭 4년(1739년)에 이르러 산학관을 국자감에 예속시키면서 "국자감 산학"이라고 칭하였다.

(5) 러시아학관

러시아학관은 청정부가 러시아어 인재를 양성하기 위해 설립한 학교이다. 건륭22년(1757년)에 처음 세워졌으며, 러시아 문자를 전문 번역할 수 있는 사람을 양성하였다. 처음에는 팔기과학의 학생 24명이 입학하여 수업을 받았다. 그러나 이 학교는 동치원년(1862년)에 폐지되었다.

2) 지방관학

청대의 지방관학은 주로 지방행정구역을 근거로 해서 설립된 부학(府學), 주학(州學), 현학(縣學)과 군대편제에 따라 설립된 위학(衛學) 그리고 향이나 진 지역에 설립된 사학(社學), 고아와 소수민족자제를 위해 설립한 의학(義學), 운남지방에 설립한 정학(井學) 등이 있다.

(1) 부학(府學), 주학(州學), 현학(縣學)

부, 주, 현학은 총칭해서 유학이라고 불린다. 이러한 유학은 정부로부터 교관을 배치 받는데, 부에는 교수, 주에는 학정(學正), 현에는 교유(敎諭) 각 1인을 두도록 하였다. 이와 함께 모두 훈도(訓導)를 두도록 했는데, 인원수의 제한은 두지 않았다. 교관의 직책은 학교의 생도를 훈련시키고, 시험을 출제하는 등 생도를 교육시키는 모든 일을 관장했다. 훈도는 교수, 학정, 교유 등을 도와서 학생을 선도하는 일을 맡았다.

청대 유학의 관리를 위해서 각 성에는 모두 전직학관(專職學官)을 두고 있었는데, 이들은 제학도(提學道), 제학어사(提學御使) 혹은 제학학정(提學學政)으로 불렀다.

유학생원은 세 등급으로 나뉘어져 있었는데 그것은 부학생원(附學生員), 증광생원(增廣生員), 름선생원(廩膳生員)이 그것이다. 처음 입학한 학생은 통칭해서

부학생원이라고 부르는데, 반드시 세시(歲試)[11]와 과시(科試)[12]의 두 가지 시험을 보아서 순위가 높은 자를 차례대로 름선생원과 증광생원으로 삼았다. 부학생원은 정원제한이 없었으나, 름선생원과 증광선원은 정원제한이 있었다.

청대 생원의 관리는 매우 엄격해서 6등급으로 나누어 강등과 진급을 할 수 있도록 하였다. 그 기본특징은 생원의 생활전반에 대한 관찰과 관리를 통해서 결정하였다는 점이다. 따라서 생원의 등급은 고정불변인 것이 아니고, 학업성적에 따라서 오르거나 내리거나 하였다. 이렇게 생원의 등급과 학업성적을 긴밀히 연계시킴으로써 그들의 학습효과를 높이고, 학교교육의 질을 높이는데 기여하였다. 이 방법은 명나라 시기에 사용되어온 방법을 기초로 해서 발전시킨 것이다.

청나라 시기 부, 주, 현학의 교육내용은 순치 6년(1652년)의 규정을 보면 〈사서(四書)〉, 〈오경〉, 〈성리대전〉, 〈시〉, 〈자치통감강목〉, 〈고문사(古文辭)〉, 〈대학연의(大學衍義)〉, 〈역대명신주의(歷代名臣奏議)〉, 〈문장정종(文章正宗)〉 〈13경〉 등의 서적과 〈와비문〉, 〈성유16조〉 등을 읽도록 하였다. 결국 당시의 부, 주, 현학의 교육내용을 검토해 보면 유가경전과 통치자들이 필요로 하는 철학사상인 송명리학 그리고 과거시험에서 요구되는 "시문(詩文)"류 이외에는 다른 류의 서적은 찾아볼 수 없음을 알 수 있다.

(2) 사학(社學), 의학(義學), 정학(井學)

각 성에는 부, 주, 현학이외에도 사학, 의학, 정학 등이 있었다. "사학"은 향과 진 지역의 가장 밑바탕에 있는 지방관학이다. 이 사학은 강희 9년(1670년)에 각 성에 사학을 설치할 것을 지시하면서 시작되었다. 이 사학은 부, 주, 현학과 학제 상에서 상호연계를 맺고 있었다. 사학 재학자가 학업성적이 우수하면 시험

---

11) 청대에 3년마다 있는 향시(鄕試), 회시(會試), 전시(殿試)의 예비시험으로 매년 실시됨.

12) 향시에 응시하려는 자가 받는 예비시험

을 거쳐 부, 주, 현학의 생원이 될 수 있도록 하였다. 그러나 만약 성적이 좋지 못하면 사학으로 되돌아오도록 하였다.

"의학"은 처음에는 변경지역 등에 설치되었다가, 후에는 북경에 설립되었으며, 옹정원년에 이르러 각 성에 보급되었다. 의학의 교육내용은 〈성유강훈(聖諭廣訓)〉을 중심으로 하였으며, 그 내용을 충분히 숙지한 뒤 비로소 시(詩), 서(書) 등을 학습하도록 하였다. 재학기간은 6년이었다. "정학"은 옹정 2년(1724년)에 운남변경 지역에 설치하였던 학교이다.

3. 청나라 시기의 서원

청대 서원의 발달은 크게 두 단계로 나누어 볼 수 있다. 첫 번째 단계는 순치원년(1644년)에서 옹정 10년(1732년)까지로 이 시기는 청대 서원발전의 전기에 해당된다. 두 번째 단계는 옹정 11년(1733년)부터 아편전쟁 이전까지로 청대 서원발전의 후기에 속한다.

청대 서원발전의 전기에 해당하는 순치원년부터 옹정 10년까지는 서원발전이 침체로부터 부흥으로 변화는 시기이다. 우선 순치 시기(1644~1661년)로서 이 때는 침체 시기라고 할 수 있다. 당시 청조는 이미 북경에 도읍을 정했지만 아직 전국을 통일한 상태는 아니었고, 정권도 아직은 안정되어 있지 않았다. 청정부는 서원의 강학(講學)을 이용해서 민족사상을 선전하고, 청조의 통치에 반대하는 것을 방지하기 위하여, 서원의 창설을 엄금하고, 한편으로는 적극적으로 관학을 설치하였다. 청정부가 서원을 창설하는 것을 엄금했음에도 불구하고, 지방의 일부 서원들은 서원을 원상 복구하여 다시 강학(講學)을 시작하였다. 대표적인 서원들로는 백록동서원, 우교서원 등을 들 수 있다. 이에 따라 청정부는 일부 저명한 서원에 대해서는 서원활동을 하는 것을 허락하였다. 그렇지만 전반적으로 이 시기는 정부의 금지로 인해 서원의 발전이 침체상태에 빠진 때라고 할 수 있다.

강희(1662~1722년)에서 옹정 초까지는 서원의 회복단계이다. 그 기간에 비록 삼번(三藩)의 난[13]이 일어났지만, 청정부는 이미 견고한 체제를 구축하고 있었고, 사회도 상대적으로 안정되어 있었으며, 경제도 발전하는 과정에 있었다.

교육면에서 청정부는 전제통치를 실시하는 동시에 적극적으로 회유방법을 사용하여 당시의 지식인들을 관리로 등용하였다. 서원에 대해서도 현판이나 서적을 내리는 방법으로 장려하였다. 이렇게 정부에서 현판이나 서적을 내리는 등 서원에 대해 적극적 태도를 보이자, 사람들은 이를 서원에 대한 "선정(善政)"으로 받아들이게 되었다. 이에 따라 여기저기에 서원을 세우고, 다시 복구하는 움직임이 일어나게 되었다. 그러면서 청대의 서원은 침체로부터 점점 회복의 단계로 들어가게 되었다.

옹정 11년(1733년)부터 아편전쟁 이전까지는 청대 서원발전의 후기에 속한다. 이 시기는 청정부가 서원에 대한 정책을 바꾼 시기였다. 즉 적극적으로 서원을 창립하도록 하고, 서원 설립경비를 지원하기도한 시기였다. 그러나 적극적으로 서원을 지원하는 동시에 한편으로는 통제를 강화하는 정책을 펴나갔다. 물론 이 시기에는 정부의 서원발전정책에 힘입어 서원은 커다란 발전을 이룩하게 된다. 그러나 청정부의 서원에 대한 통제정책은 결국 서원이 심각한 관학화 경향을 보이도록 만들었다. 이것은 바로 청대후기 서원의 발전과정에 나타난 한가지 특징이라고 할 수 있다.

청대 서원의 유형은 그 강학(講學) 내용에 따라 구분해 보면 크게 네 가지로 나눌 수 있다. 첫째는 이학을 강의하는 것을 위주로 하는 서원으로서, 청초의 대유학자 이옹(李顒)이 강학하던 관중서원(關中書院)을 들 수 있다. 둘째는 팔고

13) 삼번이 일으킨 반란. 명나라 항장(降將)으로 청조가 건국될 때 큰 공이 있었던 오삼계(吳三桂), 경정충(耿精忠), 상가희(尙可喜)가 각기 번왕(藩王)에 봉해졌는데 이를 삼번이라고 함.

문을 학습하는 것을 위주로 하는 서원으로서 이런 류의 서원의 주요한 목적은 과거에 응시하는 데 있었다. 셋째는 "경세치용"의 학을 학습하는 것을 위주로 하는 서원으로서 이런 서원은 이학(理學)과 첩괄(帖括)을 학습하는 것을 위주로 하는 서원에 대해서 반대하는 입장에 있었다. 예를 들면 안원(顔元)이 주지하는 장남서원(漳南書院)은 문사(文事), 무비(武備), 경사(經史), 예능(藝能) 등의 4과를 설치하고, 예, 악, 서, 수, 천문, 지리, 병법, 전법, 사격, 역대사, 13경, 시문, 수학(水學), 화학(火學), 공학 등의 내용을 교육시켰다. 넷째는 경사(經史), 사장(詞章) 등을 넓게 공부시키는 서원이다. 이러한 형태의 서원은 청초에 시작되어, 청중엽에 가장 융성하였다.

이상의 네 부류의 서원 중에서 첫 번째와 두 번째 유형은 가장 보편적으로 설치되어 있던 서원의 형태인데 두 번째 유형이 좀 더 많았다고 할 수 있다. 세 번째 유형은 당시 서원 발전의 새로운 추세를 반영한 것이다. 그러나 사회적 영향은 그리 크지 못하였다. 네 번째 유형은 비록 그 숫자는 많지 않았지만 학술방면에서 그 영향이 비교적 컸으며, 청대의 학술발전에 커다란 기여를 하였다.

CHAPTER

11

아편전쟁에서 태평천국시기까지의 교육

1840년 아편전쟁 이후 서방열강은 청 왕조의 굳게 닫힌 대문을 열었다. 그리고 중국은 반봉건, 반식민지국가로 전락되어 갔다. 그러나 한편으로 보면 중국은 이 때부터 근대사의 초기에 들어서게 되었다.

당시 중국은 서방열강에 비해 모든 면에서 낙후되어 있었다. 이때 일부 선진 인사들은 서방을 학습하여 국가가 처한 곤경에서 벗어날 것을 주장하였다. 즉 서방의 장기를 학습하여 서방을 제압하자는 논리를 내놓았다. 이는 당시의 상황으로 보면 매우 일리가 있는 주장이었다. 그러면서 서양의 각종 근대과학기술, 문화, 교육 등이 점점 중국 땅에 전파되기 시작하였다. 이러한 "서학"의 전파는 중국 땅에 여러 논쟁을 불러일으키게 된다. 서양을 학습할 것인가? 만약 서양을 학습한다면 무엇을 배울 것인가? 이런 질문을 우리는 보통 "서학과 중학의 논쟁", "학교와 과거의 논쟁", "신학과 구학의 논쟁"이라고 한다. 근대 중국의 교육은 바로 이러한 신구의 논쟁, 즉 "서학동점"의 과정 중에 발전해 나온 것이다.

1. 청 말 봉건교육의 쇠퇴

아편전쟁 이후 청 왕조는 이미 노쇠한 봉건제국이 되어버렸고, 사방에서 위기상황에 처하게 되었다. 청대 말년의 교육은 바로 이런 국가의 쇠퇴상황과 서방열강의 중국진출로 인한 반봉건, 반식민지 정치경제체제가 그대로 반영되어 있다. 또 당시 발생한 태평천국의 난도 중국의 전통교육에 충격을 가져다주었다. 이런 과정을 거치며 결국 중국의 봉건교육은 해체와 붕괴를 가속화하게 된다.

당시 청 말 봉건교육의 모습을 살펴보면 다음과 같다.

1) 관학의 유명무실화

청 말의 봉건교육제도는 형식상에서 또 제도측면에서 보면 완전하게 구비되어 있었다. 중앙에 국자감이 있었고, 그것은 중앙관학의 최고학부이자 전국 최고의 교육행정기구로 자리 잡고 있었다. 이밖에 전문적으로 황족 자제를 위해 설립한 종학(宗學), 각라학(覺羅學), 팔기관학(八旗官學) 등의 귀족학교가 있었다. 지방에는 부학(府學), 주학(州學), 현학(縣學)과 관에서 운영하는 크고 작은 서원이 있었다.

그러나 그 운영의 실제상황으로 들어가 보면 이런 학교의 학생들은 그 이름만 있을 뿐이고, 유명무실하게 운영되고 있었다. 더욱이 광서(光緖)때에 와서는 학교의 유명무실한 운영이 더욱 가속화되어 학교에는 평일에도 수업하는 사람을 찾아보기가 어려웠다. 청 말의 관학은 과거제도의 부속물이 되어버렸고, 생도들이 돈과 양식을 받는 장소로 변해버렸다. 전국의 최고학부인 국자감은 학교에서 숙식을 하는 제도를 폐지하여, 학생들이 자기 집에서 공부하도록 하였다. 단지 매달 1일과 15일 두 차례 국자감에 와서 〈사서〉, 〈오경〉 강의를 들으면 되었다. 지방관학도 유명무실하게 운영되기는 마찬가지여서 월례수업이 점점 폐지되었다. 이와 함께 교사들의 다수도 그 직을 수행할 능력이 떨어지는 나이가 많거나, 소인배들로 채워져 있었다. 학교시험도 학생의 이름만 있을 뿐, 교사들에게 예물을 주면 시험을 보지 않아도 본 것으로 처리되었다.

2) 학교의 과거시험 부속물화

청대 이전부터도 과거시험제도가 도입된 이후 관학은 과거의 부속이 되는 경향이 있었다. 그런 관학이 청대에 이르러서는 완전히 과거시험의 부속품이 되었다. 관학교육의 목적, 교육내용과 방법, 시험의 방법 등은 모두 과거시험을 기준으로 삼았다. 과거에서 무엇을 시험 보는가에 따라 학교는 무엇을 학습할 것인가가 결정되었다. 또 과거에서 어떻게 시험 보는가에 따라 학교에서의 시험방법이 바뀌었다. 명나라 시기에 출현한 팔고시험은 청대에 이르러 판에 박은 듯 변화가 없고, 기계적인 암기위주의 시험으로 전락하였다. 당연히 청 말의 학교 또한 팔고문을 전문적으로 가르쳐 과거시험에 응시하게 하는 도구가 되었다. 물론 팔고문인이나 과거출신의 관리가 모두 학문이 없는 사람들은 아니다. 그러나 이러한 팔고를 통한 인재선발은 결국은 학교교육의 질과 학교교육을 통해서 길러내는 인재들의 수준을 저하시켰다.

3) 청 말 학풍의 퇴락

학풍의 퇴락은 청 말 교육의 쇠퇴에 대한 한 표현이라고 할 수 있다. 청 말의 과거시험과 학교는 그 분위기가 매우 좋지 않았다. 한마디로 난장판 같은 분위기였다고 표현해도 무리가 없다. 부정행위가 만연하고, 거짓말과 사례를 받는 행위들이 만연하였다. 부정행위의 수단도 다양하였다. 예를 들면 시험관을 매수하는 경우도 있었고, 남의 이름을 도용하는 경우도 있었다. 또 같은 수험생으로 하여금 대신 시험을 보도록 하는 경우와 시험장에서 수험생과 도움을 줄 사람을 연달아서 편성하도록 하는 경우도 있었다. 이밖에 컨닝페이퍼를 만들어 사용한다던가, 시험지를 바꾸는 방법도 동원되었다. 이와 관련하여 손중산(孫中山)은 1897년에 "중국의 현재와 미래"라는 글에서 교사들이 가짜 학생이 되어 시험장에 들어가는 것이 보편적인 일이 되어버렸다고 한탄하였다. 그러면서 이런 교사들은 이런 시험을 통해 돈을 벌고 있다고 하였다. 그는 또 시험관들도 돈을 받는 적이 적지 않다고 하고, 심지어는 생원 중에는 아편이나 도박 그리고 매음을 하는 자도 있다고 하였다.[1]

---

1) 〈魯迅全集〉 第五卷, 人民文學出版社, 1981, 103쪽

이상에서 보는바와 같이 청 말 학풍의 퇴락은 이미 눈뜨고는 볼 수 없는 지경에 도달해 있었다. 또 청 말이 봉건교육도 이미 해체와 붕괴의 위험에 직면해 있었다. 이것은 이미 구 전통교육이 당시의 중국사회에 적응하지 못한다는 것을 설명해 주고 있는 것이며, 봉건전통교육을 개혁해야만 하는 때가 도달했음을 말해주는 것이었다.

2. 태평천국의 난

태평천국의 난은 1850년대에 일어난 청왕조와 외국의 침략세력에 반대해서 일어난 농민의 난이다. 이 난은 중국 역사상 보기 힘들 정도로 규모가 크고, 전국적인 조직을 가지고 일으킨 농민의 난으로서 전국 18개 성에 걸쳐서 15년간 계속되었다.[2] 태평천국의 난은 커다란 특색을 가지고 있는데, 그것은 종교의 옷을 입고, 농민들이 정부의 정책 등에 대해 저항했다는 점이다. 이러한 태평천국의 난은 당시 중국 봉건사회에 대해 커다란 충격을 가했다. 뿐만이 아니라, 사상이나 교육영역에서도 봉건통치제도에 대한 치열한 투쟁을 일으키도록 하였다.

한편 이들은 직접 봉건제도의 정신적 지주인 공맹철학과 구교육에 대해서 개혁을 추진하기도 하였다. 이들이 추진한 교육개혁의 내용을 간략히 살펴보기로 하자.

2) 태평천국의 난은 1850년부터 1864년까지 중국대륙에서 일어난 대규모 내전

1) 평등교육 실시 제창

태평군의 영수들은 교육을 매우 중시하면서 중요한 교육정책들을 내놓았다. 1853년 태평군이 남경에 도읍을 정한 뒤 태평천국의 정강인 "천조전무제도(天朝田畝制度)"를 반포하였다. 이 속에는 25집마다 예배당을 세우고, 2명의 사마(司馬)가 있도록 한다는 내용이 들어 있다. 그런데 바로 이 예배당이 학교의 구실을 하고, 사마는 교사의 구실을 하였다. 어찌보면 종교와 교육의 일치를 시도했던 것으로 보인다.

한편 태평천국에서는 아동, 부녀, 사병과 일반군중에 대한 교육을 중시하였다. 아동은 매일 학교에 다니도록 하고, 일반 어른은 일요일에 학습하도록 하였다.

태평천국은 특히 어린이들의 교육을 중시하였다. 따라서 어린이들을 위해서 매일 예배당에 나가 수업하는 형식 외에 여러 가지 임시적인 기구들을 설립하여 교육을 실시하도록 하였다. 의학(義學), 육재관(育才館), 육재학원(育才學院) 등이 그것이다. 이밖에 도제식도 있었는데 예를 들면 태평천국의 관원이 몇 명의 아동을 데리고 다니면서 실제의 업무를 하는 과정에서 아동들이 배우도록 하는 방법도 있었다. 이러한 태평천국 아동교육의 목적은 아동들에게 태평천국의 신앙을 높이고, 청조에 반대하는 정신을 길러줌과 동시에 아동들이 태평천국의 각종 제도와 도덕규범을 준수하도록 함으로써 태평천국을 지키도록 하기 위함이었다.

부녀와 사병 그리고 농민에 대해서도 모두 광범위한 교육을 실시하였다. 사병교육으로는 정치교육과 종교교육 외에 군사교육을 실시하였다.

2) 교육내용의 개혁과 신 교재의 편집

태평천국에서의 교육은 기본적으로 과거의 공맹을 중심으로 하는 유학교육 내용을 폐지하는 데서부터 출발하고 있다. 태평천국은 그들이 직접 편찬한 〈심관천조(十款天條)〉, 〈원도성세훈(原道醒世訓)〉, 〈원도각세훈(原道覺世訓)〉, 〈삼자경(三字經)〉 등의 서적은 교육내용으로 삼았는데, 정치교육, 군사교육, 도덕교육, 문화교육, 식자교육과 같은 것이 모두 종교교육의 테두리 속에서 이루어지도록 하였다.

태평천국이 남경으로 도읍을 정한 후 공맹과 관련한 서적을 모두 폐할 필요가 없다고 여긴 태평천국의 통치자들은 분서(焚書)정책을 삭제정책으로 전환하였다.

태평천국은 전통의 교육내용을 삭제하는 외에 새로운 교육내용을 포함시키기도 하였다. 그것은 화차, 화선, 시계, 지구 등 주로 과학기술에 관련한 것이었다. 그리고 이러한 교육내용들은 아동의 교재 속으로 편입되었다.

3) 문자개혁

보편적인 평등교육을 실행하기 위해 태평천국은 문자개혁을 실시하였다. 간단명료한 간체자를 만들어 보급하는 등 일반인들이 문자를 쉽게 배울 수 있도록 했다.

3. 서방열강의 교육영역의 침투 시작

외국인이 중국에 서양문화를 수입하기 시작한 것은 아편전쟁 이후 시작된 것은 아니다. 그 훨씬 이전인 명조 만력 시기에 서양의 과학문화가 선교사를 통해서 중국대륙에 들어왔다. 당시 이탈리아 예수회 소속 선교사들은 조정의 허락을 얻어 수학, 천문학, 의학, 지리학 등 서방과학을 중국에 소개하였다. 이런 서양문화의 중국침투는 당연히 침략을 위한 것이 아니었다. 또 전통의 중국

문화를 대신할만한 위험도 없었다. 따라서 황제로부터 일반 사대부에 이르기까지 모두 서양의 과학문화를 접수하는 데 이론이 없었다. 그러다가 아편전쟁에서 중국이 패배하게 되고 결국은 서양열강에 강제로 문호를 개방하게 된다. 그리고 그 과정에서 서양의 문화가 서서히 침투되기 시작한 것이다. 당연히 이 시기의 문화수입은 중국이 원했다기보다는 서방열강의 강요에 의해서 받아들여진 면이 강하다.

1840년 영국과 중국의 아편전쟁 이후 서방열강들은 중국에 대해서 군사, 정치, 경제면에서 특권을 쟁취하는 동시에 중국 내의 교육특권도 쟁취하고자 하였다. 이들이 쟁취하고자 했던 교육특권의 내용은 다음과 같다.

1) 불평등조약과 교육특권의 쟁취

아편전쟁이 종료된 후인 1842년 체결된 남경조약은 비록 교육에 대한 내용을 직접 규정한 조문은 없었다. 하지만 영국이 오구통상(五口通商), 홍콩할양, 협정관세, 영사재판권과 최혜국 대우 등을 받게 되면서 중국의 주권이 박탈되기 시작하였다.[3] 그리고 이는 교육특권 쟁취의 하나의 계기가 되었다.

1844년 미국의 쿠싱(1800~1879)이 군함을 이끌고 중국에 와서 청조와 "망하조약(望廈條約)"을 체결하였다. 이 조약은 모두 34개 항으로 되어 있으며, 남경조약 및 그 부가 조약이 규정한 모든 특권을 향유한다고 규정하고 있다. 그 외에 협정관세권의 강화, 영사재판권의 확대, 미국상선과 병선의 중국 영해에서의 자유로운 출입, 병원설립, 교회설립과 관련한 문제 등을 포함하고 있었다.[4] 같은 해 8월 프랑스정부가 파견한 특명전권대사 라그렌느가 8척의 군함을 거느리고 와 청조와 "황포조약(黃埔條約)"을 체결하였다.[5] 이 조약을 통해 프랑스는 교회당

---

3) 趙矢元, 馮興盛 主編 중국사연구회 옮김, 중국근대사, 청년사, 1990, 28-30쪽

4) 趙矢元, 馮興盛 主編 전게서, 30쪽

건립, 선교활동, 병원설립, 학교운영 등을 할 수 있는 권한을 획득하였다.

1846년 2월 도광황제는 칙서를 내려 100여 년간의 교회 금지조치를 해제하였다. 그리고 각 지방관리가 다시 천주교를 금지시키는 것을 불허하였다. 이에 따라 서방 각국의 선교사들은 분분히 중국에 들어오게 되었고, 이 와중에 아편과 상품도 함께 딸려 들어오게 되었다.

한편 1858년에 중국과 러시아는 아이훈조약을 체결하여 중국 동남연해 및 양자강 항구의 통상권을 얻었다. 1860년에는 영국, 러시아, 미국, 프랑스와 천진조약을 체결하였고, 같은 해 영국 및 프랑스와 북경조약을 체결하였다. 이러한 불평등조약은 열강이 중국내에서 교육활동을 할 때 법률적 보증이 되어 주었다.

2) 선교학교의 설립

아편전쟁 이후 서방열강은 중국과 맺은 조약에 근거하여 여기저기 선교학교를 세우기 시작하였다. 물론 아편전쟁 이전에도 몇 개의 선교학교가 있기는 하였지만 그렇게 눈에 띠지는 않았었다. 그러다가 아편전쟁이 끝난 후 많은 선교사들이 중국에 들어오게 되었고, 이에 따라 선교학교가 급속도로 늘어나게 되었다.

서방의 선교사들은 먼저 개방된 다섯 개 항구에 집중하여 선교학교를 개설하였다. 1844년 영국의 한 선교사가 영파(寧波)에 여학교를 개설하였는데, 교육내용은 성경, 국문, 산술 등과 재봉, 자수 등을 가르쳤다. 이 학교는 외국인이 중국에 와서 설립한 최초의 선교여학교였다.

1845년 미국장로회가 영파(寧波)에 숭신의숙(崇信義塾)을 설립하였다. 이 학교에서는 30명의 학생을 모집하였는데, 후에 지강대학(之江大學)의 전신이 되었다. 1849년에는 독일의 천주교예수회, 1850년과 1851년에는 미국성공회 선교사

5) 趙矢元, 馮興盛 主編, 전게서, 31쪽

들이 학교를 설립하였다. 그 외에도 여러 선교사들이 학교를 세워 한편으로는 선교활동을 전개하고, 한편으로는 교육활동을 실시하면서 활동의 폭을 넓혀 나갔다.

1877년 재화기독교선교사협회의 보고에 따르면 1842년부터 1877년까지 기독교가 중국에 설립한 학교는 350개소, 학생수는 5975명에 이르는 것으로 나타나고 있다.[6] 그러나 천주교가 중국에서 연 학교수는 이보다도 더 많은 것으로 알려지고 있다.

이러한 선교학교들은 초창기에는 학생들이 지원하지 않고, 또 학교의 규모도 비교적 작아서, 어떤 학교의 경우는 학생이 단지 2~3명에 불과한 경우도 있었다. 그리고 학교의 교육단계도 비교적 낮아서 대부분 중등이하의 수준에 몰려있었다. 또 여자교육을 대단히 중시하여, 선교학교를 열었다하면 우선 여학교부터 열었다. 교육내용면에서는 성경을 공부하는 한편 유가사상의 〈사서〉, 〈여아경〉 등도 함께 배우도록 하였다. 이밖에 자연과학의 전수도 중시하였다.

이러한 선교학교는 설립될 당시 그 목적이 어디 있었던 간에 학교운영방식, 교육내용, 교수방법, 교원 등 여러 면에서 중국 땅에 새로운 교육형태로 등장하였다. 그리고 원래의 전통교육의 형식을 벗어난 개혁적 이상을 가진 새로운 인재들을 배양해 내었다. 비록 이런 선교학교는 처음 출발할 당시 서방열강의 선교 내지는 침략적 의도가 숨어있었다고 할지라도 중국교육에 새로운 기운을 불어넣는 역할을 한 것만은 분명하다고 하겠다.

---

6) 王炳照 外, 前揭書, 233쪽

CHAPTER

12

양무운동 시기의 교육

양무운동은 19세기 중후반 중국 청나라에서 일어난 자강운동으로 제2차 아편전쟁에서부터 중일전쟁까지의 35년간을 중국근대사에서는 양무운동 시기라고 부른다. 양무운동 시기는 동아시아 최대강대국이었던 중국 청나라가 아편전쟁에서 영국에 지고, 태평천국의 난으로 나라가 어지러운 시기였다. 또 이 시기는 중국에 근대학교가 도입되어 발전되던 시기이기도 하다.

1860년대 청정부는 두 차례의 아편전쟁의 실패를 경험하게 된다. 이런 실패의 과정에서 국가의 대문을 굳게 닫아걸던 쇄국정책에서 외국에 문호를 개방하는 쪽으로 정책을 변화시키게 된다. 물론 이러한 정책의 변화는 당시의 청나라가 자의적으로 선택한 것이 아니라, 열강의 압력에 의한 것이었음은 물론이다. 이 당시에는 또 청정부가 열강과 일정한 연대를 형성하여 태평천국의 난을 진압한 시기이기도 하다.

이런 상황하에서 청왕조의 통치집단 내부에서는 두 가지 유형의 정치파벌이 생겨나게 된다. 그것은 보수파와 양무파이다. 양무파는 외국세력에 의지해 태평천국의 난을 진압했던 관료와 일부 지주, 군벌이 중심이 된 그룹이다. 조정에서는 혁흔(奕訢), 문상(文祥) 등이 이에 속한다. 지방에서는 증국번(曾國藩), 좌종당(左宗棠), 이홍장(李鴻章)과 이들보다 뒤에 나온 장지동(張之洞) 등이 있다. 그들은 내외적으로 어려운 상황에 처한 국가를 구한다는 이름하에 "자구(自救)"를 목표로 내걸고 양무운동을 발기하였다. 당시 양무파의 대표인 공친왕 혁흔은 "치국의 도는 자강에 있고, 자강은 병사의 훈련으로 가능하며, 병사의 훈련은 제기(制器)로서 우선해야 한다."[1]고 주장하였다. 양무파 관료는 "자강신정"의 구호 아래 양무사업을 일으켰는데, 예를 들면 총리각국사무아문의 건립, 근대적인 공장의 설립과 총포 제작, 군함건조, 철로부설, 우편전화설치, 서양식 훈련법 채용, 양무학당 설립, 유학생파견, 서학서적 번역출판 등이 그것이다.

양무교육은 양무운동 중에 일어난 서양의 서학(西學), 서예(西藝)를 학습하자

1) 〈籌辦夷務始末〉 同治朝卷25

는 교육사상으로서 이것이 점점 발전하여 양무교육운동이 되었다. 이런 교육사조의 흐름 하에서 중국은 처음으로 신식학당을 창설하였고, 유학생을 파견하게 되었다. 또 중국 최초의 신 학제를 건립하게 되었고, 이를 통하여 신교육을 받은 인재를 배출하게 되었다. 그리고 이것은 중국교육이 전통의 유학중심으로부터 근대의 신식교육으로 바뀌는 계기가 되었다.

1. 양무운동과 양무교육이 발생한 배경

1) 양무운동과 양무교육이 일어나게 된 사회 역사적 조건

양무운동과 양무교육은 19세기 중엽인 1860년대부터 1990년대까지 일어났는데, 이런 운동이나 사조가 일어나게 된 것은 우연한 일이 아니었다. 왜냐하면 이 시기는 청나라가 두 번의 아편전쟁의 실패를 경험하였고, 서학의 동점(東漸)이 시작되고 있던 상황이었다. 이러한 사회적 상황은 양무운동과 양무교육의 형성과 발전에 하나의 조건을 마련해 주었다.

19세기말부터 20세기 초까지는 서방열강이 제국주의를 향해가던 시기였다. 그들은 식민지를 찾았고, 더 많은 재부를 얻기 위하여 여러 나라를 침략하였다. 이때 중국은 열강의 침략의 대상이 되었고, 마침내는 굳게 닫혀있던 대문을 열게 되었다. 그런 후에 그들은 중국과 맺은 불평등한 조약을 이용해서 기독교와 서양의 과학기술문명을 중국에 가지고 들어왔다. 서방열강의 중국침입은 중국으로 보면 재난이었지만 또 한편으로 보면 중국에 서학(西學), 서예(西藝) 등이 수반해 전래되도록 함으로써 중국교육의 근대화를 촉진하는 계기가 되기도 하였다. 서학이나 서예는 중국으로 보면 서양의 과학기술문명이었지만 이것이 중국에 들어온 뒤에는 중국전통의 봉건유학문화와 서로 충돌하면서 또 서로 모순을 일으키면서 점점 융합의 길로 나아가게 되었다.

서학동점(西學東漸)은 비록 명말청초에 선교사들에 의해서 시작되었지만, 청조는 스스로를 수호한다는 원칙하에 폐쇄정책을 고수하였다. 따라서 서학이 진정으로 동점(東漸)을 한 시기는 아편전쟁 이후라고 할 수 있다. 결국 서방열강이 중국의 굳게 닫힌 문을 열고, 서예와 서학으로서 동점을 하게 된 것이 양무운동과 양무교육이 일어나게 된 외부적 조건이라고 할 수 있다.

한편 청조내부의 사회역사 조건의 변화와 양무운동의 흥기는 양무교육의 생성에 중요한 역할을 하였다. 서방열강의 침략과 서학동점은 청조의 봉건통치 집단 사이에 분열이 일어나도록 하였다. 이러한 분열의 와중에서 일부 지주, 관료, 군벌 등이 점점 보수파로부터 떨어져 나와 양무파를 형성하게 되었는데, 그 대표적인 인물로는 증국번(曾國藩), 이홍장(李鴻章), 장지동(張之洞) 등이 있다. 이렇게 보수파로부터 양무파가 분리되어 나왔지만 양무파와 보수파는 사실 그 근본적인 사상배경에 있어서는 같다고 볼 수 있다. 다시 말해서 유학을 기본으로 하는 사상적 근원은 두 집단사이에 차이가 없었다. 그러나 어떻게 봉건통치체제를 유지할 것인가와 관련한 방법론에 있어서는 생각을 달리하고 있었다. 보수파는 "입국(立國)의 도(道)는 예의를 숭상하고, 권모(權謀)를 숭상하지 않는다. 근본의 도(圖)는 사람의 마음에 있지 기예에 있지 않다."[2]고 주장하면서 조상의 법은 변할 수 없는 것이라는 것을 견지하였다. 그들은 서학과 서예를 이상하고, 불순한 것으로 보면서 학습하는 것을 거부하였다. 그러나 양무파는 청조가 당면한 현실을 직시하고, 유학의 "도"(道)는 서방의 것보다 우수하나, 선견포리(船堅炮利)의 "기"(器)는 서방보다 못하다고 보고 기(器)는 변하고, 도(道)는 변하지 않는다는 변기사상(變器思想)[3]을 제시하였다. 이와 관련해서는 이홍장(李鴻章)이 말한 것이 대표적이다. 그는 서양의 기예는 좋은 점이 대단히

---

2) 籌辦夷務始末(同治朝), 47卷, 24-25쪽

3) 董宝良, 周洪宇, 中國近現代教育思潮与流派, 人民教育出版社, 1997, 39쪽

많다고 보고, 따라서 서양의 기예를 열심히 학습할 것을 강조하였다.

결국 당시 지식인들의 이러한 경향은 자연히 양무교육이 발생하는 계기가 되었다. 그러면 무엇이 "양무(洋務)"인가? 당시 "양무"란 외사교섭, 조약체결 등은 물론이거니와 유학생 파견, 서양 과학의 학습, 서양총포의 구매, 기기의 사용, 광산경영과 공장설립, 외국군관의 고용, 서양식 군대훈련 등이 모두 포함되는 것으로서 양무의 범주에 속하지 않는 것이 없었다.[4] 그리고 이러한 당시의 "양무"는 바로 양무교육의 내용이 되었다.

한편 이 "양무"란 말은 양무파가 독자적으로 만들어 낸 것은 아니고, "이무"(夷務)라는 단어로부터 그 연원이 있는 것으로 알려지고 있다. 그리고 그 "이무"는 당시 개혁파였던 위원(魏源)이 일찍이 제출했던 "사이장기이제이(師夷長技以制夷)"의 구호로부터 파생되어 나온 것이다. 당시 이 "이무"(夷務)는 후에 와서 "양무"라는 명칭으로 불려졌다.[5] 결국 "이무"와 "양무"는 같은 명칭인 셈이다. 그러나 "이무"와 "양무"사이에는 그 내용상으로 일부 차이가 있다. 즉 "사이장기이제이(師夷長技以制夷)"의 사상에는 서양인과 "제이(制夷)"를 무시하는 내용이 있었다. 그런데 이것을 개칭하여 양무라고 표기하면서부터는 이 말속에 서양을 숭배하고 외이(畏夷)하는 뜻이 담겨져 있게 되었다.

이상에서 볼 수 있는바와 같이 양무교육은 "사이장기이제이(師夷長技以制夷)" 사상의 영향을 받았는데, 이것은 양무교육의 형성과 발전의 사상적 원류라고 말할 수 있다. 그러나 동시에 그것은 성격상에서 "제이(制夷)"로부터 "서양숭배(崇洋)"에 이르기까지 서로 다른 모습을 보여주고 있다.

2) 양무교육 발흥의 사상적 기초

양무파는 청조의 봉건통치제도를 유지시키기 위하여 "자강"과 "구부(求富)"의

4) 胡繩, 從鴉片戰爭到五四運動, 上册, 人民出版社, 1981, 309쪽

5) 董宝良, 周洪宇, 전개서, 39쪽

구호를 내놓았다. 여기서 말하는 "자강"이란 바로 서방열강의 군사훈련과 무기 제조 기술을 모방해서 군사역량을 증강시켜 국내외의 적을 물리치자는 주장을 말하는 것이다. 그러면 어떻게 하면 "자강"에 도달할 수 있을 것인가? 이에 대하여 증국번(曾國藩), 이홍장(李鴻章) 등은 "태서 각국의 서원으로 가서, 군정, 선박행정, 산술, 제조 등의 제 학문을 학습할 것"[6]을 주장하였다. 그리고 이들은 이러한 학습을 통해서 자강에 도달할 수 있다고 생각하였다. 이홍장은 또 "인재를 만들어내는 것이 당면한 급선무"[7]라고 하고, 이들을 통하여 중요한 기술을 습득하여 자강할 수 있다고 보았다.

이상에서 볼 수 있는바와 같이 양무파는 서학의 학습, 양무인재의 양성, 학당의 설립을 자강을 실현하는 가장 근본적인 방법으로 여겼다.

한편 "구부(求富)"는 바로 경제적인 능력을 쌓아서 국력을 강하게 하고, 병사훈련과 무기제조 그리고 학당설립에 필요한 경비를 대기 위하여 국고를 충실히 하는 것을 말하고 있다. 이를 위하여 양무파는 군수공업을 일으키는 동시에 상공업을 일으키고자 하였다. 군수공업과 민간기업을 일으키게 되면 대량의 기업관리인원과 과학기술인원이 필요하게 된다. 당연히 이런 곳에는 전통유학교육만을 받은 자들을 채용할 수는 없는 형편이다. 이에 따라 서양의 학문을 배운 인재가 필요하게 되었고, 이런 인재를 양성해내기 위하여 신식학당을 설립하자고 주장하게 된 것이다.

앞에서 설명한바와 같이 서학과 서예를 학습하고, 신식학당을 설립하며, 양무인재를 양성해 내자고 한 것 등은 모두 양무파가 "자강(自强)"과 "구부(求富)"의 이상을 실현하기 위하여 생각해 낸 것이다. 그리고 이러한 생각이 점점 하나의 체계로 형성되고 발전되어 한 시대의 교육사조가 되었다. 따라서 양무파의 "자강"과 "구부(求富)"사상은 양무교육의 형성과 발전의 사상적 기초가 되었

---

6) 籌辦夷務始末(同治朝), 卷82

7) 江蘇巡撫李鴻章奏, 中國近代學制史料 第1輯上册, 215쪽

다고 할 수 있다.

3) 양무교육이 일어나게 된 내재적인 원동력

양무파는 "자강", "구부(求富)"를 위하여 병사의 훈련과 무기제조를 중시하고, 군수공업과 민간기업을 설립하고자 하였다. 그들이 양무활동을 전개하면서 가장 중시했던 것은 양무인재의 양성이었다. 그들이 보기에 양무인재는 무기를 제조하는 그릇이고, 병사를 훈련하는 지휘자이며, 배를 몰고, 대포를 사용하는 조정자이다. 따라서 양무에 종사하는 이러한 인재가 없다면 "자강"이나 "구부(求富)"를 실현하기가 불가능하다고 보았다. 양무파가 보기에 양무인재를 양성하는 것은 병사훈련이나 무기제조보다 더 중요하다고 보았다. 이홍장은 "중국이 자강하려면 외국의 이기(利器)를 학습해야하고, 외국의 이기(利器)를 학습하려면 무기를 제조하는 그릇이 필요하다."[8]고 보았다. 장지동(張之洞)도 양무인재의 양성이 재물을 구하는 것보다 더 중요하다고 하면서 "중국은 재물이 빈약한 것이 아니고, 인재가 빈약하다."[9]고 하면서 "인재가 많을수록 국세가 성장한다."[10]고 주장하였다. 그는 병사훈련과 무기제조, 양무업무처리를 인재양성과 서로 비교하고는 그들 중에서 인재양성이 더욱 중요하다고 보았다. 그 이유는 선박이나 기계 혹은 대포가 있어도 그것을 사용할 수 있는 인재가 없다면 무용지물이라는 판단 때문이었다.[11]

양무파가 양무인재의 양성을 중시한 결과 그들은 양무교육의 실시, 학당설립, 서원의 개혁, 과거혁신, 서학학습, 유학생파견 등을 매우 중시하였다. 특히 장지동은 육재(育才)와 흥학(興學)의 관계에 대해서 심각하게 인식하고 있었다.

---

8) 籌辦夷務始末(同治朝), 卷24, 23쪽

9) 籌議變通政治人才爲先折, 中國近代敎育史資料 上册, 人民敎育出版社, 1961, 47, 49쪽

10) 籌議變通政治人才爲先折, 상게서, 47, 49쪽

11) 籌議海防要策折, 張文襄公全集, 籌議十一

그래서 그는 “인재를 기르지 않으면 도존(圖存)할 수 없고, 학교를 흥하지 않으면 인재를 기를 수 없다.”[12]고 주장하였다. 이 말은 자강도존하려면 인재를 길러야하고, 인재를 기르려면 반드시 학교를 일으켜야 한다는 것이다.

결국 양무파가 중시한 것은 인재양성과 학교설립이었고, 이것이 양무교육이 발흥하게 된 원동력이었다고 할 수 있다.

2. 양무교육의 발전과 그 주요내용

양무교육은 서학동점(西學東漸)의 초기에 시작되어 서학(西學)과 중학(中學), 신학(新學)과 구학(舊學)의 충돌과 융합의 과정을 거쳤다. 이 과정에서 서학에 대한 이해와 접수가 물질적, 정신적, 제도적인 측면에까지 깊어지게 되었다. 양무교육의 형성과 발전과정을 보면 처음에는 외국어학당을 설립하면서 서문교육사조(西文教育思潮)가 출현하였다. 그러다가 군사기술학당과 공예학당을 세우면서 서예교육사조(西藝教育思潮)가 출현하게 되었고, 미국이나 유럽에 유학생을 파견하면서 유학교육사조가 나타나게 되었다. 이러한 사조들이 양무교육의 형성과 발전과정이라고 할 수 있고, 주요내용이라고 할 수 있다.

1) 서문교육사조와 외국어학당의 건립

중국에서 외국어학습을 중시한 것은 양무파에 의해서 시작된 것은 아니다. 일찍이 1407년 사이관(四夷館)이라는 외국어를 가르치는 학교가 설치되어 있었고, 1757년에는 러시아학관이 설립되어 한족이나 만주족의 귀족자제에게 러시

12) 籌議變通政治人才爲先折 上册, 전게서, 59쪽

아어를 교육시켰다. 그러나 이러한 외국어교육은 간헐적으로 이루어진 것으로서 하나의 사조로까지 이어지지는 못했다. 그러다가 본격적인 서문교육사조는 근대에 들어와 서방열강에 의해 개방의 문을 연 이후 형성되었고, 이의 대표주자는 양무파였다.

양무파의 지도자인 공친왕 혁흔(奕訢)은 1861년 1월 외국과 업무를 처리하기 위하여 총리각국사무아문을 설치하였다. 또 1862년 8월에는 경사동문관(京師同文館)을 설치하였는데 이것은 중국이 처음으로 개설한 신식학당이다. 경사동문관이 창설되었을 당시 중국은 내우외환에 처해있던 시기였다. 안으로는 태평천국의 난이 국내를 어지럽히고 있었고, 밖으로는 영국, 프랑스 등 서방열강의 세력이 그 도를 넘어서는 상황이었다. 이런 내우외환의 상황아래에서 청정부는 국제적 지위가 대단히 떨어져있었고, 이런 국제적 지위의 하락은 외교업무처리에 있어서 여러 가지 곤란을 야기시키고 있었다. 당시 영국과 중국, 프랑스와 중국이 맺은 천진조약(天津條約)에는 영국과 프랑스 두 국가와 분쟁이 있을 때는 영어와 불어를 사용하는 것으로 되어있었다. 이에 따라 중국입장에서는 외국문자를 번역할 수 있는 요원이 급히 필요하게 되었다. 당시 혁흔(奕訢)은 "각국의 정세를 보니 반드시 각국의 언어와 문자를 알아야 기만을 당하지 않는다."[13]고 주장하기도 하였다. 이런 외교상의 문제와 필요는 동문관의 개설을 촉진시켰다. 1862년 8월 먼저 영문관(英文館)이 설립되었고, 1863년에는 불어관과 러시아어관이 개설되었다. 1867년에는 천문산학관(天文算學館), 1872년에는 독일어관이 개설되었다. 이런 것으로 알 수 있듯이 1867년이후 동문관은 이미 단일한 외국어학당에서 종합적인 성격을 갖는 전문학교로 변했다는 것을 알 수 있다.

경사동문관 설립 이후 중국에는 점점 서문교육사조가 형성되기 시작하였다. 이홍장은 1863년 3월 광방언관(廣方言館)을 상해에 설치하였고, 1864년 6월 광주

13) 籌辦夷務始末(同治朝), 卷8, 29-30쪽

동문관이 그리고 1893년 11월에는 장지동이 호북자강학당을 무창(武昌)에 설립하였다. 이렇게 당시에는 외국어학당을 세우는 것이 하나의 유행처럼 되었다. 이러한 과정을 거쳐 서문교육사조는 양무교육의 중요한 내용의 하나이자, 양무교육 초기단계에 유행했던 사조로서 자리 매김을 하게 되었다.

2) 서예교육사조와 군사기술학당의 설립

서문교육사조의 발전이후 양무파는 단지 서양언어를 알아서 번역인재를 양성해내는 것만으로는 부국자강하기가 어렵다는 것을 점차 깨닫게 된다. "자강", "구부"(求富)하기 위해서는 반드시 서방의 선견포리(船堅炮利)의 제조기술을 배워야만 한다는 것을 깨닫게 된 것이다. 즉 서학을 알고 서예(西藝)를 할 수 있는 과학기술인재의 양성이 필요함을 알게 된 것이다. 그리고 이러한 깨달음은 바로 서예교육사조가 일어나는 출발점이 된다.

서예교육사조는 일찍이 서문교육사조 속에서 잉태되어 있었다. 이홍장은 1863년 상해에 광방언관(廣方言館)을 설립할 당시 자강을 하려면 서양의 서학과 무기제조 기술을 배워야 한다는 것을 주장한 적이 있다.[14] 그후 혁흔(奕訢)도 경사동문관에서 단지 외국어만을 가르치는 것은 충분치 않다고 주장하고, 서학과 서예를 학습할 필요가 있다고 주장하였다. 그리고는 1866년 12월 동문관내에 천문산학관(天文算學館)을 설치할 것을 주장하였다. 동문관에 천문산학관을 설치하는 문제는 보수파의 반대에 부딪치게 되었지만 논쟁을 통해서 마침내는 천문산학관을 설치하는 쪽으로 결말을 보게 되었고, 1867년 개관하였다. 이것은 서문교육사조가 출현했을 때 이미 서예교육사조가 동반되었다는 것을 암시하고 있다. 그리고 이러한 경향은 양무교육으로 하여금 외국의 언어 문자를 배우는 것으로부터 서방의 과학기술을 배우는 것을 더욱 중시하는 방향으로 나.

14) 李文忠公全書 奏稿卷三, 11-13쪽

아가도록 하였다.

서예교육사조의 영향 하에서 중국은 최초의 군사기술학당을 창설하였는데, 그중 중요한 것으로는 복건선정학당(福建船政學堂), 광동실학관(廣東實學館), 상해강남제조국 부설 공예학당 등이 있다. 이와 함께 또 전보학당(電報學堂), 광무학당(礦務學堂), 서의학당(西醫學堂) 등도 설립되었다. 중일전쟁 패배 이후 양무교육은 쇠퇴의 길로 접어들었지만 그러나 서예교육사조는 아직 소실되지 않고 그대로 유지되었다. 이런 영향을 받아 공예학당의 수는 갈수록 많아지는 현상을 보이게 되었고, 결국에는 유신교육사조(維新教育思潮)와 융합이 되었다.

3) 유학교육사조와 유학생의 파견

양무파는 군공기술학당(軍工技術學堂)을 여는 동시에 서예교육사조의 발전에 따라서 구미지역에 유학생을 파견하기 시작하였다. 이러한 유학교육사조는 양무교육에 새로운 내용을 첨가하는 계기가 되었다.

(1) 증국번(曾國藩), 이홍장(李鴻章)의 미국유학

1872년부터 청정부는 120명의 아동을 미국에 보내어 공부하도록 하였는데 이것이 중국이 국비유학생을 파견한 시초가 된다. 아편전쟁이전 비록 용굉(容閎) 등이 도미유학을 한 적이 있지만 그것은 모두 자비로 한 것이지 국비로 한 것은 아니었고, 일부는 선교사의 주선에 의해 이루어진 것이었다. 당시 청정부가 아동을 미국에 유학시킨 것은 용굉(容閎)의 건의를 받은 증국번(曾國藩), 이홍장(李鴻章) 등이 양무를 위해서는 서학, 서예, 외국어에 능한 인재가 급히 필요하다고 주장했기 때문이었다. 아동을 미국에 유학시키는 계획은 1872년 여름에 시작되었는데 매번 30명씩 4년간에 걸쳐 총 120명을 유학 보냈다.

(2) 좌종당(左宗棠), 이홍장(李鴻章)과 유럽유학

청조에서 유학생을 유럽에 파견한 것은 복건선정학당(福建船政學堂)에서 시작되었다. 1873년 양무파 좌종당(左宗棠)은 "상총리각국사무아문"이라는 책에서 중국인을 외국에 내보내 공부시킬 것을 강력히 주장하면서, 외국유학을 미국이나 영국, 프랑스에만 한정시키지 말 것을 강조하였다.[15)]

1875년 선정학당(船政學堂)의 프랑스인 감독이 자기 나라로 돌아가게 되었다. 이 때 선정대신(船政大臣) 심보정(沈葆禎)은 동년 4월 프랑스인 감독을 따라 유학생 몇 명을 파견할 것을 정부에 건의하였다. 이에 따라 복건선정학당은 학당의 학생 5인을 선정하여 프랑스인 감독을 따라 프랑스에 유학하도록 하였다. 1876년 4월 이홍장은 7인을 독일 군대의 사령부에 보내서 3년간 병기(兵技), 육군(陸軍) 등을 학습하도록 하였다. 1877년 1월 이홍장은 또 선정학당의 운전교습 등을 받는 학생 30명을 파견하여 교육을 받도록 했는데 학습기한은 3년이었다. 이들은 모두 영국, 프랑스의 두 나라에 가서 공부를 하였다. 그 후 이홍장은 1881년 12월 복건선정학당의 학생 10명을 서유럽에 보내어 학습하도록 하였으며, 1886년에는 북양수사학당(北洋水師學堂) 학생 10명, 복건선정학당 학생의 운전교습생 10명, 제조기술생 10명 등을 영국과 프랑스에 가서 공부하도록 하였다.[16)]

양무파가 개척한 유럽지역 유학은 아동을 파견하던 미국유학과 비교하여 매우 큰 차이가 있었다. 파견한 학생들이 모두 복건선정학당과 북양수사학당의 우수학생이었고, 연령이 비교적 높았다. 또 이들은 일정한 사회경험이 있었고, 나라를 구하겠다는 마음을 모두 절박하게 가지고 있었다. 그러나 전체적으로 그 문화수준이 높은 편은 아니었다.

---

15) 左文襄公全集 書牘卷十三, 40-41쪽

16) 船政奏議彙編 卷32, 4-6쪽

(3) 장지동(張之洞)과 일본유학

양무파 후기의 대표자는 장지동인데, 그는 유학교육에 대해서 독자적인 견해를 가지고 있었다. 그는 증국번, 이홍장이 용굉(容閎)의 건의를 받아들여 어린 아동을 미국에 유학시키는 방법과는 다른 생각을 가지고 있었다. 그는 특히 유학을 가는 대상국가로서 서양은 동양보다 못하다고 보았다. 그는 시찰경험을 가지고 일본유학이 미국이나 유럽유학보다 좋은 점이 많다고 주장하였다. 그 이유로 장지동은 다음과 같은 것을 들었다.

첫째, 길이 가까워서 비용이 절약된다. 따라서 많은 사람을 파견할 수 있다. 둘째, 중국과 가까워 시찰이 쉽다. 셋째, 일본어는 중국어와 가까워 쉽게 통할 수 있다. 넷째, 서양서적은 번잡하나 일본서적은 쉽게 학습할 수 있다.

그러나 장지동이 가장 중요하게 생각한 것은 일본의 유신변법전과 현재 중국의 빈곤하고 약한 모습이 서로 비슷하다는 것이었다. 일본은 서방을 학습한 후 약함이 강함으로 변화되었는데 원래의 군주통치체제는 바꾸지 않은 채, 군주입헌제를 실시하고서도 약함이 강함으로 변했다는 점을 장지동은 중요하게 여겼다. 따라서 학생을 일본에 유학시키면 일본의 그런 효과 있는 방법을 배울 수 있다고 보았다. 따라서 그는 주로 일본 쪽에 유학생을 파견하고자 노력하였다. 당시 광서 32년의 통계를 보면 일본유학생수가 전국에 5,400여 명 정도였다. 그런데 호북지방에서만 1,360명을 파견한 것으로 나타났는데, 이 숫자는 전체의 25%에 달하는 것이었다.[17] 따라서 당시 호북지방은 선진적인 성이라는 호칭을 가지고 있었다.[18]

장지동은 적극적으로 유학을 제창하였는데 그 이유는 양무활동에 종사할 인재가 급히 필요했기 때문이다. 또 국내에 새로 문을 연 신식학당들이 있었지만 그 학당의 시설이나 교수진이 미약해서 외국에 나가서 공부한 것보다 질이 높

---

17) 陳靑之, 中國敎育史, 商務印書館, 1936, 634쪽

18) 陳靑之, 前揭書, 634쪽

지 못하다고 보았기 때문이다. 그는 "외국학당에서의 1년은 중국학당의 3년보다 낫다."[19]는 주장을 펼치기도 하였다. 그의 이런 입장은 맹자의 "학문을 배우려면 도성(都城)에서 학습해야 한다"는 이론을 근거로 한 것이다.[20] 따라서 그는 서학이나 외국 언어를 배울 때는 환경이 우월한 외국에 가서 공부하는 것이 가장 좋은 효과를 낼 수 있다는 입장을 가지고 유학을 장려하였다. 이러한 장지동의 유학이론은 증국번이나 이홍장의 견해와 일치하는 것으로서 유학교육사조의 형성과 발전의 사상근원이 되었다.

앞에서 양무교육의 내용에 대해 살펴보았지만 양무교육의 내용은 그 범위가 매우 넓어 앞에서 언급한 언급한 서문, 서예, 유학의 이 세 가지 교육사조만으로 양무교육의 내용을 한정하기는 불가능하다. 이 세 가지를 언급한 것은 이 세 가지가 그중에서 가장 중요하고, 대표적인 성격을 가지고 있기 때문이다.

3. 양무교육의 핵심사상: 중학위체, 서학위용(中學爲體, 西學爲用)

양무파는 인재양성을 대단히 중요시하였다. 그러나 그들은 양성되어 나온 인재들이 전통적인 봉건통치체제를 무너뜨리는 것을 희망하지는 않았다. 그들이 최고 이상으로 생각하는 교육목표는 유가의 "강상명교(綱常名教)"[21]사상과 품성을 가졌을 뿐만 아니라, 동시에 서양의 과학기술지식을 응용해서 양무업무에 종사할 수 있는 능력을 가진 인재를 길러내는 것이었기 때문이다. 그들의 이런 목표는 그들의 핵심적인 사상체계로부터 나온 것이라고 볼 수 있다. 이와 관련해서 대표적인 견해를 한 가지 살펴보기로 하겠다.

---

19) 張之洞, 勸學編 · 外編游學第二
20) 董寶良, 周洪宇 主編, 전게서, 48쪽
21) 유가가 정한 삼강오륜의 명분과 교훈을 준칙으로 하는 도덕관념

이홍장은 중국 문무제도의 “체(體)”는 가장 좋기 때문에 변경이 불필요하다고 보았다. 그는 단지 선박이나 기계 또는 화기의 “기(器)”방면이 서양보다 못하기 때문에 서양에서는 이런 면만 학습하면 된다고 보았다. 그리고 결국은 그런 것이 자신에게 쓸모가 있는 것으로 여겼다.[22] 여기서 볼 수 있는 바와 같이 양무파 사상체계의 핵심은 중학(中學)으로서 체(體)를 삼고, 서학(西學)으로서 용(用)을 삼는 것이었다. 그러나 이홍장은 그 당시 이런 명확한 용어를 사용하지는 않았다. 양무파의 후기에 이르러 장지동이 쓴 “권학편(勸學編)”에 비로소 “중학위체, 서학위용(中學爲體, 西學爲用)”이라는 사상이 체계화되고 이론화되어 나타났다.

그러나 “중학위체, 서학위용”은 양무파가 가장 먼저 내어놓은 사상은 아니다. 최초로 “중체서용(中體西用)”론을 주장한 사람은 1861년 풍계분(馮桂芬)으로서 그가 쓴 “채서학의(采西學議)”에 나타나 있다. 그 책 속에서 풍계분은 중국의 “강상명교(綱常名敎)”를 원본으로 삼고, 제 국가의 부국의 방법을 보(輔)로 삼아야 한다고 쓰고 있다.[23] 그후 정관응(鄭觀應)은 중체서용의 학설을 더욱 명확히 하여 “중학(中學)은 그 본(本)이요, 서학은 말(末)이다. 주(主)는 중학(中學)이요, 보(輔)는 서학(西學)이라는”[24]주장을 내놓았다. 그러나 공식적으로 “중학위체, 서학위용”이라는 용어를 사용하기 시작한 것은 심수강(沈壽康)이 “만국공보(萬國公報)”에 발표한 광시책(匡時策)이라는 문장에서 부터이다. 그는 그 문장에서 현재 각 성에 서학, 대서원을 설치하고 있는데 그 학교운영방침은 “중학위체, 서학위용”이라고 언급하고 있다.

그러면 양무파가 주장하는 “중학위체, 서학위용”의 근본특징은 무엇인가?

그것은 구학(舊學)을 체(體)로 삼고, 신학(新學)을 용(用)으로 삼는다는 것이

22) 戊戌變法 第1册, 神州國光社, 1953, 26-28쪽 참고

23) 戊戌變法 第1册, 26-28쪽

24) 鄭觀應全集 上册, 上海人民出版社, 1982, 276쪽

다. “자강”과 “구부(求富)”의 양무신정을 위해서는 과거의 중학(中學)을 개선하고, 새로운 서학(西學)을 증가시켜야 한다는 것이다. 장지동은 “권학편(勸學編)”에서 명확하게 이에 대해서 논하고 있다. 그의 견해에 따르면 “중학위체, 서학위용(中學爲體, 西學爲用)”은 바로 “구학위체, 신학위용(舊學爲體, 新學爲用)”으로서 신구겸학을 의미하는 것이다. 그리고 둘 중의 하나에 치우치거나 하면 안되지만 그러나 신학을 증가시켜 구학을 대체할 수는 없다는 것이다. 그러면 무엇이 그가 말하는 신학이고 구학이란 말인가?

장지동은 이에 대해서 분명한 해석을 내려놓고 있는데 그의 견해를 살펴보면 다음과 같다.

구학이란 사서, 오경, 중국사, 정서(政書), 지도 등을 가리키는 것이다. 또 그가 말하는 신학이란 서정(西政), 서예(西藝), 서양사를 가리키는 것이다. 그가 말하는 “구학위체(舊學爲體)”는 바로 사서, 오경 등을 정치사상의 주체로 삼는 것을 말하는 것으로서 “도(道)”라고 칭할 수 있는데 이것은 변할 수 없다는 것이다. “신학위용(新學爲用)”은 바로 서정, 서예, 서양사를 이용해서 양무를 처리하는데 출현하는 새로운 문제를 연구하고 처리하는 것을 말한다. 이것은 “기(器)”라고 칭할 수 있는데 이것은 변할 수 있다는 것이다. 그는 또 서정, 서예에 대해서도 그 자신의 견해를 밝히고 있는데 그의 구체적인 해석을 보면 “학교, 지리, 세금부과, 무기의 준비, 통상 등은 서정에 해당하고, 계산, 광산, 의학, 소리, 광, 화학, 전기 등은 서예에 해당한다”[25]고 보았다.

이상에서 알 수 있는바와 같이 그가 말하는 서정(西政)은 반드시 서양의 정치제도만을 가리키는 것이 아니다. 학교, 지리, 세금 등 교육, 교통, 재정 등 행정조치를 포함하고 있다. 특히 그는 나라를 구하는 계략은 정(政)이 예(藝)보다 더 급하다고 보았는데[26] 이 뜻을 깊이 생각해보면 “자강”, “구부(求富)”하려면 서학을

25) 張之洞, 勸學編 · 設學第三

26) 与(外交報) 主人書, 嚴復集 第3册, 559-560쪽

학습해야하는데 그 때 교육, 교통, 재정 등을 학습하는 것이 과학기술이라고 할 수 있는 계산, 광산, 의학 등의 서예를 학습하는 것보다 급하다고 여긴 것이다.[27)]

양무파의 중체서용 교육사상은 그 방법론의 특징으로 볼 때 중국전통의 체용설(體用說)을 채용한 것이라고 할 수 있다. 중국고대전통철학에서 "체(體)"와 "용(用)"은 한 쌍의 범주에 속한다. 그러나 이 체용(體用)의 범주는 하나의 중요한 원칙이 있는데 그것은 "체용불이(體用不二)"이다. 다시 말해서 반드시 같은 문화 속에서 체용(體用)의 학(學)을 구분해야 한다는 것이다. 그러나 장지동이 운용한 체용 범주는 같은 문화 속에서의 체용(體用)을 말한 것이 아니고, 중학과 서학의 두 가지 문화를 체용의 관계로 본 것이다. 따라서 이러한 체용론은 사실 "체용불이(體用不二)"의 원칙을 위반했다고 볼 수 있다. 더욱이 장지동이 말하는 "중학(中學)"은 사서, 오경의 전통적인 구학(舊學)이었다. 그리고 그가 가리키는 신학이라는 것은 서양의 서정(西政), 서예(西藝), 서사(西史) 등이었다. 이렇게 볼 때 두 가지 서로 다른 사상체계를 가진 문화가 체(體)와 용(用)으로 구성된 것이다. 이런 착오는 그 후대에 나타난 유신파에 속하는 엄복(嚴復) 등도 마찬가지 경우를 보이고 있다. 중학과 서학은 구학과 신학의 두 가지 서로 다른 문화이다. 그러나 중학으로서 주(主)를 삼고, 서학으로서 보(輔)를 삼음으로서 소도 아니고 말도 아닌 "우체마용(牛體馬用)"이란 지적을 받게 되었다.[28) 29)]

그러면 양무파가 왜 "중체서용(中體西用)"을 교육의 핵심사상으로 삼았는가? 이것은 당시 양무파가 처한 어려운 상황과 그들이 중학과 서학을 합쳐서 중간

---

27) 여기서 서양사에 대한 언급은 빠져있는데, 그것은 중국사에 비해서 중요성이 떨어지기 때문에 언급을 하지 않았나 생각된다.

28) 与(外交報) 主人書, 嚴復集 第3册, 559-560쪽

29) 장지동은 봉건적인 성격을 가진 중학을 체제와 사상이 다른 서학과 접목시킴으로서 하나의 체계를 형성하고자 하였다. 그러나 방법론상으로 보면 그것은 잘못된 것이라고 할 수 있고, 또 불가능한 시도였다는 지적을 받았다. 왜냐하면 양무파의 중체서용이 당시 문제점으로 지적되어 왔던 사회체제 즉 봉건체제의 개혁은 그대로 놔두고 서양의 것을 받아들여 사회개혁과 부강을 이루고자 했기 때문이다. 따라서 이러한 방법론은 한계를 가질 수밖에 없고, 결국은 이중적인 사상이라는 지적을 받았다.

자적인 개혁을 시도했기 때문이다. 다시 말해서 당시 양무파는 대부분 봉건통치집단에서 나왔고, 따라서 그들은 자신들의 사상적 바탕인 유가사상은 지키면서 서학을 받아들여 개혁을 하고자 하였던 것이다. 장지동은 특히 "권학편(勸學編)"에서 세계가 엄청나게 변하고 있어서 한치 앞도 내다볼 수 없다고 주장하였는데, 장지동이 이렇게 세상을 바라본 이유는 아마 아편전쟁 이후 서방열강의 중국침입 그리고 태평천국의 난으로 인한 세상의 어지러움 등 중국 내부의 소용돌이 때문이 아니었나 생각된다. 따라서 장지동은 한쪽으로는 보수파의 조종(祖宗)의 법은 변할 수 없다는 주장에 반대하는 한편 유신파의 변법유신에도 반대하였다. 그리고 현재의 난국을 이겨내는 방법으로 신구세력의 절충안을 내어놓았던 것이다. 그리고 교육방면에서 장지동은 중학과 서학, 구학과 신학을 배합하는 논쟁과정에서 "중체서용"의 교육관을 제출하였던 것이다. 그는 사회전체가 "중체서용"의 통일사상을 가지지 않을 경우 매우 혼란스러운 지경에 빠질 것을 염려하였다. 그리고 결국은 큰 화를 자초할 것이라고 주장하였다. 그는 "중국의 화는 바다밖에 있지 않고, 구주(九州)[30]의 안에 있다."[31]고 하였는데, 여기에서 볼 수 있는바와 같이 장지동은 중국 내 혼란의 근원을 서방열강의 침입보다는 국내문제에서 찾고 있음을 알 수 있다.

장지동의 "중학위체, 서학위용(中學爲體, 西學爲用)"을 기본으로 한 교육사상은 청 말의 교육계에 미친 영향이 대단히 크다. 그가 "권학편(勸學編)"에 쓴 "중체서용"은 청황제에 의해 받아들여졌고, 그후 청황제의 지지를 받은 "중체서용"론은 양무교육의 핵심사상이 되었고, 전체 양무교육운동을 이끌어 가는 원칙이 되었다. 경사동문관(京師同文館), 무비학당(武備學堂), 선정학당(船政學堂)과 각급 각류학교 등 만약 그것이 양무교육의 범위에 속하기만 하면 예외 없이 모두 "중체서용"을 받아들여 교육을 실시하였다.

---

30) 옛날 중국 9개 주의 행정구역으로서 중국전체 영토를 지칭하는 말이다.

31) 張之洞, 勸學編 · 序, 兩湖書院刊本, 光緖戊戌三月

4. 양무교육의 평가

양무파가 정치적으로는 외세의 힘을 빌려 태평천국의 난을 진압하고, 중일전쟁에서 패배하는 등 여러 가지 어두운 면이 있다 할지라도, 교육면에서는 신교육을 제창하여 "서학(西學)", "서예(西藝)"를 배우도록 하였다. 또 "중체서용"의 교육사상을 제창하여 전통유학교육의 변화를 촉진하였다. 이렇게 볼 때 양무교육은 중국의 전통교육이 근대교육으로 바뀌어 가는 과정에서 중요한 매개작용을 하였다고 볼 수 있다.

이러한 양무교육의 교육사적인 의의는 대단히 크다.

첫째, "중체서용"의 교육사상을 도입하여 전통교육에 새로운 기운을 불러 일으켰다. "중체서용" 교육사상의 출현은 중국 교육사상의 발전과정에서 볼 때 역사적인 사건이었다고 볼 수 있다. 이 "중체서용" 교육사상의 출현은 2000여년간 지속해 온 "중학(中學)"만을 중시하는 전통유학교육 속에 "서학(西學)", "서예(西藝)"의 교육내용을 들여오도록 하였다. 다시 말해서 이전의 "강상명교" 중심에서 서양의 언어, 과학기술의 서학, 서예를 첨가하였던 것이다. 교육사상의 이런 변화는 중국전통교육이 근대화로 나가도록 하였고, 서방의 선진적인 교육을 받아들이는 계기가 되었다.

둘째, 인재양성의 목표가 봉건사대부를 양성하는 것에서 외국어를 알고, 과학기술을 아는 양무인재를 양성하는 것으로 바뀌었다. 어떤 인간을 양성할 것인가 하는 문제는 교육에서 보면 핵심문제라고 할 수 있다. 이 방면에서 양무교육사상은 전통의 교육 관념을 벗어나 역사적인 새로운 장을 열었다고 볼 수 있다. 중국의 전통적인 봉건사회에서는 교육이란 당연히 사대부나 군자를 양성하는 것이었다. 아편전쟁에서 패배한 이후에도 보수파는 여전히 이러한 봉건사대부나 군자를 양성하는 것을 포기하지 않고 있었다. 그러나 양무파는 서방열강과 연합해서 태평천국난을 진압하는 등 비교적 서방세력에 대해서 긍정적인 태도를 가지고 있었다. 그들은 서방의 "선견포리(船堅炮利)"에 대해 몸으로 체험한 경험이 있었다. 그래서 서방을 학습하고 "서학(西學)"과 "서예(西藝)"로서 양무인재를 양성할 것을 주장하였다. 이와 관련해 증국번(曾國藩)은 자강하려면 서학과 서예를 아는 양무인재를 양성해야 한다고 주장하였고, 이홍장은 서학을 학습하고 유학생을 파견하는 문제에 관심을 가졌다. 그리고 선정학당과 수사학당의 학생들을 유학시켜 선진문물을 배워오도록 하였다. 또 많은 신식학당을 설립하여 양무인재를 양성해 내고자 하였다. 이러한 노력은 단지 사서와 오경 그리고 팔고문(八股文)을 암기하면 되는 전통적인 유학교육목표를 한 단계 뛰어넘어 새로운 단계로 교육발전을 이끌었다고 볼 수 있다.

셋째, "중학(中學)" 중심의 교육내용에 "서학(西學)"내용을 첨가하였다. 전통의 "중학(中學)" 내용에 "서학(西學)"을 첨가한 것은 전통적인 유학중심으로 이뤄지던 교육에 역사적인 변화를 가져온 것이라고 볼 수 있다. 장지동이 개설한 호북자강학당(湖北自强學堂)에서는 영어, 프랑스어, 독일어, 러시아어 등을 개설하였는데, 이 학당에서는 특히 서학이나 서예과정이 중시를 받았다. 이러한 현상은 중국교육이 근대화를 향하도록 하는 데 일조를 하였다.

넷째, 과거제도의 폐지와 신학제의 탄생을 촉진하였다. 양무교육은 서방의 과학기술을 학습하도록 요구했기 때문에, 사서, 오경, 팔고문으로 합격자를 뽑는 과거시험에는 참가할 수가 없고 단지 취업할 수밖에 없었다. 경사동문관(京師同文館)의 장정을 보면 졸업생이 임직하거나, 관직을 받을 때는 직접 이부(吏部)로부터 직책을 받을 수 있도록 규정되어 있었다. 이전의 과거시험에 의해서만 관직을 받던 제한이 풀어진 것이다. 이러한 상황은 결국 교육체제개혁과 과거시험제도의 개혁을 이끄는 계기가 되었다. 그후 과거시험에는 현대과학의 내용이 증가되었는데, 이는 동문관의 영향이었다고 할 수 있다.

당시 미국인 나이트 비거스탭(Knight Biggerstaff)은 "동문관은 1860년에 창립되었는데, 중국교육제도에 현대관념을 침투시킨 선봉대"[32]라고 하였고, 또

"1877년 시험제도의 개혁을 통하여 현대과학이 시험과목의 하나가 되었다. 이러한 것의 반은 동문관의 영향이다."[33]라고 하고 있다.

동문관의 학생은 과거시험을 거치지 않고 졸업 후 7, 8, 9품의 관직에 임할 수 있었고, 이 때문에 많은 동문관 졸업생들이 외교관으로 임직하게 되었다. 또 일부 졸업생들은 내정에 참여하여 전국 각지의 지(地), 현(縣)의 책임자가 되기도 하였다. 또 어떤 졸업생들은 전보국, 제조국, 선정국(船政局), 군사학교에서 일하기도 하였다.

이렇게 동문관 출신자들이 졸업하자마자 곧바로 관직에 들어서는 상황은 전통교육과 팔고취사에 의하여 이루어지는 과거제도에 일대 변혁을 가져오도록 하였다.

양무교육의 광범위한 전파는 다양한 신식학당을 건립하도록 하였고, 서원제도의 개혁을 촉진하였다. 또 새로운 학제의 도입을 가져오도록 하였다. 1902년에서 1903년까지 임인계묘학제(壬寅癸卯學制)가 탄생하였는데 이러한 학제의 등장은 바로 과거제도 폐지의 서막이 되었다. 만약 양무교육이 일어나지 않았다면 신식학당의 건립, 1898년의 서원개혁, 1902~1903년의 신 학제 건립, 1905년 팔고취사과거제도 폐지 등은 아마 이루어지기 어려웠을지도 모른다. 따라서 양무교육은 그 사상의 한계성에도 불구하고 교육체제 전반의 개혁에 결정적인 작용을 했다고 할 수 있다. 결론적으로 양무교육은 교육사상, 교육목표, 교육내용과 체제 등 모든 방면에서 전통적인 유학교육의 틀을 넘어서는 역사적인 돌파구를 열었다고 평가할 수 있다.

32) 辛乃德, 同文館考, 中華敎育界, 第23卷2期, 1935

33) 辛乃德, 同文館考

CHAPTER

13

유신운동 시기의 교육[1)]

근대 시기 중국의 정치적 상황은 열강의 침략과 국내적 위기로 특징 지울 수 있는 그야말로 내우외환의 시대였다. 1839년에 시작된 아편전쟁을 시발로 열강의 중국침략은 끊임없이 지속되었고, 국내적 위기상황은 태평천국의 난(1851~1864)을 기점으로 1912년 중화민국의 탄생에 이르기까지 급격한 정치변동들로 일관되었다.

중국은 1842년 아편전쟁의 결과 영국에게 패배하여 문호를 개방하지 않을 수 없었다. 특히 열강의 침탈이 가속화되어 감에 따라 중국은 대외적으로 정치적, 군사적, 경제적 자주권을 상실케 되었다. 당시 서양인의 위협은 이민족인 청조 지배체제의 모순을 한인(漢人)들에게 새롭게 인식시키는 결과를 초래했다. 그 결과 청조의 전제적 지배체제는 크게 동요되기에 이르렀다. 국내적으로는 태평천국의 난이 일어나 중국대륙을 휩쓸게 되었고, 이는 중국을 더욱 혼란과 무질서에 빠뜨렸다. 이러한 대내외적 위기는 중국인들에게 새로운 사상의 출현을 강요하였고, 마침내 그들은 막연하게나마 서방화, 과학화를 지향함으로써 국가존망의 위급상황에 대처하고자 하였다.[2] 이것이 서양의 군사지식을 습득하고자 한 자강양무운동이다.[3] 그러나 당당한 기세였던 중국이 소국 일본에게 대패함으로써 중국인들은 서양문화의 배울 점이 이런 군대지식에만 있는 것이 아니라, 기타의 장점을 습득해야 한다는 것을 깨닫게 된다. 즉, 단순히 서양의 기예(技藝)를 모방하는 피상적인 개혁의 한계를 극복하고, 변법(變法), 즉 제도의 근본적 개혁을 실시해야만 한다는 목소리가 고조되었다. 바로 유신운동이다.

그리고 강유위, 양계초, 엄복 등은 당시의 이러한 상황의 중심에 서 있던 인

---

1) 이 장은 구자억, 근대중국 유신운동파의 교육적 관심사와 특징분석(한국교육 제25권제1호 1998) 논문을 중심으로 재구조화한 것이다.

2) 전용만, 양계초의 변법론에 대하여, 「동서연구」 6, 서강대 동서연구소, 1985, 205쪽

3) 양무운동은 "中體西用"의 기본입장 아래 무기, 탄약, 선박의 구입 및 제조, 대포의 구축, 해군의 창설, 전선의 가설, 철도의 부설, 招商局, 織布局의 설치, 학교의 설립, 유학생의 파견 등을 실시함으로써 서양문화의 섭취에 노력하였다.

물이었다.

1. 강유위(康有爲)

강유위(1858~1927)는 중국의 저명한 사상가, 교육가이다. 그가 살았던 시대는 내우외환의 시대였다. 내적으로는 사회적 혼란이 지속되는 상황이었고, 외적으로는 열강의 침략에 나라가 흔들리던 상황이었다. 따라서 그의 교육사상은 어떻게 하면 교육이 국가의 위기를 구하고, 국가와 민족이 발전할 수 있을까 하는 교육구국론의 성격을 띠고 있었다.

강유위는 교육을 발전시키는 것이 국가를 발전시키는 근본적인 방법이라고 여겼다. 그는 한 국가의 강약은 교육의 발달여부와 밀접한 관련이 있다고 여기고, 국가가 부강하려면 국민의 지혜, 즉 민지(民智)를 개발해야 한다고 보았다. 그리고 이러한 민지의 개발은 교육을 통해서만 가능하다고 보았다.

그는 〈상청제 제3서(上淸帝第三書)〉에서 재주와 지혜가 있는 백성이 많으면 국가가 강해지고, 그 반대면 국가는 약해진다고 주장하고, 중국이 쇠약한 근본원인을 교육이 발달하지 않은 데 있다고 보았다.[4)]

강유위는 일본의 교육개혁으로 인한 성취를 매우 중시하였다. 그는 일본이 강한 것은 학교가 흥한 것 때문이라고 보았다. 그는 일본은 인재양성을 위해 외국전문가를 초청해서 가르침을 받고, 한편으로는 많은 학생들을 외국으로 유학 보냈다. 강유위는 이런 외국전문가를 청하거나 유학을 보내는 것이 매우 효과가 있다고 보았다. 그래서 중국이 부강하려면 반드시 외국의 교육을 발전시킨 경험과 인재를 배양한 경험을 학습해야 하는데, 그러려면 외국인 교사를 초

4) 戊戌變法(二), 「上淸帝第二書」, 148쪽

빙하거나, 유학을 보내야 하는 것이 꼭 필요하다고 보았다.

한편 강유위는 중국을 부강시켜 나라를 구하려면 경제와 교육을 발전시켜야 하는데 현재와 같은 과거제도로 배출되어 나오는 인재로는 국가의 발전을 이루기 어려운 것으로 보았다. 그는 과거를 통해서 선발되어 나오는 사람은 대부분 지식이 결핍되고, 필요한 지식을 배우고 나오지 않아 쓸모가 없다고 여겼다. 따라서 그는 팔고취사제도(八股取士制度)[5]는 그 해(害)가 매우 크므로 폐지해야 한다고 주장하였다. 과거제를 비판하는 것과 동시에 강유위는 적극적으로 학교를 일으킬 것을 제창하였다. 변법유신의 인재를 배양해 나라를 위기로부터 구하기 위하여 강유위는 여러 차례 청정부에 학교설립, 서양의 학교제도와 과학기술의 수입 등을 호소하였다. 1898년 강유위는 청의 광서제(光緖帝)를 향해 「청개학교절(淸開學校折)」을 올리고 건의하였다. 이는 서양의 학교제도를 받아들여 중국에 새로운 학교제도를 세우려 한 것으로 그 내용은 다음과 같다.[6]

향에는 소학을 세워 7세 이상은 반드시 입학하도록 하고, 문사, 산수, 여지(輿地), 물리, 가락(歌樂)을 가르쳐 8년이 지나면 졸업을 하도록 한다. 만약 입학을 하지 않으면 그 부모를 처벌하도록 한다. 이것은 실제는 국가가 아동에 대해서 강제적인 의무교육을 실시하도록 한 것이라고 볼 수 있다. 또, 현에는 중학을 세워 14세가 되면 입학하도록 하는데 제 과(科)를 더욱 깊이 있게 가르치도록 하였다. 중학을 졸업한 후에는 대학에 진학할 수 있도록 하였는데, 대학에는 경학(經學), 철학, 율학(律學), 의학 등의 4과를 설치하도록 하였다.

한편 강유위는 〈대동서(大同書)〉라는 책을 썼는데, 이 책은 강유위가 구상하는 하나의 대동사회의 이상을 구체화하여 기술해 놓은 것이다.

이 대동사회에서는 국가, 계급, 가정이 없는 전 세계의 인류가 평등한 사회이

5) 팔고취사제도는 八股文으로 관리를 뽑는 제도이다. 팔고문은 명, 청시대에 과거시험의 답안용으로 채택된 특별한 형식의 문체를 말한다. 對句法을 사용하며, 전편은 여덟 부분으로 구성되어 있다.

6) 陳學恂, 中國近代教育文選, 「淸開學校折」, 人民教育出版社, 1993, 108쪽

다. 그는 이상적인 대동사회의 교육제도를 설계하였다. 그 내용을 보면 그는 학교를 4단계로 구분하여 제시하였다. 즉 인본원(人本院, 출생 전 반년~출생 후 반년), 육영원(育嬰院, 0.5세~5세), 소학원(小學院, 6~10세, 기간 5년), 중학원(中學院, 11~15세, 기간 4년), 대학원(大學院, 15~20세, 기간 5년) 등이 그것이다.[7)]

강유위는 교육내용 및 방법과 관련해서도 많은 새로운 주장들을 내놓았다. 교육내용과 관련해서는 서학(西學)을 중요내용으로 제시한 것이 특징이라 하겠다. 그는 〈장흥학기(長興學記)〉에서 학생들에게 가르쳐야할 내용으로 "학강(學綱)", "학과(學科)", "과외학과(科外學科)"의 3개 방면을 내어놓았다.[8)]

"학강"은 도(道), 덕(德), 인(仁), 예(藝)의 4강(綱)을 의미하는 것으로서 4강 아래에 약간의 과목을 규정하고 있는데 덕육, 지육, 체육이 이에 속하고 있다. "과외학과"는 "교중(校中)"과 "교외(校外)"의 2가지로 나뉘는데 "교중"에는 연설과 예기(禮記), "교외'에는 체조와 유람이 포함되어 있다.

〈장흥학기〉에는 여러 가지 전통교육사상과 서양의 새로운 사상, 학문들이 포함되어 있다. 이것은 당시의 중서학(中西學) 병존(竝存)의 시대적 특징을 반영한 것이다. 강유위는 서학(西學)을 각급 각류학교에 도입해서 사장(詞章), 첩괄(帖括), 훈고학(訓詁學) 중심의 교육을 바꿔야 한다고 주장하였다. 그래서 그는 천문, 지리광산, 의학, 법률, 광선, 화학, 전기, 기기, 운전 등으로 나누어 학당을 설립할 것을 주장하였다.

교육내용의 혁신과 함께 강유위는 교육방법과 원칙에 대해서도 여러 가지 새로운 견해를 내놓았다. 우선 그는 학생들이 자유로이 자기의 생각을 발휘할 수 있는 교육방법을 주장하였고, 상호계발, 직관교학(直觀教學) 등의 방법을 제시하였다. 그는 당시 봉건사회 학교의 기계적인 암기수업을 반대하고, 교사가 학생에 대해 시행하는 잔혹한 체벌에 반대하였다. 이러한 교학방법은 현대의

7) 陳學恂, 中國近代教育文選, 「大同書」, 111-121쪽

8) 郭齊家, 中國教育思想史, 教育科學出版社, 1987, 377쪽

교육심리학과 학습심리학의 원리에 부합하는 것으로서 그 의미가 크다고 볼 수 있다.

강유위는 또 여자교육과 사범교육 그리고 실업교육 등에 대한 견해를 내놓았다. 그는 여자의 전족(纏足)은 건강에 해롭다고 주장하면서 전족을 없앨 것을 주장하였다. 이것은 강유위의 여자 해방사상의 출발점이라고 할 수 있다. 그는 인구의 반을 차지하는 여자 교육문제에 대해 아주 많은 관심을 가지고 있었다. 그는 수천 년 동안 이어져 온 남존여비의 관념을 타파할 것을 주장하면서 여학(女學)을 제창하였다. 특히 그는 "중국에는 2백조의 여자가 있는데, 한 학교도 여자를 가르치지 않는다. 이에 따라 배우지 못한 사람이 그 반이 된다."[9]고 하였다.[10]

강유위의 이런 사상이 잘 표출되어 나타난 것이 교사문제와 관련하여 여자의 지위를 중시한 경우이다. 그는 "육영원(育嬰院)"과 "소학원(小學院)"의 교사는 전부 여자교사로서 채워야한다고 주장하였다. 이렇게 주장한 이유는 유아 혹은 초등 단계의 교육에서는 여자의 특성이 남자보다 아동의 교육에 유리하다고 판단했기 때문이다.

강유위는 사범교육도 특별히 중시하였다. 그래서 그는 사범학교는 소학의 뿌리라고 여겼다. 그는 사범학교를 잘 운영해서 좋은 교사가 많이 배출되어 나와야 소학을 보급할 수 있다고 보았다. 한편 강유위는 서방국가의 실업학교의 발달을 보고, 실업교육의 역할을 매우 찬양하였다. 그가 보기에 서방에는 수사학당(水師學堂), 철로학당(鐵路學堂), 전보학당(電報學堂) 등 실업발달에 필요한 학문들을 가르치는 학교가 여럿 있어 국가발전에 기여한다고 보고, 중국의 현실을 고려한 실업학교의 설치를 주장하였다. 이와함께 농업이 부국의 근본이

---

9) 日本變政考 卷三

10) 후에 그는 〈대동서(大同書)〉에서 진일보해서 남녀평등에 관한 자신의 견해를 밝히고 있다. 그는 여자도 독립권이 있고, 일체가 남자와 동등하다고 주장하였다.

라고 보고 농업학교 설치를 주장하였다. 그는 또 국방을 견고하게 하고 군비를 정돈하기 위해 군사학교를 설립해야 한다고 주장하였다. 이러한 그의 주장은 국가 민족이 처한 생존의 위기를 벗어나기 위한 애국주의, 민족주의 관점에서 나온 주장이라고 볼 수 있다. 결국, 강유위의 교육사상은 구국(救國)의 입장에서 나온 교육사상으로서 과거를 바꾸고, 팔고(八股)를 폐지하며, 학교를 일으켜 민지(民智)를 열고, 인재를 양성할 것을 주장한 것이라고 할 수 있다. 또 대동세계의 교육체계를 구상하기도 하여 교육에 대한 이상적인 모습을 그리기도 하였다. 그의 교육사상은 당시와 이후에도 중국 근대교육의 발전에 적지 않은 영향을 끼쳤다.

2. 양계초(梁啓超)

양계초(1873~1929)는 자는 탁여(卓如), 호는 임공(任公)으로서 중국 광동성 신회현에서 태어났다. 1890년-1894년 광주의 만목초당(萬木草堂)[11]에서 강유위를 따라 수학하였다. 1894년 북경에 와서 회시(會試)에 응시하였고, 그 다음 해에는 광동출신의 과거인을 대표해서 광서(光緒)황제에게 상소를 올렸을 뿐만 아니라, 강유위의 공거상서(公車上書)[12]를 지지하여 변법을 주장하기도 하였다.

상해에서 시무보를 발간하는 기간에는 변법사상을 선전하는 데 주력하였으며, 후에는 시무학당의 총교습을 맡기도 하였다. 1898년 "백일유신(百日維新)"[13]

11) 만목초당은 강유위가 1891년에 광동성 광주에서 국가의 동량이 될 인재를 기르고자 하는 목적으로 개설한 학당이다. 이 학당에서는 서학과 중국의 전통학문을 동시에 교육시켰다. 만목초당은 구식서원이 신식학당으로 변화하는 과정에 탄생한 과도기의 학교형식이라고 할 수 있다.

12) 강유위의 「上淸帝第二書」를 公車上書라고 말한다. 이 책속에서 강유위는 과거개혁, 학당의 설립, 신문의 발간, 서학의 도입 등의 주장을 淸朝의 황제에게 건의하였다.

13) 1898년 6월11일(광서24년) 광서황제가 明定國是를 내리면서 변법유신이 시작되었다. 이것이 역사적

이 일어난 기간에는 대학당에서 번역업무를 총괄하기도 하였다. 무술변법 실패이후 일본에 도피해서 오랫동안 생활하였다. 일본에 도피중인 1902년에 「신민총보」를 창간하였고, 「신민총보」에 많은 서방문화를 게재하는 등 서방문화의 전파에 많은 노력을 기울였다. 1920년 이후 1929년 세상을 떠나기 전까지는 저작과 후진양성에 힘썼는데, 이 당시의 활동은 중국 근대학술의 발전에 적지 않은 공헌을 하였다.

양계초는 변법을 고취한 대표 인물의 하나이다. 그는 강유위, 엄복과 마찬가지로 교육을 매우 중요시하였다. 그는 국가와 민족의 흥망성쇠의 관건이 교육의 흥함에 있다고 보고, 당시 국가적 위기의 극복과 자강의 실현을 위하여 교육개혁에 주력하였다. 그의 교육적 주장들을 살펴보면 다음과 같다.

첫째, 민지(民智)개발을 중요한 교육목적으로 설정하였다. 양계초는 당시의 중국이 낙후한 것은 국민의 지혜가 높지 못했기 때문이며, 국가가 열강의 침략앞에 흔들리게 된 것도 국민의 지혜를 개발하지 못했기 때문이라고 보았다. 이에 따라 양계초는 민지의 개발을 위해 전 국민을 대상으로 보통교육을 실시할 것을 주장하였다.

이러한 그의 민지개발에 대한 주장은 국민교육주의로 볼 수 있는데 대학교육보다 소학교육을 중시하였다. 특히 소학교육의 의무교육 실시를 주장하였으며, 의무교육은 법적인 제재에 의한 강제교육으로 할 것을 주장하였다. 그는 중국인들의 지식수준이 전반적으로 낮은 원인의 하나가 아동교육의 부재에 있다고 보고, 전국적으로 소학당을 건립해서 아동을 교육할 것을 주장하였다. 그는 또 소학, 중학, 대학의 3단계 교육제도를 제시하고, 이에 맞추어 학교를 전국 방방곡곡에 설립할 것을 주장하였다.

둘째, 인재의 양성을 주장하였다. 민지의 개발은 보통교육이라고 할 수 있고,

인 "무술유신"인데, 이 당시가 유신변법운동이 최고조로 달한 시기였다. 6월 11일에 선포된 명정국시는 9월 21일 궁정에서 정변이 발생할 때까지 103일 동안 실행되었는데, 이것을 百日維新이라고 부르고 있다.

인재의 육성은 전문교육이라고 할 수 있다. 즉 전자는 전 국민의 지식수준을 제고시키데 중점이 있는 것이라면 후자는 신정(新政)을 추진할 전문인재를 양성하는 데 있다.

양계초는 중국이 약한 원인을 1차적으로 국민들의 나약한 생활태도와 국가의식의 박약함에서 찾았다. 다음으로 역대 통치자의 정책이 전적으로 국민을 우롱하고 농간하는 목적에서 출발된 것이어서 민권이 신장될 기회가 없었음을 이유로 들고 있다.[14] 따라서 양계초는 인재가 투철한 국가의식을 가지는 것은 기본이고, 이런 의식이 성숙되기 위해서는 먼저 인재의 자아수양이 필요하다고 보았다. 그러려면 인재는 반드시 입지(立志), 희망, 의력(毅力), 자신감 등의 심리요소를 가져야 한다고 보았다.[15] 이러한 인재의 심리요소들은 보편적인 각도에서 제시된 것이지만 당시의 국가상황을 고려한 덕목이라고 볼 수 있다.

셋째, 과거를 폐지하고 신학문을 제창하였다. 양계초는 과거제도는 본래 국가를 위해 공헌할 인재를 선발하는데 가장 이상적인 제도였는데, 후에 변하여 팔고취사에 빠짐으로써 일종의 우민정책으로 전락하고 말았다고 주장하였다. 특히 팔고취사로 임용된 관리들은 단지 팔고만을 학습했으므로 실제 나라를 다스리는 일에 대해서는 잘 모르는 경향이 있다고 보았다. 그들은 일단 고시만 통과하면 권위를 받고 직권을 맡게 되지만 어떻게 해야될지 몰라 권한을 모두 하급 벼슬아치에 맡겼으므로 폐단이 생겨났다는 것이다. 양계초는 이런 문제를 없애기 위해서는 과거제를 바꿔야 한다고 보았고, 이 방법으로서 신학문을 받아들일 것을 주장하였다.

넷째, 양계초는 민족의식의 함양을 위하여 역사교육, 소설교육, 국문교육 등의 국민계몽교육을 중시하였다. 이는 양계초가 당시의 민족 내부의 문제를 깊숙이 파악하고 있었기 때문이다. 구망도존(救亡圖存)[16]하려면 일단 국민의 의식

---

14) 夏曉虹, 梁啓超文選, 上册, 中國廣播電視大學出版社, 1992, 64-90쪽 全文參考

15) 李必勝, 梁啓超人才思想評述, 「安徽史學」 3期, 1991, 74쪽

을 바꿔야 하는데 이를 위해서는 국민의 국가나 민족에 대한 의식을 함양시킬 수 있는 교육이 필요하다고 보았다.

다섯째, 신민 양성과 관련해서 도덕교육도 중시하였다. 양계초는 교육을 통하여 이상국민을 양성하고자 하였다. 자연히 덕육이 이를 위한 중요한 방법으로 대두되었고, 도덕교육을 중요하게 여기게 되었다.

여섯째, 여자교육을 제창하였다. 양계초는 강유위나 엄복과 마찬가지로 여자교육을 중요하게 취급하였다. 그 이유는 여자가 교육을 받으면 사회생산량이 증가할 뿐만이 아니라, 남편을 도와서 생활을 꾸려나갈 수 있는 장점이 있다고 보았기 때문이다. 또 여자가 과학지식이 있게 되면 튼튼한 자녀를 양육할 수 있고, 교육시킬 수 있다고 보았다. 양계초는 천하가 약해지는 근본원인이 여자가 배우지 않은 것으로부터 시작되었다고 보고 여자아동에 대한 교육의 보급을 역설하였다.

일곱째, 사범교육의 중요성을 역설하였다. 양계초는 인재가 없으면 국가가 서기 어렵고, 교사가 없으면 인재를 얻을 수 없다고 보았다. 교사는 학술의 근본이고 인재의 대원(大原)이라는 것이 양계초의 기본적인 입장이었다. 교사의 사명이 이렇게 중요하기 때문에 양계초는 교사를 배양할 전문적인 사범학교를 설립할 것을 강력히 주장하였다. 양계초는 또 소학당을 설립하려면 반드시 사범학당을 동시에 세워 소학교사를 배양하여야 한다고 하였다. 그래야만 구습을 타파하고, 지혜로운 학문을 일으킬 수 있다고 보았다.

여덟째, "신민" 양성과 관련 지워 정치교육의 중요성을 역설하였다. 그는 서양에는 정치학원이 많다고 하면서, 이런 정치학원에서 배우는 것은 고대의 "천하를 다스리는 도"와 "천하를 다스리는 법"[17] 그리고 지금 사회의 정치관련 지식이라고 주장하였다. 정치학원에서의 이런 배움은 고대의 제도 중 어느 것이

16) 망국의 비운을 가셔버리고, 국가의 생존을 도모한다는 뜻

17) 陳學恂, 中國近代教育文選, 「上南皮張尚書論改書院課程書」, 153쪽

좋은 제도인지, 어느 것이 나쁜 제도인지 알 수 있다고 보았다. 또 서양제도 중 어느 것을 중국에서 시행할 수 있는지, 어느 것을 시행할 수 없는지 알 수 있다는 것이다. 그리고 이런 지식을 장악한 신민은 관(官)에 들어간 이후 일을 원만히 처리할 수 있다고 하였다.

결국 양계초는 변법도강(變法圖强)[18]의 목적으로부터 출발하여 정치학원의 설립을 주장하고, 정치교육을 통해서 고금 중외의 천하를 다스리는 법과 도를 아는 "구시양재(救時良才)"[19], 즉 신민(新民)을 배양하고자 하였다.

이외에도 양계초는 실업교육, 고등교육 등의 중요성을 강조하였으며, 서양의 심리학을 응용한 교학방법 등을 소개하기도 하는 등 다양한 교육적 주장을 내어놓았다.

3. 엄복(嚴復)

엄복(1854~1921)은 중국 근대의 저명한 계몽사상가이자. 당시로보면 일찍이 영국에 유학하여 신학문에 눈을 뜬 선각자였다.

그는 강유위, 양계초와 마찬가지로 교육을 "구망도존(救亡圖存)"하고, 국가를 부강하게 하는 중요 방법으로 보았다. 그는 진화론에 입각해 "약자는 언제나 강자의 먹이가 되고, 어리석은 자는 언제나 지혜가 있는 자의 노예가 되는 것"[20]이 인류사회 발전의 규율이라고 하였다. 이와 관련해 그는 서양 각국이 강성한 원인은 그들의 교육이 지혜, 체력, 덕행의 3가지를 잘 기르고, 과학교육을 중시했기 때문이라고 여겼다. 즉 그들이 교육을 통해서 강자가 되었기 때문

18) 법과 제도를 바꾸어 강대해지려 한다는 의미임.

19) 曲士培, 中國大學教育發展史, 山西教育出版社, 1993, 320쪽

20) 陳學恂, 中國近代教育文選, 「原强」, 171쪽

에 남의 나라에 먹히지 않고, 강국이 되었다고 본 것이다. 그래서 그는 나라의 강하고 약함 그리고 존재하고 망함은 바로 국민이 혈기와 체력, 총명과 지혜, 덕행과 인의(仁義)[21]와 같은 3대요소에 달려있다고 보았다.

엄복이 보기에 서양 각국은 교육을 통해 부강의 근원인 민력(民力), 민지(民智), 민덕(民德)을 기를 수 있었다. 그런데 중국은 그렇지 못하였다고 보고, 교육의 흥함을 통해서 국가의 앞날을 개척해 나갈 것을 주장하였다.

그가 보기에 당시의 중국은 민력, 민지, 민덕이 매우 박약했다.[22] 이러한 상황에서는 외적이 쳐들어오거나 국가가 위급할 때 대처할 방법이 없다. 따라서 만약 이런 국면을 바꾸지 않는다면 "물경천택(物競天擇)"[23]의 법칙에 따라 중국은 반드시 제국주의 노예가 될 것이라고 보았다. 또 그는 중국은 서양을 모방해 신 학교를 열고, 신 해군을 만들고, 철로를 깔고, 우체국을 개설하고, 공장과 광산을 세웠으나, 그 노력이 성공하지 못했는데 그 이유는 민력(民力), 민지(民智), 민덕(民德)의 세 가지 문제를 해결하지 못했기 때문이라는 것이다. 이는 양무운동 시기에 중국이 서양의 발전된 기술을 따라잡고 국가를 발전시키기 위해서 추진했던 방법들이 별 성과를 거두지 못했는데 이것도 같은 원인이라고 본 것이다. 따라서 엄복은 중국을 구하려면 옛날의 법제에 의존하거나, 단순히 양무사상(洋務思想)에 의존해서도 안 된다고 보았다. 그는 서양처럼 민력, 민지, 민덕을 기르는 것이 중국을 구하는 길이라고 보았고, 이는 교육을 통해서 기를 수 있다고 보았다.

여기서 "민력(民力)"을 기른다는 것은 바로 국민의 체력을 높이는 것을 말한다. 엄복은 "민력"을 기르기 위해서는 국민의 신체를 강건하게 하고, 중국의 예속(禮俗)을 개혁하고, 훈련에 주의하고, 음식에 주의하고, 의학을 제창하고, 아

21) 陳學恂, 中國近代教育文選, 「原强」, 172쪽
22) 陳學恂, 中國近代教育文選, 「原强」, 173쪽
23) 생존경쟁과 자연도태

편 흡입과 전족을 금지시켜야 한다고 보았다.

"민지(民智)"를 기른다는 것은 바로 국민의 지혜를 높이고, 국민의 문화교육 소질을 높이는 것을 말한다. 이와 관련하여 엄복은 팔고취사와 훈고(訓詁), 사장(詞章)의 학(學)을 폐지하고, 서학(西學)으로 중학(中學)을 대신할 것을 주장하였다. 그는 "민지자(民智者)는 부강의 근원"이라고 강조하였다. 그는 또 "민지"를 기르려면 반드시 서학을 가르쳐야 한다고 보았다. 즉 서양의 사회과학과 근대자연과학 그리고 서양의 치학방법(治學方法), 교학방법을 학습해야 한다고 보았다.

"민덕(民德)"을 기른다는 것은 국민의 도덕수준을 높이는 것을 말한다. 엄복은 이와 관련해 봉건의 전제정치를 폐지하고, 군주입헌제를 실행하며, 의회를 설립하고, 선거로써 지방관리를 뽑아야 한다고 보았다. 또 서양의 민주, 자유, 평등이념을 이용해서 중국 전통의 종법제도(宗法制度)와 윤리 도덕을 대체할 것을 주장하였다. 엄복의 이런 주장 속에는 서양의 사상을 받아들여 교육을 개혁하고, 이를 통해 국가를 위기로부터 구하고, 중국이 독립 부강한 길로 나아가기를 바라는 희망이 표출되어 있다.

앞에서도 언급했지만 엄복은 서학을 이용해 중학을 대체하는 등 서양을 학습하는 것이 "구망도존"의 길이라고 여겼다. 그는 서양국가가 부강한 것은 그들의 군사적 능력 등과 같은 기예(技藝)에 있는 것만이 아니라, 주요하게는 그들의 교육과 과학기술의 발달에 있다고 여겼다. 엄복은 서학 중에서도 자연과학을 서학의 정수라고 여겼다. 그리고 그는 자연과학이 가난한 것을 치료하고, 약한 것을 일으키는 실력이 있다고 여겼다. 특히 그는 서학을 학습하는 과정에서 만약 자연과학을 학습하지 않으면 단지 서학의 겉모습만을 학습하는 것이라고 주장하였다. 이에 따라 중국의 차후의 교육은 반드시 과학을 중시해야 한다고 주장하였다.

한편 엄복은 "중학위체, 서학위용(中學爲體, 西學爲用)"을 반대하였다. 이와 관련하여 그는 "중학에는 중학의 체용(體用)이 있고, 서학에는 서학의 체용(體用)이 있다. 따라서 이것을 두 개로 나눌 수는 없다. 합칠 경우에는 둘 다 망한다."[24] 고 주장하였다. 이러한 그의 주장을 검토해 보면 그는 중학과 서학을 주보관계(主輔關係)로 보는 것을 반대하고, 중학과 서학이 각기 그 체(體)와 용(用)을 가지고 있다고 보았던 것이다.

엄복은 강유위나 양계초와 마찬가지로 "팔고취사"의 과거제에 대해 심각한 비판을 제기하였다. 그는 팔고의 큰 폐해로 "고지혜(錮智慧)", "회심술(壞心術)", "자유수(滋遊手)"의 세 가지를 들었다.[25] "고지혜"는 사람들을 속박하는 사상을 가리키는 말이고, "회심술"은 사상적으로 손상과 추락을 야기하는 것을 가리킨다. "자유수"는 많이 배운 것도 없고, 기술도 없는 고등유민이 생기는 것을 가리킨다. 엄복은 그중 어떤 하나라도 중국을 멸망에 빠지게 할 수 있다고 보았다.

한편 엄복은 서양의 학교운영경험을 학습할 것을 주장하였다. 그리고 학교의 교육과정에 서양의 학문과 학설을 들여와 신식학당을 설립하고, 신교육제도를 건립하고자 하였다. 그는 학교제도로서 초등, 중등, 고등의 3단계 학제를 제시하였다.[26]

그는 이러한 학제에 따른 학교교육내용으로서 서학을 학습하는 것을 근본방향으로 하였다. 물론 초등교육단계에서는 90% 정도를 구학(舊學)을 하도록 하고 있으나, 전체적인 경향으로 보면 주로 서학위주의 학습을 권장하고 있다. 특히 고등교육단계에서는 서양의 과학지식을 중요하게 배울 것을 제창했을 뿐만 아니라, 또 서양과학의 학습방법과 연구방법도 배울 것을 주장하였다. 그는 서양과학자가 학문을 연구하는 근본정신은 바로 객관적인 사실에 근거해서 진리를 탐구하는 태도와 배운 것을 실제로 활용하는 연구정신이라고 하였다. 또

---

24) 陳學恂, 中國近代敎育文選, 「輿外交報主人論敎育書」, 218쪽

25) 陳學恂, 中國近代敎育文選, 「救亡決論」, 188-190쪽

26) 陳學恂, 中國近代敎育文選, 「輿外交報主人論敎育書」, 223쪽

그는 서양과학자가 자연과학을 연구하는 데는 실험방법을 통해서 어떤 문제를 증명한다고 하고 바로 이러한 방법을 우리가 받아들여야 한다고 역설하였다.

한편 중국에서 가장 먼저 강제적인 의무교육을 제창한 교육가는 바로 엄복으로 부모가 자식을 교육시키지 않으면 그 부모에게 벌을 줄 것을 주장하기도 하였다. 그 외에 그는 가정교육을 아주 중시하였는데 이는 구국의 관건이 아동에 대한 교육에 있다고 여겼기 때문이다. 이와 함께 그는 여자교육도 대단히 중시하였다. 그는 여자가 교육을 받는 것은 봉건시대의 예교(禮敎)로부터 벗어나는 출발점이 된다고 보고, 이를 위해 독서에 주의를 기울이고, 사회활동에 참가할 것을 강조하였다.

엄복의 교육사상은 교육을 통해 국가를 부강하게 하고, 이를 통해 나라의 위기를 구하고자 한 애국계몽적인 교육사상이었다고 할 수 있다. 그는 팔고(八股)의 폐지, 서학의 제창, 학교의 설립, 서방의 자연과학 학습, 여자교육, 의무교육의 실시 등을 주장하였다.

4. 근대 중국 유신운동 시기의 교육 관심사

강유위, 양계초, 엄복 3인의 교육적 주장을 비교하여 당시 유신운동 시기의 교육적 관심사가 무엇이었는지를 종합해 보면 크게 다섯 가지 정도로 요약하여 말 할 수 있다.

첫째, 교육의 관점이 나라를 구하는 데 있었다는 점이다. 즉 제국주의의 침략에 반대하고, 국가의 자강, 민족자립을 쟁취하는 데 있었다.

1840년 아편전쟁 이후 중국의 봉건사회는 반식민지, 반봉건사회로 바뀌게 된다. 여러 차례의 전쟁과정을 통해 서방 열강은 중국의 영토를 조금씩 침탈하기 시작했고, 중국의 정치, 경제, 외교상의 여러 특권들을 얻어갔다. 1895년 중일전쟁 패배 후 중국은 일본에 패전국으로써 대만 등의 할양과 은 2만 량을 지불하였다. 1897년에는 독일은 교주만(膠州灣)을 점령하였다. 또 구미의 다른 국가들도 철로, 광산을 강점하거나, 항만을 조차(租借)하는 등 중국 땅에 대한 열강의 침략은 그 깊이를 더해갔다. 이런 엄중한 민족적 위기는 당시의 선각적인 중국의 지식인들로 하여금 애국심을 불러일으키도록 하였다. 그들은 국가를 위기로부터 구하기 위해서는 사회의 개혁 그중에서도 교육을 개혁할 것을 주장하였다. 그들은 중국이 빈약한 원인은 교육의 불량과 학술의 낙후에 있다고 보았다. 그리고 구망도존(救亡圖存)과 인재, 교육의 삼자가 서로 연계성을 가지고 있다고 보았다. 그래서 교육을 세워서 인재를 기르고, 이를 통해서 나라를 구할 것을 주장하였다.

둘째, 팔고취사의 과거제 폐지와 학교의 설립과 보급이 주요한 문제로 대두되었다.

강유위는 변법을 하려면 인재가 필요한데 인재를 얻으려면 우선 과거제도를 고쳐야 한다고 보았다. 양계초도 학교를 흥하게 하고, 인재를 양성하여 국가를 부강하게 하려면 과거를 바꾸는 것이 중요하다고 주장하였다. 엄복도 팔고(八股)가 인재를 망친다고 하면서, 팔고취사제도가 나라와 국민에 끼치는 폐해를 지적하였다. 그리고 팔고의 세 가지 죄상으로 "고지혜(錮智慧)", "회심술(壞心術)", "자유수(滋遊手)" 등을 들었다.

팔고취사에 의한 과거제도에서 가장 심각하게 지적된 점은 과거에서 배출된 사람들이 배운 지식이 실제와 유리되어 유용성이 없다는 점이었다. 즉 국가적 변혁기에 사회, 정치, 경제 등 여러 방면에서 나타나는 중요문제에 대해 그들이 배운 지식으로는 아무런 도움이 되지 않는다는 점이 지적되었다. 이렇게 팔고취사에 대해 비판하고 반대하는 것과 동시에 학교를 설립, 보급할 것을 강력히 주장하였다. 강유위는 여러 차례 청의 황제에게 상소를 하여 신식학당을 설립할 것을 제창하였다. 양계초도 변법하여 나라를 구하려면 반드시 과거를 바꾸고, 학교를 열어서 인재를 육성해야 한다는 점을 강조하였다. 또 엄복도 학당을 열어서 서학을 학습할 것을 주장하였다. 그리고 이들은 모두 서양 각국과 일본이 학교설립과 보급을 통해 민지를 개발하고, 인재를 양성해서 국가가 부강하게 되었다고 보았다.

이러한 사상적 영향을 받아 당시 중국에서는 인재를 양성하기 위해 적지 않은 인사들이 스스로 신식학당을 세우고 당시의 신식교육의 발전을 이끌었다. 예를 들면 강유위는 1891년 광주에 만목초당(萬木草堂)을 창설하고 스스로 학생들을 가르쳤으며, 1894년 엄복은 북경에 통예학당(通藝學堂)을 세웠다. 한편 양계초도 1897년에 호남성(湖南省) 장사(長沙)의 시무학당(時務學堂)[27]에서 인재양성에 주력하였다.

셋째, 신민양성을 중요하게 여겼다.

당시의 교육구국론자들은 교육의 의의를 일종의 특색 있는 국민을 양성해내는데 두고 있었다. 이는 당시의 사회적인 상황이 국가를 위기에서 구할 수 있는 새로운 국민을 요구하고 있었기 때문이다. 여기서 "일종의 특색이 있는 국민"은 바로 "신민(新民)"을 의미하는 것이다. 이들은 이런 국민을 양성하기 위해선 학교는 반드시 덕육을 중시하고, 학생의 애국주의 정신을 배양해야 한다고 보았다. 이러한 덕육교육의 문제에 대해서 강유위는 만목초당에서 교습시 가르치는 것중 덕육은 10의 7이고, 지육은 10의 3이라고 하여 덕육의 중요성을 강조하였다. 양계초도 덕육은 지육보다 중요하다고 하였으며, 엄복은 〈원강(原强)〉속에서 민덕(民德)을 새롭게 할 것을 강조하였다. 이러한 것은 당시의 교육개혁 과정에서 덕육교육이 보편적으로 중시되는 문제였다는 것을 설명해 주고 있다.

넷째, 전국민교육과 의무교육이 강조되었다.

---

27) 시무학당은 양계초가 초빙을 받아서 얼마동안 총교습을 담당했던 곳이다. 그는 시무학당을 당시 최고 명성이 있는 학교로 만들었다.

당시에는 국가의 강약, 국가의 부강과 자립은 국민의 지식수준에 따라 결정된다는 것이 보편적인 생각이었다. 이에 따라 유신운동파는 여러 유형의 학교를 개설하고, 전 국민에게 교육을 보급할 것을 강조하였다. 그리고 전국민에게 교육을 보급하는 것은 소학교육부터 시작할 것을 주장하였다. 이러한 소학의 무교육은 강제교육의 성격을 띠고 있었고, 학령아동이 소학에 입학하지 않을 경우 그 부모에게 벌을 주는 방안이 제기되기도 하였다.

다섯째, "중서병중(中西幷重)"이 당시의 시대적 사조이자, 유신운동파의 입장이었다.

소위 "중서병중(中西幷重)" 사상은 중서 문화의 결합을 제창하는 것으로서 이론과 실제의 결합을 의미하는 것이다. 그리고 이 사상은 강유위와 양계초 등을 대표로 삼는 유신운동파와 많은 유신관료들의 일치된 관점이다. 이들은 중서(中西)의 각 학문을 겸습해야 비로소 중국에 유용한 인재를 양성해 내는 것이 가능하다고 보았다. 왜냐하면 이러한 인재만이 자신들이 배운 이론을 이용해서 중국의 실제 문제를 해결할 수 있다고 보았기 때문이다. 그리고 당시의 "중서병중"이 그 어의(語義)대로 중학과 서학을 동등한 비중으로 섭취하고자 한 것이라고 보기는 어렵다. 중학의 바탕 위에서의 서학겸습이었다고 보는 것이 타당할 것이다. 따라서 어떻게 보면 "중서병중"의 사상 속에 "중체서용"의 경향도 가지고 있다고 보아야 할 것이다. 물론 엄복의 경우는 다른 사람들보다 서학을 훨씬 중시하는 경향을 가지고 있었기 때문에 중서병중이 아니라 서학을 더 중시한다는 모습으로 비칠 수도 있겠다. 그러나 그의 사상적 배경으로 볼 때는 그도 중체서용의 경향을 벗어나기는 어려웠을 것으로 보인다.

이외에도 사범교육과 여자교육이 국가부강의 한 방법으로 중시되었다.

5. 유신운동 시기 교육의 특징과 한계

근대 중국의 유신운동 시기는 제국주의 열강의 침략과 국내적 위기에 의한 내우외환의 시기였다. 외적으로는 1839년의 아편전쟁 이후 중일전쟁 등에 이르기까지 제국주의 열강의 중국침략이 계속된 시기였고, 내적으로는 봉건제도의 붕괴 등 급격한 정치변동기에 처해 있었다. 이러한 때 교육으로써 국가의 자립 자강, 자주, 독립을 달성하자는 교육구국론이 대두되었는데 이것은 그 당시의 시대적 요구였다고 할 수 있다.

3인의 교육에 대한 관점으로부터 생각해 볼 수 있는 유신운동 시기 교육의 특징과 한계는 다음과 같이 말할 수 있다.

1) 정치와의 밀접한 연계

중일전쟁에서 중국이 패하고 일본에 국토의 일부와 전쟁배상금을 지불하게 됨에 따라 중국인들은 강렬한 위기위식을 느끼게 되었다. 이런 위기로부터 벗어나기 위하여 사람들은 새로운 변화의 바람을 모색하게 되었고, 이런 과정에서 유신운동파의 사상이 당시 난국을 헤쳐 나가는 데 적합한 것으로 받아들여지게 되었다.

유신운동파는 기존의 봉건통치제도를 무너뜨리지 않는 전제하에서 사회 전반에 대한 개혁을 시도하였다. 이들 유신운동파가 가지고 있는 개량주의적 사고는 단지 교육개혁을 통해서만이 사회를 개혁할 수 있다는 굳건한 믿음을 가지고 있었다. 유신교육사상가의 대표자들인 강유위, 양계초, 엄복 등은 모두 이런 관점을 가지고 운동을 전개해 나갔다. 예를 들어, 양계초는 자강하려면 민지를 열어야한다고 강력히 주장하였으며, 강유위는 변법의 본질은 인재를 육성하는데 있다고 하였다. 이러한 경향은 그들로 하여금 나라를 구할 근본방법이 무엇인지를 다양한 관점에서 찾아내지 못하도록 하였으며, 경우에 따라서는 폭력혁명에 대한 공포 혹은 편견을 가지도록 만들었다.[28] 특히 그들의 이러한 경향은 교육을 사회를 바꾸는 도구로 여긴 면이 있다. 그리고 이러한 것도 유신교육과 정치가 긴밀한 관계를 맺게 된 한 원인이라고 볼 수 있고, 유신교육사상가가 기본적으로 모두 교육구국론자가 된 원인이라고도 볼 수 있다.

교육과 정치의 긴밀한 관련의 결과 유신교육사조 속에 구망도존이라는 시대적 명제를 가져오게 되었다. 유신교육사상가들은 이러한 상황하에서 전통의 과거제도에 대해서 통렬한 비판을 가하게 되었고, 각종 변법에 필요한 전문인재, 즉 "신민"의 양성을 호소하게 되었다. 또 서양의 학교교육제도를 들여와 소개하기도 하는 등 다양한 노력을 전개하였다. 그러나 이런 교육구국론이 단지 교육의 정치적 기능을 너무 강조하거나 교육의 인재양성과 여론 선전방면에 너무 치우쳐 실제 교육이 제대로 이루어지도록 하는 데 필요한 노력이 상당히 부족했다는 비판을 듣게 되었다. 유신교육사상가들의 사고는 상당부분 교육목적, 교육내용, 학제 등과 같은 교육의 거시적 방면에 기울어져 있어, 교육과정편제, 교재개발, 교육방법의 선택 등과 같은 교육의 미시적인 방면은 소홀히 취급되는 문제가 발생하였고, 이것이 결국은 교육구국론이 소기의 성과를 거두지 못하도록 하는 한 원인이 되었다.

2) 사상 근원의 다원화

구망도존을 위하여 또 민족과 국가를 구하기 위하여 유신교육사상가들은 각자의 학문적, 사상적 배경을 기초로 하여 다양한 교육방안들을 내어놓았다. 그들은 "고위금용(古爲今用)"의 법을 취하기도 했고, "양위중용(洋爲中用)"의 법을 취하기도 했다.[29] 또 고금중외(古今中外)의 각종 학설, 이론 중에서 자기에게 적

28) 孫培靑, 李國鈞, 中國敎育思想史 第2卷, (上海:華東師大出版社), 1995, 124쪽

합한 것을 찾아내어 소개하고, 그것을 가져다가 자신의 교육사상을 만들거나 발전시키기도 하였다. 이런 것이 유신운동파의 교육사상이 다양한 특징을 갖게 된 원인이라고 할 수 있다.

강유위는 서양의 자연과학과 사회 정치학설, 중국의 유가경전의 학설을 기초로 하여 "공양삼세설(公羊三世說)"의 역사진화론을 만들어 내어, 공자를 변법유신의 정신적 지주로 만들었다. 그리고 이것은 양계초 교육사상의 이론적 근거가 되고 있다. 양계초는 무술변법 기간에 강유위의 충실한 신도가 되었고, 그 교육사상도 자연히 삼세설의 영향을 받게 되었다. 그는 "춘추 3세의 역사사실을 들어보니 난세(亂世)에는 힘으로 이기고, 승평세(升平世)에는 지혜와 힘으로 이기고, 태평세(太平世)에는 지혜로 이겼다. (중략) 세계는 난세로부터 평화세계로 나아가기 마련인데 본래 이기는 원인이던 힘이 지혜로 대치된다."[30]고 주장하였다. 엄복 교육사상의 이론적 기초는 유교적 사고와 함께 다윈의 진화론과 스펜서의 사회진화론이 중심이 되고 있다. 그는 한 국가의 강약은 종족의 우열에 따라 결정된다고 보았다. 또 교육과 종족변화는 직접적인 관련이 있다고 보았다. 이에 따라 그는 교육개혁이 사회발전의 중요한 방법이 된다고 믿었다. 이런 기초위에서 엄복은 그의 교육사상을 건축하였다.

유신교육사상가들은 자신의 흥미나 당시 사회에 요구되던 학설을 소화해서 그들 자신의 교육사상을 만드는 과정에서 양무교육사상을 비판하고 부정하였다. 그들이 양무교육사상을 비판하고, 부정한 이유는 양무교육사상이 기예(技藝)만을 숭상하는 것이 그 본(本)이 아니라고 보았기 때문이다. 동시에 또 조기개량파(早期改良派)[31]의 학교교육제도, 교육내용, 교육목적 등에 대한 주장을 계승, 발전시켰다. 강유위, 양계초, 엄복 등의 교육사상은 조기개량주의자인 정관

29) 孫培靑, 李國鈞 主編, 前揭書, 125쪽

30) 夏曉虹, 梁啓超文選 上册, 前揭書, 19-20쪽

31) 조기개량파는 중국의 근대 사상계가 양무운동 시기에서 유신운동 시기로 넘어가는 과도기에 존재했던 사상의 한 조류이다.

응, 마건충 등의 교육사상에서도 그 흔적을 찾아볼 수 있다. 이러한 것은 유신운동파의 교육사상이 더욱 다원화한 특징을 갖게 한 원인이 되고 있다.

그러나 이러한 유신운동파의 교육사상이 다양한 사상, 학설 등을 가지고 자신들의 교육사상을 만들어 내는 과정에서 하나의 사상체계로서 완전한 모습을 띠었다고 말하기는 어렵다. 또 유신운동파가 받아들였던 학설이나 사상들이 당시의 중국정세에 맞는 것이었느냐 하는 것에 대해서도 의문의 여지가 있다. 특히, 사상의 기초가 유학에 있던 유신운동파를 대표하는 이들 3인이 유학적 사고를 벗어던지지 못하고, 그 우산 아래서 새로운 개혁을 추진하였던 것도 하나의 한계를 가지게 된 원인이라고 볼 수 있다. 이러한 것들이 유신파의 교육사상을 일정한 한계성과 편면성을 가지도록 만들었다.

3) 교육이론의 발전

유신운동파의 교육사상은 근대 중국의 교육이론의 발전에 새로운 내용을 제시하였다.

먼저 교육목적 방면에서 본다면 강유위, 양계초, 엄복 등의 유신교육사상가들은 교육은 인재를 육성하기 위한 것이라고 주장하였다. 그리고 이러한 인재는 유신사업에 종사할 각종 전문인재를 양성하는 것인데 그 속에는 정치인재가 중요하게 포함되어 있었다. 무술변법 전기에는 인재양성교육이 주류를 이루었다. 그러나 후기에 이르러, 특히 "백일유신" 이후에는 양계초를 대표로 하는 유신교육사상가들은 점점 단순히 전문인재를 양성한다는 것으로는 충분치 못하다는 생각을 하게 되었고, 이런 일부 전문인재의 양성만으로는 국가를 부강하게 하기 어렵다고 깨닫게 되었다. 그들은 전체 국민들의 소양이 높고 낮은 것이 국가의 부강과 밀접한 관계를 가지고 있음을 깨닫게 되었다. 그래서 양계초는 후에 "신민"을 양성하는 국민교육제도의 설립을 극력 주장하였다. 양무파

(洋務派)는 기예인재(技藝人才)를 양성하는 것을 위주로 한 교육이었다. 그러다가 조기개량파에 이르러 일부 유신운동파 인사들이 정치인재를 위주로 한 교육을 시도하였고, 점점 유신운동파로 그 대세가 넘어오면서 "신민" 양성을 위주로 하는 교육으로 변모되어 갔다. 이러한 경향은 당시의 교육을 전문화로부터 일반화로 바꾸도록 한 것으로서 근대교육의 발전을 촉진하였다.

학제 상에서 볼 때 거의 대부분의 유신사상가들은 모두 3단계 학교교육제도를 제창하였다. 강유위, 양계초, 엄복 등은 초, 중등, 대학의 3단계 학교교육제도의 구체적인 방안을 제출하였다. 1895년 청정부는 2단계 교육(당시는 두등학당(頭等學堂)과 이등학당(二等學堂))을 설립하도록 하였다. 그리고 1898년에는 서원을 중학과 서학을 겸해서 가르치는 학당으로 바꾸도록 하였다. 이와 함께 성수준에는 고등학당을, 부(府)수준에는 중등학당을, 현(縣)수준에는 소학당을 설치하도록 하였고, 이것을 경사대학당(京師大學堂)이 총괄하도록 하였다. 이러한 3단계 학교교육제도의 제창과 그 체제의 초보적인 형성은 과거제도의 쇠퇴와 근대학제의 성립을 가속화하는 계기가 되었다.

교육내용상에서 볼 때 유신운동파의 주장은 양계초의 경우가 그 전형을 이룬다고 할 수 있다. 양계초는 정학(政學)을 위주로 하고, 예학(藝學)을 부수적인 것으로 삼았다. 소위 정학은 동서고금의 국가를 다스리는 법을 말하는 것이고, 예학은 자연과학과 기술과학 내용을 말하는 것이다. 이런 정학을 위주로 하는 교육내용은 개량주의 사상의 반영이라고 볼 수 있다. 그러나 개량주의 "중체서용"의 교육내용관과 비교하면 "중(中)"과 "서(西)"를 동일한 수준으로 취급한 것은 아니라 할지라도 "중(中)"을 몸체로 하기는 하되 "서(西)"도 중요하게 취급되어야 한다는 뜻을 담고 있다.

특히 엄복은 "체용일치(體用一致)"의 교육관을 내어놓으면서, 중학에는 중학의 "체용(體用)"이 있고, 서학에는 서학의 "체용(體用)"이 있기 때문에 분리하는 것이 불가능하다고 보고 만약 합칠 경우 둘다 망할 것이라고 주장하였다. 이는 엄복이 "중체서용"의 불합리성을 이론적으로 논박한 것이라 할 수 있다.

유신운동파의 교육사상은 그 내용으로 볼 때 과거보다 내용이 풍부하고, 체계적이다. 이러한 유신운동파의 교육사상은 통치계급의 내부에도 교육개혁가의 등장을 가져오게 하였고, 그 결과로 "백일유신"이 일어나 유신운동파의 교육적 주장들이 실천에 옮겨지기도 하였다. 그러나 그들의 교육실천은 100일 만에 끝나게 되었고, 실패로 막을 내리게 되었다. 비록 무술변법은 실패로 돌아갔지만 유신운동파의 교육사상은 당시 중국의 근대교육 발전에 한 획을 그은 것만은 분명하다고 하겠다.

CHAPTER

14

중화민국 시기의 교육

1. 신해혁명 전 혁명파의 교육활동

20세기 초 중국의 민족적 위기는 갈수록 엄중해졌다. 이러한 민족적 위기는 중국의 지식인들로 하여금 새로운 방법으로 국가의 활로를 찾도록 하였는데, 그 새로운 방법이란 바로 혁명을 통해서 중국을 구한다는 생각이었다. 이에 따라 당시 지식인이 중심이 된 혁명파는 1911년에 무창기의를 일으켰고, 이를 통하여 2000여 년간 계속된 중국의 봉건전제제도에 종지부를 찍도록 하였다. 이것을 역사적으로 신해혁명이라고 부른다.

신해혁명의 준비 시기와 혁명과정에서 혁명파 사람들은 교육의 작용을 매우 중시하였다. 그들은 학교를 민주혁명사상을 전파하고, 청조에 반대하는 중심세력을 양성하는 장소로 여겼다. 당시 혁명파들의 교육활동은 주로 다음과 같은 방식을 통해 이루어졌다.

1) 신문발간을 통한 혁명사상의 선전과 사회교육의 전개

혁명파의 대표자인 손중산은 나라를 구하려면, 국민을 각성시켜야 한다고 보았다. 특히 그는 "혁명을 성공시키는 데 가장 빠른 방법은 9할을 선전에 할애하고, 무력에 1할을 할애하는 것"[1]이라고 하였다. 그는 또 가르치는 것은 선전이라고 하고, "삼민주의의 도리를 사람의 마음에 주입시키고, 사람들의 심리를 모두 공화에 기울게 할 것"[2]을 요구하였다. 그리고는 선전기구를 만들어 적극적으로 혁명여론을 만들어내기 위하여 노력하였다.

당시 혁명파 사람들은 국내외에서 여러 종류의 신문과 잡지를 발행하였다. 풍자유(馮自由)의 "신해전 국내외 혁명보 일람"에 의하면 당시 신문 67종, 잡지

---

1) 〈孫中山選集〉, 493쪽

2) 〈孫中山選集〉, 460쪽

49종을 창간했던 것으로 알려지고 있다.[3] 이 중에서 영향이 컸던 것들로는 〈민보〉, 〈국민보〉, 〈민호보〉, 〈중국여보〉, 〈신호남〉, 〈호북학생계〉, 〈동자세계〉, 〈여자세계〉 등이 있었다. 신문, 잡지의 발행과 출판은 봉건의식을 비판하고, 민주사상을 전파하는 데 커다란 작용을 하였다.

혁명파는 신문과 잡지에 계속해서 문장을 발표하여, 제국주의와 그 침략의 본질을 폭로하였다. 그들은 세계의 제국주의는 강도주의라고 비판하기까지 하였다. 이와 함께 그들은 청조통치의 문제점도 신문과 잡지를 통하여 부단히 지적하였다. 그리고 그들은 청정부를 제국주의가 중국을 침략하는 데 이용하는 도구라고 지적하기도 하였다. 혁명파는 서방열강의 제국주의에 대한 반대는 반드시 청조타도와 함께 이루어져야 한다는 점을 강조하였다.

2) 학교의 건립과 혁명중심세력의 양성

유용한 인재를 양성해서, 국가를 어려움으로부터 구해야 한다는 것은 당시 뜻있는 사람들의 공통적인 생각이었다. 이에 따라 혁명파는 새로운 신식학교를 설립하여, 새로운 시대정신으로 무장한 인재를 배양해 내고자 하였다.

이 시기 혁명파는 적극적으로 혁명사업에 종사할 인재를 양성하기 위하여 많은 학교를 설립하였는데, 그중 영향력이 비교적 컸던 학교로는 애국학사(愛國學社), 애국여학교와 대통사범학당(大通師範學堂) 등이 있다.

(1) 애국학사

1902년 채원배(蔡元培), 장태염(章太炎) 등은 상해에서 "중국교육회"를 창립하였다. 그들은 스스로 학당을 설립하여, 인재를 양성하자는 계획을 가지고 있었다. 이때 남양공학이 학생에 대한 언론의 자유제한으로 인하여 학생소요가 발

3) 毛禮銳, 中國敎育史簡編, 敎育科學出版社, 1984, 454쪽

생하였고, 이 과정에서 학생 100여 명이 학교를 떠나게 되었다. 중국교육회는 적극적으로 학생들의 정의로운 투쟁을 지원하면서, 애국학사(愛國學社)를 세워 남양공학에서 퇴학당한 학생들을 받아들였다. 오래 지나지 않아 남경육사학당(南京陸師學堂)에서도 소요가 발생하여, 일부 학생들이 퇴학을 당하여 애국학사로 찾아오게 되었다. 애국학사는 정신교육을 중시하고, 자유와 독립을 기조로 하는 학교교육목표를 가지고 있었다. 채원배가 학교의 업무를 총괄하였으며, 교사는 다수가 당시의 저명한 애국인사들이었다. 당시 애국학사는 성가가 대단히 높아서 이 학사를 모방한 각종 학교들이 설립되었다. 예를들면 상해의 여택학교(麗澤學校), 소주의 오중공학사(吳中公學社), 항주의 양절공학사(兩浙公學社) 등이 그것이다.

(2) 애국여학교

1902년 채원배 등이 설립한 학교이다. 채원배는 "나의 교육계에서의 경험"이란 글에서 애국학사와 애국여학교의 활동상황에 대해 말한 적이 있다. 그는 애국여학교는 학생들에게 민주혁명의 사상교육을 실시하는 곳이었고, 신해혁명에 필요한 인재들을 양성하던 곳이었다고 주장하였다. 그는 특히 신해혁명시 애국여학교의 학생들이 남경에서 혁명관련 업무에 종사하였다고 하였다.[4]

애국학사, 애국여학교 등 몇몇 학교의 혁명활동은 청정부를 불안하게 하였고, 이에 청정부는 애국학사가 혁명을 부추기는 등 청정권에 도전적이라 하여 애국학사를 강제로 해산시켰다.

(3) 대통사범학당

1905년 광복회의 성원인 서석린(徐錫麟)과 도성장(陶成章)이 절강성 소흥에서

---

4) 蔡元培, 〈在愛國女校之演說〉

설립한 학교이다.

대통사범학당은 소학교 체육교사를 배양하는 것을 목표로 하고 있었다. 그리고 실제로 신해혁명 시기에는 군사간부를 배양하였다. 따라서 이 학교의 교육과정은 일반 과정이외에 군사체육교육과 반만사상교육이 특별히 중시되었다. 당시에 대통사범학당은 절강성 일대 혁명파의 중심이 되어, 전교생 대부분이 광복회에 참여하였다. 무장봉기의 실패에 따라서 청군이 대통사범학당을 포위하였고, 이 과정에서 많은 학생들이 희생되었다.

비록 청정부가 혁명학교의 설립을 강력히 억제했지만, 그러나 이런 류의 학교의 숫자는 줄지 않고, 부단히 늘어만 갔다. 그리고 이런 학교들은 비밀리에 혁명에 대한 선전을 실시하고, 지사를 모으며, 무장봉기를 일으키는 거점으로서 자리를 잡았다.

2. 남경임시정부의 교육개혁과 〈임자·계축학제〉의 제정

1) 남경임시정부의 교육개혁

1912년 1월 중화민국이 선포되었다. 그리고 손중산을 지도자로 하는 임시정부가 성립되었다. 이 임시정부는 정치, 경제, 사회, 교육 등에 대해서 체계적인 개혁을 시작하였다. 당시에 이루어진 교육개혁의 내용은 다음과 같다.

(1) 보통교육에 관한 법령공포

교육부가 성립된 지 얼마 되지 않은 1912년 1월 19일 봉건교육을 개조하기 위한 법령인 "보통교육잠행방법"이 공포되었다. 이 방법은 모두 14개조로 되어 있는데 청 말 봉건교육에 대한 중대한 개혁내용을 담고 있다. 그 내용을 중요한 것만 살펴보면 다음과 같다.

청 말의 각종학당을 모두 "학교"라고 부르도록 하고, 감독(監督), 당장(堂長)을 교장으로 개칭하도록 하였다. 초등소학은 남녀공학으로 하도록 하였고, 각종 교과서는 반드시 공화국 종지를 따르도록 하였으며, 청 말학부가 발행한 교과서는 일절 사용하지 못하도록 하였다. 소학교의 독경과를 폐지하였고, 학교의 체조과목은 병사훈련식 체조로 바꾸도록 하였다. 중등학교는 보통교육이라고 하여, 문과와 실업과로 구분하지 않도록 하였다.

"보통교육잠행방법"을 공포한 같은 날에 임시정부 교육부는 "보통교육잠행 교육과정의 기준" 11개항을 발표하였다. 그 내용을 보면, 초등소학의 과정으로 수신, 국문, 산술, 유희, 체조 등 5개 과목, 고등소학의 과정으로 수신, 국문, 산술, 중화역사지리, 박물이화(博物理化), 도화, 수공, 체조 등 8개 과목, 중학의 과정으로 수신, 국문, 외국어, 역사, 지리, 수학, 박물, 이화(理化), 법제, 경제, 습자, 도화, 수공, 음악, 체조(여학생의 경우 가정, 재봉 추가) 등의 과목을 두도록 하였다. 동시에 각급학교 각 학년의 과목과 매주 각 과목의 수업시수를 구체적으로 규정하였다. 이 교육과정 개혁의 주요한 특징은 청 말의 독경과(讀經科)를 폐지하고, 도화, 수공과 등 일부 실용과목들을 증가시켰다는데 있다

(2) 중화민국 교육방침의 제정

채원배가 교육총장에 재임하던 기간 직접 각급학교의 장정을 만들어 공포하는 동시에, 교육방침의 제정에도 착수하였다. 1912년 2월 채원배는 교육잡지에 "신교육에 대한 의견"을 발표하였는데, 이 글에서 그는 자신의 교육방침에 대한 생각을 드러내었다. 그 해 4월에는 참의원에서 교육방침과 관련한 의견을 발표하였다. 그리고 그 발표문을 "교육방침에 대한 의견"이라는 제목을 달아 〈동방잡지〉에 발표하였다. 그 글 속에서 채원배는 충군과 공화정체의 불부합, 존공(尊孔)과 신앙자유의 상충을 지적하고, 군국민교육, 실리주의 교육, 공민도

덕교육, 세계관교육, 미감교육(美感教育) 등의 5육을 중심으로 하는 교육방침을 내어놓았다.

1912년 7월 열린 전국임시교육회의에서는 채원배의 이러한 교육방침에 대한 사고를 기초로 해서 만들어진 중화민국 교육방침을 통과시켰다. 그 내용은 "도덕교육을 중심으로 하고, 실리주의교육과 군국민교육을 보조로 하며, 미감교육으로써 그 도덕을 완성한다."[5]는 것이었다. 이 교육방침은 1912년 9월2일 정식으로 공포되었다.

이 중화민국의 교육방침은 청 말의 "충군, 존공, 상공, 상무, 상실(忠君, 尊孔, 尙公, 尙武, 尙實)"의 봉건전제주의 교육종지를 완전히 부정하고, 근대적 의미의 사람의 지, 덕, 체, 미의 조화로운 발달을 강조한 것이었다.

2) 임자계축학제의 제정과 공포

남경임시정부 교육부는 〈보통교육 잠행방법〉을 공포하여 청대(淸代)의 교육제도에 대하여 대대적인 개혁을 진행하였다. 이와 함께 "임시교육회의"의 결의에 따라서 새로운 학교제도를 제정, 공포하였는데 이것이 바로 "임자학제(任子學制)"이다. 이 임자학제의 공포에 이어서 계속해서 각종 학교관련 법령을 제정, 공포하였다. 이 법령들은 임자학제를 그 기본내용으로 하여 제정된 것으로서 후에 임자학제는 "임자계축학제(任子癸丑學制)"로 변경되었다. 이 학제의 특징은 다음과 같이 말할 수 있다. 첫째, 교육권리상의 성차별을 폐지하였다는 점을 들 수 있다. 규정에 따라서 초등소학은 남녀공학이 가능하도록 하였으며, 보통중학, 사범학교, 고등사범학교와 실업학교에서 모두 여학교를 설립할 수 있도록 하였다. 이것은 당시의 남녀평등사상이 반영된 것이라고 할 수 있다. 둘째, 귀족자제들만을 위해 존재하던 귀주학교(貴胄學校)를 폐지하였다. 셋째,

5) 舒新城. 〈中國近代教育史資料〉 上册. 人民教育出版社. 1979. 226쪽

새로운 교육종지에 근거해서 교육과정에 대한 개혁을 실시하고, 소학교의 경우 독경과를, 대학의 경우에는 경과(經科)를 폐지하였다. 이와 함께 초중등학교 수준의 실업교육과 직업교육을 강화하였다. 셋째, 학제연한을 단축하였다. 신학제에서는 "계묘학제"보다 3년을 단축하였다.

이 학제는 1922년 새로운 학제가 탄생되기 전까지 적용되었다.

3. 5·4운동 시기의 교육

1) 북양군벌정권과 봉건복고주의의 출현

1912년 3월 10일 원세개는 북경에서 중화민국 임시 대총통의 취임을 선포하였고, 이로써 북양군벌의 중국통치가 시작되었다. 북양군벌은 원래 청 말 봉건전제정권이 의지하던 세력으로서 신해혁명에서도 아무런 타격을 입지 않았을 뿐만아니라, 오히려 이 혁명을 이용하여 전국에 대한 통치권을 갖게 되었다.

신해혁명의 과실은 결국은 원세개에게 돌아가는 것이 되었고, 결국 중화민국이라는 이름도 공허한 이름이 되고 말았다. 원세개는 당시 서방 제국주의의 지지하에서 황제제도의 복귀를 시도하였다. 이를위하여 신해혁명 초기에 실시되었던 개혁적 조치들을 폐지하고, 교육면에서 봉건교육제도로의 회귀를 꾀하였다. 당시 교육계에서 일어났던 조치들을 살펴보면 다음과 같다.

(1) 존공독경(尊孔讀經)의 회복

신해혁명 이후 교육부는 소학독경을 폐지하고, 각 과의 교과서는 반드시 민주공화국의 종지에 맞는 것을 쓰도록 하였으며, 대학의 경학과(經學科)를 폐지하였다. 이에 따라 많은 학교들이 이미 존공의식과 독경을 폐지하였다. 그러나 원세개는 황제제도의 복귀필요성에 따라 1913년 6월 학교에서 공자에게 제사를 지내는 전례를 회복하도록 지시하였다. 1914년에는 또 "정치회의"에서 "사공안(祀孔案)"을 통과시키고, 전국에서 일률적으로 공자에게 제사지내는 전례를 회복시키도록 하였다. 1915년 2월에는 "특정교육강요"를 공포하여, 각급 학교는 옛날의 성현들을 가르침의 대상으로 삼고, 특히 공자를 존경할 것을 지시하였다. 이와 함께 초중등학교에는 독경 과목을 개설할 것을 요구하였다.[6] 중국 전통봉건교육의 핵심인 존공, 독경이 다시 학교에서 부활되면서, 중화민국 초기의 교육개혁 내용은 사실상 사라지게 되었다.

(2) 교육종지의 개정

1912년 9월 중화민국 교육부는 새로운 교육종지를 공포하였다. 그 내용은 "도덕교육을 중심으로 하고, 실리주의교육과 군국민교육을 보조로 하며, 미감교육으로써 그 도덕을 완성한다"는 것이었다. 1915년 원세개는 대총통의 명의로 새로이 "교육요지"라는 것을 제정하였다. 그 요지 속에서 그는 교육이 반드시 충효와 절개, 의리를 기본으로 하고, 지식과 기능을 그 속에서 찾아야 한다고 주장하고,[7] 교육의 종지를 애국, 상무, 숭실(崇實), 공맹의 도, 자치중시, 탐욕 및 승진, 공명에 대한 조급함의 경계 등 7개항으로 제시하였다.

실제 이 교육종지는 1906년 청왕조가 공포한 "충군(忠君), 존공(尊孔), 상공(尙公), 상무(尙武), 상실(尙實)"을 내용으로 한 교육종지와 그 맥을 같이하고 있다. 다른 점이 있다면 탐욕 및 승진, 공명에 대한 조급함의 경계와 같은 두 개 조항이 첨가되었다는 정도이다.

결국 새로이 제정된 교육종지는 청 말 "중학위체, 서학위용"의 교육방침을 회복한 것으로서 교육적으로 본다면 커다란 퇴보라고 할 수 있다.

---

6) 〈特定教育綱要〉, 舒新城, 中國近代教育史資料, 260-263쪽

7) 舒新城, 〈中國近代教育史資料〉, 248-249쪽

(3) 복선학제의 실시와 교육의 계급에 따른 차별성의 회복

1912년에서 1913년에 걸쳐 만들어진 "임자계축학제"는 단선학제의 성격을 가지고 있었다.

1915년 북양군벌정부는 "국민학교령", "고등소학교령", "예비학교령"을 공포하고, 소학교의 경우 복선제를 실시한다고 발표하였다. 그 내용을 살펴보면 하나는 의무교육을 실행하는 국민학교에서는 노동자, 평민 등의 자녀를 대상으로 교육을 실시하는데, 교육기간을 4년으로 한다는 것이고, 다른 하나는 진학을 위하여 설립된 예비학교로서 당시 경제력이 있는 자녀를 입학대상으로 삼았으며, 교육기간을 7년으로 한다는 것이었다.

이런 개혁조치들은 원세개의 황제복귀의 실패로 완전히 실행되지는 못했지만, 얼마 지나지 않아 장훈(張勛)의 황제복귀활동이 일어나면서 다시 한번 파란에 휩싸이게 되었다. 결국 이런 과정을 거치면서 신해혁명 초기의 교육과 관련한 개혁작업은 사실상 사라지게 되었다.

2) 5·4운동과 봉건주의 교육에 반대하는 투쟁

원세개를 우두머리로 하는 북양군벌정부는 사상, 문화, 교육영역에서 신해혁명의 결과로 나타난 개혁적 내용과는 반대되는 조치를 취하였고, 이러한 조치는 손중산을 우두머리로 하는 혁명파의 반격을 받게 되었다. 손중산은 원세개를 성토하는 문장인 "토원격문(討袁檄文)"을 발표하여 원세개를 "나라를 도둑질하는 간사한 영웅"이라고 매도하고, 존공(尊孔)은 제위에 오르기 위한 것이라고 비판하였다. 장병린(章炳麟)은 공자교를 건립하는 것을 반박하는 글을 써서 북양군벌정부의 과거회귀정책을 비판하였다.

오래지않아, 문화, 교육영역에도 새로운 혁명운동이 일어나게 되었다. 즉 5·4운동이 그것이다. 이 운동은 급진적인 사상가들이 핵심이 되어 일으킨 것으로서 〈신청년〉[8]을 주요한 활동무대로 삼았다. 이들은 민주와 과학의 기치를 내걸고 이 두 가지만 있으면 중국의 정치, 도덕, 학술, 사상방면의 일체의 암흑적인 상황을 타파해 나갈 수 있다고 보았다.[9] 당시 창궐하던 복고존공(復古尊孔)의 사조에 대해서도 맹렬한 비판을 가했는데, 이 비판과정에 참여한 인사들로는 이대쇠(李大釗), 노신(魯迅), 호적(胡適) 등 당시 모두 영향력 있는 인사들이었다.

5·4운동의 교육방면에서의 영향은 크게 보면 두 가지로 이야기할 수 있다. 하나는 봉건교육의 사상적 지주이자 주요내용이 되었던 유가사상을 비판하고, 타도하자는 구호를 내어놓았다는 것이다. 다른 하나는 봉건경제하의 교육을 비판하고, 공업생산에 필요한 근대교육의 건립을 주장하였다는 점이다.

그들의 공자에 대한 비판은 우선 공맹의 도에 대한 문제점을 지적하는 것으로부터 시작되었다. 노신은 1918년 〈신청년〉에 "광인일기"라는 문장을 발표하였다. 이 문장은 봉건도덕을 비판한 가장 유력한 문장으로서 봉건의 예교(禮敎)가 사람을 잡아먹는다고 주장하였다. 즉 사서오경의 가르침이 제대로 된 사람을 양성하지 못하고 있다고 보았던 것이다. 그는 "내가 역사를 열어 한번 조사해보니, 이 역사는 연대가 없다. 매 페이지마다 모두 '인의도덕'이란 글자가 쓰여 있다. 나는 옆으로 누어서도 잠들지 못하여, 밤새 자세히 보니, 모두 사람을 잡아먹는다는 글씨가 쓰여 있었다."[10]고 하였다. 이것은 유가봉건도덕의 실제에 대해서 그 나름대로의 의견을 제시하고, 이를 통하여 사상의 속박을 벗어나고, 구시대의 예가 중심이 된 교육을 바꾸고자 한 것으로 나름대로 커다란 의의가 있다고 하겠다.

그들은 또 공자의 학설에 대해서도 비판을 가하였는데, 예를 들면, 노신은 공

---

8) 〈신청년〉은 원래의 명칭이 〈청년잡지〉였는데, 1916년 9월 〈신청년〉으로 이름을 바꾸었다.
9) 陳獨秀, "本志罪案之答辯書", 〈新青年〉 第二卷第三號, 1916
10) "狂人日記", 〈魯迅全集〉 第1卷, 人民文學出版社, 1956, 12쪽

자의 학설이라는 것이 봉건전제시대에 나온 것이기 때문에, 현재와 같은 사회에는 맞지 않는다고 하였다. 이대쇠도 "자연적 윤리관과 공자"라는 문장에서 공자의 학설은 시대의 정신을 반영한 것이라 하였다. 그는 공자는 전제사회, 전제시대에 살았던 인물이기 때문에, 그 당시의 정치, 도덕에 대해서 말한 것이고, 그 사회에 부합한 학설을 주장한 것이라고 하였다.[11] 결국 이 말은 공자의 사상이 당시의 5·4운동시대에는 맞지 않다는 것을 역설하려고 한 것이다.

5·4운동 당시에는 많은 사람들이 유가사상으로 중심을 삼는 구교육을 반대하는 동시에 과학과 민주를 중심으로 삼는 신교육을 건립할 것을 주장하였다. 당시 많은 사상가와 교육가들은 신교육과 구교육의 차이를 문장으로 써서 발표하는 등 신교육 확산을 위해 노력하였다. 1915년 진독수는 "금일의 교육방침"이라는 글을 써서 발표하였고, 1916년 황염배(黃炎培)는 "동서의 양 대륙의 교육이 다른 근본을 이야기함"이라는 글을 써서 발표하였다. 또 채원배는 천진에서 개최한 한 강연에서 "신교육과 구교육의 기점"이라는 글을 발표하였다. 이러한 글들은 모두 신교육이 구교육보다 좋은 이유를 만인에게 알리고자 한 것이다.

그들이 보기에 당시의 세계는 식산흥업의 사회이고, 분공합력(分工合力)의 사회이며, 경쟁의 사회였다. 이러한 사회에서 생존하기 위해서는 반드시 현실주의, 직업주의에 입각한 새로운 교육체제를 건립할 필요가 있다고 보았다. 특히 민족과 국가관념을 가지고, 사회를 위해서 봉사하는 사람을 양성해야 하며, 과학지식교육을 중시해야 한다는 보았다.

3) 5·4운동하의 교육개혁

5·4운동은 봉건도덕을 바탕으로 하는 교육 특히 공자를 대표로 하는 유학교육에 대한 비판이 주종을 이루었고, 이러한 비판에 더해서 이 시기 교육개혁이

11) 〈李大釗選集〉, 人民出版社, 1959, 80쪽

이루어졌다.

이 시기 교육개혁은 중화민국 초기의 교육개혁의 정신을 기본으로 해서 당시의 사회에 적합한 신교육체제의 구축을 중요한 교육개혁의 내용으로 하고 있었다. 이 시기 교육개혁의 중요한 내용을 구체적으로 살펴보면 다음과 같다.

(1) 중화민국 초기 제정된 교육종지의 회복과 독경과의 폐지, 신교육의 제창

5·4운동은 결국 원세개를 권좌에서 물러나도록 만들었다. 원세개가 권좌에서 물러난 후 새로운 교육총장으로 범원렴(範源濂)이 임명되었다. 그는 중화민국 원년에 발표된 교육방침을 다시 실행한다는 정책을 발표하였다. 1916년 9월 교육부는 "고등소학교령 실시세칙"을 공포하고, "독경(讀經)"과 관련이 있는 내용을 삭제하였다. 1917년 5월 헌법심의회는 공교(孔教)를 국교(國教)로 삼는 제안을 부결시켰다. 이와 함께 1913년의 헌법초안에 들어있는 "국민교육은 공자의 도로써 수신대본(修身大本)을 삼는다"는 조문을 삭제하였다.

학교교육은 과학교육이 강화되고, 실험이 중시되며, 실용지식과 직업에 대한 내용이 증가하였다. 이런 과정을 통하여 중화민국 초기에 제정되었던 교육방침이 많은 부분 이 시기에 와서 실현되었다.

(2) 남녀평등 교육권의 쟁취

5·4운동은 구시대의 예교와 구도덕을 반대하는 동시에 남녀평등사상을 적극적으로 전파하였다. 그리고 이를 통하여 남녀가 평등하게 교육을 받을 권리가 있다는 것을 알리고자 하였다.

1912년에 제정된 학제를 보면 초등소학의 경우 남녀가 같이 한 반에서 공부할 수 있도록 허용하였다. 그러다가 1915년 원세개가 정권을 잡으면서 〈국민학교령〉을 공포했는데, 거기에서는 단지 소학 1, 2학년에 한해서 남녀합반에 의한 수업을 허용하였다. 3학년 이상의 경우는 남녀가 같은 학교에 다닐 수는 있었지만 같은 반에서 공부하는 것은 엄격히 금지하였다.

그러나 5·4운동이 일어난 이후 민주주의 교육사상의 영향을 받아 이와같은 남녀학생들이 같이 공부하거나, 학교에서 남녀가 평등하게 교육을 받을 권리를 보장해주는 쪽으로 교육정책이 바뀌게 되었다.

1917년 10월 전국교육회연합회 제3차회의에서는 교육부에 여자교육을 보급, 확대시켜 줄 것을 요청하는 제안을 제출하였다. 그리고 여자고등소학과 여자중학 등을 증설할 것을 요구하였다. 1918년 6월 교육부는 각 성에 통지하여, 지방의 형편을 참작하여 전국교육회연합회가 제안한 여자교육의 보급, 확대제안을 처리할 것을 지시하였다. 1920년 여름 채원배가 총장으로 있는 북경대학이 처음으로 여학생을 모집하였다. 이후 남경고등사범학교도 여학생을 모집하기 시작하였다. 중등학교에서 남녀공학이 실현된 것은 비교적 속도가 느리게 이루어졌다. 그러나 일부 진보적인 학교 예를 들면 광동성의 성립중학, 북경고등사범학교 부속중학 등에서는 남녀를 같이 모집하는 조치를 취하였다. 심지어는 남녀합반을 하기도 하였다. 이러한 조치는 진정한 남녀평등교육과는 상당한 거리가 있는 것이었지만, 이천년 동안이나 존속해 온 남녀불평등의 상황을 바꾸는 데 커다란 기여를 하였다. 따라서 이것은 중국교육사에서 보면 커다란 의의가 있는 사건이라고 할 수 있다.

(3) 학교교육에서 국어와 백화문(白話文) 사용

5·4운동은 백화문을 제창하고, 문언문(文言文)을 반대하며, 국민문학, 사실문학, 사회문학을 문학활동의 중심으로 삼기 위하여 노력했던 시기였다. 이러한 노력의 결과 당시 적지 않은 이런 류의 문학작품들이 나오게 되었고, 보통학교교육에 다양한 국어교재와 읽기자료들을 제공해 주게 되었다.

문학혁명의 충격하에서 교육계인사들은 학교교육에서 국어와 백화문을 채용할 것을 요구하였다. 1917년 10월 전국교육회연합회 연차대회에서는 "언어통일을 목적으로 주음자모(注音字母)를 보급하는 안"을 결의하고, 교육부가 신속히 국어표준을 정하고, 주음자모를 각 성에서 보급할 방법을 세울 것을 요구하였다. 또 장래 소학에서는 국어를 바꾸는 준비를 할 것을 요구하였다.[12] 1개월 후 교육부는 1911년에 개최되었던 독음통일회의(讀音統一會議)에서 제정한 주음자모를 공포하였다. 당시 북경에서는 채원배 등이 설립한 공덕학교(孔德學校)에서 국어독본을 편찬하였다. 강소성에서는 교육부의 허락 없이 스스로 "각 학교의 국어교수안"을 제정하고, 국어교재를 만들어 사용하였다. 이후 중화서국이 출판한 〈신식교과서〉도 일부 백화문을 이용하여 만들어지게 되었다. 이런 추세의 압박을 받아 교육부는 1920년 소학 1, 2학년의 국문을 백화문으로 바꾸도록 하고, 구시대에 편찬한 교과서를 일률적으로 폐지하도록 하였다. 또 중학의 각 과 교과서도 점차 백화문으로 바꾸도록 하고, 대학의 강의도 백화문을 사용하도록 하였다. 이렇게 함으로써 대학, 중등학교, 소학의 구 어문교재가 점점 도태되고, 백화문을 사용한 새로운 교재로 대치되었다.

(4) 각급 교육단체의 건립과 각급각류 학교에 대한 개혁

5·4운동 시기 교육계는 매우 활발한 활동을 전개하였는데, 그것은 당시 사상의 속박을 풀어버린 것과도 관련이 있다. 이러한 가운데 이루어진 교육개혁 작업은 한편으로는 전국적으로 적지 않은 교육단체의 설립을 이끈 계기가 되었다. 당시 설립된 주요한 교육단체로는 다음과 같은 것들이 있다. 1914년 설립된 중국과학사(中國科學社), 1915년 각성의 교육연합회와 특별행정구교육회가 대표를 파견하여 만든 전국교육회연합회(全國教育會聯合會), 1917년의 중화직업교육사(中華職業教育社), 1921년의 중화교육개진사(中華教育改進社), 1923년의 중화평민교육촉진회(中華平民教育促進會) 등이 그것이다. 이런 교육단체들은 당시

12) 高寄 主編. 中國現代教育史, 北京師範大學出版社, 1990, 7쪽

교육계의 지명인사들이 집중적으로 참여해서 만들어진 것이었다. 그리고 이러한 교육단체들은 민간의 신분으로 교육개혁을 주장하고, 학교교육을 개혁시키고자 노력하였던 것이다.

당시 북양군벌정부는 교육개혁에 대한 의지가 별로 없었다. 따라서 교육계에서 벌어지고 있는 개혁적 움직임에 대해서 통제를 가하는 입장이었다. 그러나 이러한 교육단체의 역량이 커지면서 또 신문화운동의 영향을 받아 북양군벌정부의 입장에서 현상을 유지한다는 것은 어려운 일이 되었다. 이에 따라 근본적인 통치체제를 동요시키지 않는다는 전제하에서 교육개혁을 하도록 허락하였다. 그리고 이것이 이 시기 교육개혁의 한 가지 특징이라고 할 수 있다.

(5) 대학의 개혁

당시 대학개혁을 이끈 사람은 저명한 교육가인 채원배였다. 그는 1917년 북경대학교 총장으로 취임한 후 북경대학에 대한 개혁에 착수하였다. 이 당시 채원배가 실시한 북경대학개혁안의 주요내용은 다음과 같다.

① 진독수(陳獨秀), 이대쇠(李大釗), 노신(魯迅)과 저명한 학자인 이사광(李四光) 등을 학교교수로 초빙하여 강의를 하도록 하였다. ② 학교에 설치되어 있는 예과를 개혁하고, 전공을 조정하였다. 학년제를 선과제(選科制)로 바꾸고, 학점제를 시행하였다. ③ 학교관리체제를 개혁하고, 평의회를 설치하여, 민주적인 관리체제를 구축하고자 하였다. ④ 연구소를 설치하고, 각종 연구회를 조직하도록 하여 과학연구를 장려하고자 하였다. ⑤ 먼저 여학생을 모집하고, 남녀공학을 실행하였다. ⑥ 백화문을 이용하여 강의하고, 학생들의 신문 등의 발간을 장려하고, 각종 학회의 설립을 지원하였다.[13)]

이런 개혁을 통하여 북경대학교는 사상면에서 활발해지는 등 기상이 일신되

---

13) 高奇, 前揭書, 8쪽

었고, 전국 최고의 학술중심이 되었다.

북경대학의 개혁은 즉각 전국의 고등교육기관의 주목을 받게 되었다. 그리고 북경대학에서 시행한 조치들이 각 대학에서 받아들여지면서 전국대학개혁의 시금석이 되었다.

5 · 4운동 특히 유가사상과 공자사상에 대한 비판은 구 교육의 개혁과 신교육사상의 전파에 커다란 영향을 끼쳤다.

4) 임술학제

전국교육회연합회는 1919년 제5차 연차대회에서부터 학제를 바꾸는 문제를 논의하기 시작하였다. 3년간의 논의 끝에 전국교육회연합회는 학제초안을 교육부에 제출하였다. 1922년 9월 교육부는 전국학제회의를 소집하고, 전국교육회연합회가 제출한 학제초안에 대해 수정을 가한 뒤 같은 해 11월 대총통의 명의로 시행을 공포하였다. 이것이 바로 임술학제이다.

이 학제는 일곱 가지 기준을 개혁의 방침으로 삼고 있었다. 그 내용을 보면, 첫째, 사회진화의 필요에 적응한다. 둘째, 평민교육의 정신을 발휘한다. 셋째, 개성의 발전을 도모한다. 넷째, 국민경제력을 주의한다. 다섯 째, 생활교육에 주의한다. 여섯 째, 교육을 보급한다. 일곱 째, 각 지방의 여건을 고려하여 신축적이도록 한다는 것이었다.[14] 이 학제는 아동의 심신발달을 고려하여 3단계로 나뉘어져 있는데, 당시 미국학제의 모습을 모방해서 만들어진 것이었다. 이 학제의 결점은 바로 미국의 학제를 중국 땅에 이식하는 과정에서 당시 중국의 실제상황과 맞지 않다는 데 있었다. 이 학제는 1932년 이후 사용이 정지되었다.

14) 宋恩榮 主編. 近代中國教育改革. 教育科學出版社. 1994. 179쪽

4. 남경 국민당정부의 교육개혁

1) 삼민주의 교육종지

1927년 4월 장개석은 남경에 국민당정부를 세웠다. 그리고 1928년 남경국민당정부는 삼민주의에 근거한 "중화민국 교육종지"를 확정하였는데 그 내용은 다음과 같다.

첫째, 민족정신을 회복하고, 고유문화를 발양하며, 국민도덕을 높이고, 국민의 신체를 단련한다. 또 과학지식을 보급하고, 예술적 흥미를 기르며, 민족주의를 실현한다.

둘째, 정치방면의 지식을 주입시키고, 네 가지 권리를 운용하는 능력을 길러준다. 또 자유의 한계를 명확히 알도록 하고, 법률에 복종하는 습관을 양성하도록 한다. 평등을 선양하고, 사회봉사의 도덕을 증진시킨다. 또, 조직능력을 훈련시켜 단체협력의 정신을 증진시키고, 민권주의를 실현한다.

셋째, 노동습관과 생산기술을 배양한다. 과학을 응용할 수 있는 능력을 배양하고, 경제이익의 조화를 제창하며, 민생주의를 실현한다. 이와 함께 국제정의를 제창하여 민족자결로써 세계가 대동세계에 들어가도록 한다.[15]

이렇게 확정된 교육종지는 1929년 3월 국민당 제3차 전국대표대회에서 통과되었고, 남경국민당정부에 의하여 정식 공포되었다. 당시 정식 공포된 삼민주의 교육의 종지는 다음과 같다.

> "중화민국의 교육은 삼민주의를 기초로 하여, 인민의 생활을 충실히하고, 사회의 생존을 부축하며, 국민의 생계를 발전시켜, 민족의 생명을 연속하는 것을 목적으로 삼는다. 반드시 민족의 독립, 민권의 보편화, 민생의 발전을 기약하며, 이를 통하여 세계

---

15) 〈第1次中國年鑒〉 上, 제8쪽

의 대동을 촉진하고자 한다."[16]

한편 교육종지가 확정되던 같은 시기에 교육종지의 실시방침도 공포되었는데, 그것은 총8개항으로 이루어져 있다. 그 내용을 살펴보면 다음과 같다.

첫째, 각급 학교의 삼민주의 교육은 전체교육과정과 과외활동이 서로 연계되도록 한다. 역사, 지리교과로서 민족의 진체(眞諦)를 규명하도록 하고, 집단생활로써 민권주의의 운용을 훈련하도록 한다. 각종 생산적인 노동실습을 통하여 민생주의를 실현하는 기초를 배양한다.

둘째, 보통교육은 반드시 총리의 훈화에 근거해야 하고, 아동과 청년은 충, 효, 인, 애, 신, 의, 화(和), 평(平)의 국민도덕으로서 양성하도록 한다. 이와 함께 국민의 생활기능을 배양하고, 국민생산능력을 증진시키는 것을 주요한 목적으로 삼는다.

셋째, 사회교육은 반드시 인민이 근대도시와 농촌생활에 대한 상식과 가정경제 개선의 기능, 공민자치에 반드시 필요한 자격을 구비하는 데 도움을 주도록 하고, 공공사업과 삼림단지를 보호하는 습관, 노인공양, 재난 시 상호협조의 미덕을 배양하도록 한다.

넷째, 대학과 전문교육은 반드시 실용과학을 중시하고, 학과내용을 충실히 하며, 전문지식기능을 겸해서 양성하도록 한다. 이와 함께 국가를 위해서 봉사할 수 있는 건전한 인격을 도야할 수 있는 교육을 실시하도록 한다.

다섯째, 사범교육은 삼민주의 국민교육의 근원을 실현하기 위하여, 반드시 가장 적합한 과학교육과 엄격한 심신훈련을 통하여 하나의 국민으로서 또 학술적으로 가장 건전한 자질을 갖춘 교사를 양성하도록 한다.

여섯째, 남녀 간에 교육기회의 평등을 실현한다. 여자교육은 반드시 건전한 덕성을 도야하는 데 중점을 둘뿐만 아니라, 모성의 특성을 기를 수 있도록 하

16) 〈第1次中國敎育年鑒〉 上, 16쪽

고, 양호한 가정생활과 사회생활을 영위할 수 있도록 한다.

일곱째, 각급 학교와 사회교육은 모두 국민의 체육을 발전시키는 데 주의를 기울여야 한다. 중등학교와 대학은 반드시 군사훈련을 받아야하며, 체육을 통하여 민족의 체력을 증진시켜야 한다.

여덟째, 농업을 권장하기 위하여 반드시 농업교육관련기구를 적극적으로 설치하도록 한다. 농업생산방법의 개선, 농민기능의 제고, 농촌조직과 농민생활의 개선, 농업과학지식의 보급, 농민생산과 소비 합작의 촉진을 통하여 농업을 널리 권장하도록 한다.[17]

이러한 남경국민당정부 시절의 삼민주의 교육종지와 그 실시방침은 손중산이 제시한 삼민주의 정신과는 약간 거리가 있다. 손중산이 삼민주의를 제창할 때에는 반봉건, 반제국주의를 지향하는바가 있었다. 그러나 남경국민당정부에 들어와서 제시된 삼민주의 교육종지는 이러한 정신이 많이 희석된 모습을 보이고 있다.

당시의 정치적, 사회적 상황에서 국민당정부가 제시한 교육방침은 구교육보다는 훨씬 진보된 것이었지만 신해혁명 시기의 교육개혁보다는 퇴보된 면이 있다.

2) 삼민주의 교육의 관철을 위한 조치

(1) 충, 효, 인, 애, 신, 의, 화(和), 평(平)과 예의염치 사상의 주입

봉건윤리도덕으로 국민들의 마음을 다스리기 위하여 국민당정부는 충, 효, 인, 애, 신, 의, 화(和), 평(平)을 국민도덕으로 삼고, 각급교육기관이 이 내용을 중심으로 교육을 실시하도록 하였다. 후에 또 예의, 염치(廉恥)를 공동교훈으로 내어놓고, "4유8덕(四維八德)"[18]이란 글자를 모든 학교가 현판으로 만들어 걸어

17) 〈第1次中國教育年鑒〉 上, 16쪽

놓도록 하였다.

1934년 공산당에 의한 무장투쟁이 갈수록 고조되었고, 일본제국주의의 침략도 갈수록 기승을 부리게 되었다. 이에따라 전국적인 항일운동이 폭발적으로 일어나는 등 당시의 사회는 내외적으로 모두 어려운 상황에 처하게 되었다. 이러한 상황을 벗어나기 위하여 국민당정부는 남창에서 예의염치를 주입하는 "신생활운동"을 전개하기 시작하였다. 이러한 "신생활운동"은 학교를 거쳐 사회 전체로 확대되었다.

(2) 학풍의 정돈과 엄격한 훈련

국민당은 1930년 "학풍을 정돈하는 령"을 내려 진보적인 학생에 대해서 엄격한 학칙을 적용하기 시작하였다.

교직원의 임직과 고급중학교 이상의 학생들의 입학시 모두 삼민주의를 선서하도록 하였다. 또 학교에는 훈육주임을 설치하여 학생들의 생활을 통제하는 수단으로 활용하였다. 군사훈련과 동자군 훈련을 실시하고, 정보요원들을 학교에 파견하여 진보인사나 학생들에 대한 감시를 실시하였다. 1938년에는 삼민주의 청년단이 결성되었는데, 이 조직은 당시 학생들의 주요한 활동조직이 되었다.

3) 교육행정제도와 학제

1929년 6월 국민당 중앙정치회의는 교육행정위원회의 제안을 통과시켰는데, 그 내용은 교육행정제도에 대학원제도를 도입하고, 대학원총리로 하여금 전국의 교육사무를 맡도록 한다는 것이었다. 또 각 성을 몇 개의 대학구로 구분하고, 각 구마다 1개의 대학을 설치하며, 대학의 총장이 구(區) 내의 교육행정과

---

18) 4유(維)는 예, 의, 염, 치의 네 가지 도덕규범을 말하며, 8덕(德)은 충, 효, 인, 애, 신, 의,화(和), 평(平)을 말한다.

일체의 학술사무를 맡도록 한다는 것이었다. 그러나 이 대학구제도는 실제로는 시행되지 못하고, 단지 강소성과 절강성의 두 성에서만 시험적으로 시행되었다. 1928년 7월 대학원을 폐지하고, 교육부가 설치되었는데, 그 속에 고등교육, 보통교육, 사회교육의 3개 사(司)가 설치되었다. 1929년에는 몽장교육사(蒙藏教育司)와 화교교육설계위원회가 증설되었고, 교육부 직속으로 편심처(編審處)가 설치되었는데, 이것은 후에 국립편역관(國立編譯館)으로 바뀌었다. 한편 성에는 교육청, 현에는 교육국이 설치되었다.

학교제도 면에서는 기본적으로 1922년 공포된 학제를 계속적으로 적용하였다. 후에 종합중학제를 도입하였는데, 도입 후 여러 가지 문제가 드러나 그 제도를 폐지하면서 중학, 사범, 직업의 세 종류의 학교가 분리된 학교제도를 도입하였다.

4) 각급 각류교육의 실시

(1) 소학교육

국민당정부는 1929년, 1936년, 1939년 몇 차례 국민의무교육을 실시할 것을 제출한바 있다. 이를 위해 문맹퇴치계획을 제정하기까지 하였다. 그러나 경비의 곤란으로 실시되지는 못하였다.[19] 소학교육과정은 세 차례의 수정을 거쳐 1936년 공포되었다. 그 내용을 살펴보면 초등소학의 경우는 공민훈련, 위생, 체육, 상식, 공작, 창유(唱游)과목이 설치되었으며, 고등소학은 여기에 공민지식, 역사, 지리의 세 과목이 추가되었다. 4학년부터는 산술과목이 들어가기 시작하였는데, 이 과목의 내용 속에는 주산내용이 포함되어 있어서 학생들의 취업의 필요에 부응하도록 하였다.

19) 孫邦正 編著, 60年來的中國教育, 正中書局, 1971, 347쪽

(2) 중등교육

1932년 공포된 "중학법"을 보면 중학교에는 성립, 시립, 현립, 연립(聯立)과 사립이 있었다. 한편 1936년 공포된 교육과정을 보면, 초급중학에는 공민, 국문, 영어, 역사, 지리, 산학(算學), 물리, 화학, 동물, 식물, 생리위생, 도화(圖畫), 음악, 체육, 노작(여학생은 가사)과목이 설치되어 있었다. 3학년의 경우에는 지역적 상황을 고려하여 직업과목(4시간)을 설치할 수 있도록 하였다. 고급중학에는 공민, 국문, 외국문, 수학, 본국역사, 외국역사, 본국지리, 외국지리, 물리, 화학, 생물학, 군사훈련, 체육 등의 과목이 설치되었다. 고급중학은 2학년부터 갑조와 을조로 나뉘는데, 갑조는 산학과목을 더 많이 이수할 수 있고, 을조는 국문, 논리, 영문의 세 과목을 12시간까지 더 이수할 수 있도록 하였다. 3학년부터는 상업회계, 부기, 통계, 응용문서, 타자, 농예, 원예 등 간이직업과목을 설치하여 학생들이 이수하도록 하였다.

1932년 "직업교육법"이 공포되었고, 이에 따라 직업학교는 초급과 고급의 두 단계로 나뉘게 되었다. 같은 해 교육부는 "사범학교법"을 공포하여, 각급의 사범교육은 모두 정부가 책임지도록 하였다. 사범학교는 초급중학 졸업생을 모집하고, 학제는 3년이었다. 사범학교의 교과목으로는 공민, 국문, 역사, 지리, 산술, 음악, 논리학, 교육개론, 교육심리, 교육측정과 통계, 소학교재교법, 소학행정, 실습 등이 있었다.

(3) 고등교육

1929년 "대학조직법"과 "대학규정"이 공포되었다. 대학의 종류로는 국립, 성립, 시립과 사립이 있고, 문, 이, 법, 교육, 농, 공, 상, 의 등 각 학원으로 구성되었는데, 3개 이상의 학원을 가지고 있으면(그러나 반드시 이, 농, 공, 의학원 중 하나는 포함되어야 함) "대학"이라고 칭하였다. 그렇지 않을 경우 독립된 "학원"이라고 불렸다. 대학에는 지금의 대학원에 해당하는 연구원이 설치되어 있었고, 학부의 수업기간은 4년(의학 5년)이었다.

5. 1920년대 말에서 1930년대까지의 향촌교육

당시 농촌지역은 많은 농가가 파산을 하였고, 농촌에서 살기 어려워진 농민들은 여기저기로 뿔뿔이 흩어지는 상황에 처해 있었다. 이때 일부 교육가들이 향촌교육을 통하여 농촌생활을 개선해 보자는 생각을 갖게 되었다. 동시에 미국의 교육실험방법의 영향을 받아 1925년 이후에는 농촌지역 여기저기에 교육실험구를 건립하기 시작하였다. 이때 전국적으로 건립된 이런 실험구는 193곳이나 되는 것으로 알려지고 있다. 이러한 교육실험활동은 각기 그 입장이 조금씩 차이는 있었지만 하나의 향촌교육운동으로 변모되는 과정을 거치게 되면서, 당시 중국농촌교육의 발전에 커다란 기여를 하였다.

이하에서는 그중 비교적 영향력이 있던 향촌교육실험구를 소개하기로 하겠다.

1) 중화직업교육사(中華職業教育社)의 농촌개선실험구

가장 일찍이 농촌교육을 시험적으로 운영했던 곳은 중화직업교육사이다. 1925년 8월 황염배(黃炎培)는 산서지역에 향촌직업교육을 시험적으로 운영하는 계획을 내어놓았다. 직업교육사는 황염배의 뒤를 이어서 교육의 힘으로 농촌생활을 개선하자는 구호를 내놓고, 그중의 한 사업으로 의무교육을 보급하고, 학령아동은 남녀를 불문하고 취학하도록 하며, 나이가 든 미취학자를 위하여 평민교육을 실시할 것 등을 제시하였다.[20] 이와 함께 1926년 7월 곤산(昆山)[21]

20) 中華職業教育社 編 "農村教育叢書" 第1輯, 1926, 4쪽

21) 강소성에 있는 산

의 서공교(徐公橋)를 제1시험운영지역으로 삼아, 서성교에 향촌개진회(鄕村改進會)를 설립하였다.[22] 그리고 그 아래에 총무, 건설, 농예, 교육, 위생, 오락, 선전 등의 7개부를 두었는데, 시험기간은 6년이었다. 6년간의 중요한 업무는 다음과 같았다.

첫째, 농원예시험장을 설치하고, 농기구와 농생산품진열실을 설치한다. 둘째, 종자를 개량하고, 신용합작사를 조직하며, 농민들에게 저리로 자금을 빌려준다. 셋째, 공공진료소를 건립한다는 것 등이었다.

교육방면에서는 야학과 도서실을 설치하고, 격언패 설치, 강연 등을 하는 것이었다. 이 실험구는 1934년 시험이 완료된 후 지방정부에 이관되어 운영되었다.

이밖에 중화직업교육사는 진강(鎭江), 오현(吳顯) 등에서도 농촌개선실험구를 운영하였다. 한편 농촌에서 이러한 일에 종사하는 사람들을 양성하기 위하여 직업교육사는 서공교에 강습소를 설치하기도 하였다. 1933년에는 농촌복무전수과, 절강제가교농촌개진실험학교 등의 학교를 설치하여 운영하기도 하였다.

중화직업교육사는 농촌개선의 방법을 통하여 중국의 농촌문제를 해결하고자 하였다. 물론 이러한 생각은 농촌교육의 발전을 가져왔을 뿐만 아니라, 부분적이나마 농촌경제의 발전에도 기여를 하였다. 그러나 거대한 농촌을 이 한 조직의 힘으로 변화시킨다는 것은 당시의 사회적 여건으로 볼 때 거의 불가능한 일이었다고 볼 수 있다.

2) 도행지(陶行知)가 설립한 향촌사범과 산해공학단(山海工學團)

1926년 도행지는 "전국 향촌교육을 창조하는 선언서"를 기초하였다. 거기에서 도행지는 향촌의 실제생활에 적합한 생활교육을 주장하였다. 이 이상을 실현하기 위하여 도행지는 1927년 2월 효장소학을 설립하였다. 그리고 3월에는

22) 孫培靑 主編, 前揭書, 710쪽

남경시험향촌사범학교를 설립하였는데 이 학교는 1929년에 효장학교로 교명이 변경되었다.

1932년 여름 도행지는 교육소설 〈고묘고종록(古廟敲鍾錄)〉을 발표하였다. 그 소설에서 도행지는 학교가 중심이 되는 농촌개혁의 이상을 제시하고 있다.

한편 도행지는 향촌공학단 운영에 대한 자신의 생각을 정리해서 발표하였다. 그가 생각하는 공학단은 공장, 학교, 사회가 하나의 유기체가 되는 것을 말하는 것이다. 그는 공학단에서는 6대훈련을 실시해야 한다고 주장하였는데 그 6대훈련이란 군사훈련, 생산훈련, 과학훈련, 식자훈련, 민권훈련, 생활훈련이다. 1932년 9월 도행지는 마침내 상해와 보산 사이에 산해공학단을 설치하게 된다. 산해공학단은 청년공학단, 아동공학단, 부녀공학단, 면화공학단, 양어공학단, 산해목공장 등으로 구성되어 있었다. 아동공학단은 "소선생제(小先生制)"[23]를 도입해서 운영하였는데, 학습내용은 도행지가 편찬한 남녀노소가 모두 배울 수 있는 천자문이었다. 이 산해공학단은 1939년 운영이 정지되었다.

3) 중화평민교육촉진총회의 정현실험구(定縣實驗區)

중화평민교육촉진총회는 설립초기에는 주로 도시를 중심으로 식자교육을 전개하였다. 그러다가 1930년 10월에 정현실험구를 설립하였다. 이 정현실험구는 문예, 생계, 위생, 공민의 4대교육을 중심으로 하고 있는데, 그중 가장 중요하게 취급된 것은 공민교육이었다. 1931년에는 국민당정부와 협력하게 되면서, 이 정현실험구는 하북성 현정건설실험구로 지정되어, 중화평민촉진총회의 실험부 주임이 이 실험현의 현장이 되기도 하였다.

23) 도행지(陶行知)가 주장한 교육보급의 한 방법으로 교육 받은 어린이가 성인 문맹자의 교육을 담당하는 제도

CHAPTER

15

중국 근대학교제도의 역사적 변천과정

중국이 근대학제를 받아들이기 전의 중국사회는 한마디로 봉건전제정치하의 사회였다. 당연히 교육제도라는 것도 봉건사회에 적합하도록 체계화되어 있었다. 그러다가 아편전쟁의 계기로 문호를 개방하게 되고, 계속적인 열강의 침략하에서 새로운 사회에 맞는 교육제도의 필요성이 대두하게 되었다. 이에 따라 중국정부는 근대적인 새로운 학교제도를 수립하게 된다.

중국이 근대적인 학제를 처음으로 받아들인 것은 청나라 말기인 1902년에 공포된 임인학제(壬寅學制)였다. 그러나 이 학제는 시행되지 못하였고, 다음 해에 계묘학제(癸卯學制)가 공포되어 시행되었다. 신해혁명이 일어난 후 1912~1913년에는 임자 · 계축학제(任子癸丑學制)가 공포되었고, 1922년에는 또 임술학제(壬戌學制)가 공포되었다.

한편 국민당정부 시기에는 술신학제(戌辰學制)를 제정하는 노력을 하는 등 비록 몇 차례 학제에 대한 수정이 가해지기는 하였지만 기본적으로는 임술학제를 연용하였다.

1. 근대 학제의 변천과정

1) 임인학제(壬寅學制)

중국에 근대적인 학교제도가 도입된 것은 청 말의 "폐과거, 흥학교(廢科擧, 興學校)"[1]로부터 시작되었다. 1902년 청의 관학대신 장백희는 일본의 학제를 모방하여 〈흠정학당장정(欽定學堂章程)〉을 만들었는데 이것이 중국역사상 제일 처음 만들어진 비교적 체계가 갖추어진 학교제도였다. 이 학제는 공포할 당시가 임인년이어서 "임인학제(任寅學制)"라고 불리고 있다. 이 〈흠정학당장정〉은 〈경

1) 富維岳, 唱印余, 教育學, 東北師範大學出版社, 1991, 167쪽

사대학당 장정〉〈고시선발입학 장정〉〈대학당 장정〉〈중학당 장정〉〈소학당 장정〉〈몽학당 장정〉 등 모두 6개 부분으로 구성되어 있다.[2] 이 임인학제는 비록 정식으로 청정부에 의해서 공포가 되었지만 시행되지는 못하였다.

2) 계묘학제(癸卯學制)

임인학제의 뒤를 이어 1904년 1월에 장백희, 장지동, 영경 등에 의해 〈주정학당장정(奏定學堂章程)〉이 만들어졌고 청정부에 의해 정식 공포되었다. 계묘학제는 장백희, 장지동, 영경 등 3인이 공동으로 만든 것으로 되어있으나, 실제는 주로 장지동에 의해서 만들어진 것이었다. 장지동은 양무파의 후기 지도자로써 그가 주장한 "중학위체, 서학위용"은 계묘학제의 사상적 기초가 되었다.

이 "계묘학제"는 중국에서 처음으로 전국에 적용된 학교교육제도라고 할 수 있다. 이 학제도 형식상에서 본다면 일본의 학제를 모방한 것이었고, 또 내용상에 있어서도 봉건시대의 과거제를 포용하고 있었다. 계묘학제는 전체교육의 과정을 3단계로 나누었다.[3]

제1단계는 초등교육 단계로써 이 단계 안에는 몽양원(蒙養院)[4], 초등소학당(5년), 고등소학당(4년) 등 3가지 유형의 학교를 두었다. 제2단계는 중등교육 단계로써 중학당(5년) 하나를 두었다. 제3단계는 고등교육 단계로써 고등학당 혹은 대학 예과(3년), 대학당(3~4년), 통유원(通儒院, 5년)의 3가지를 두었다. 아동이 7세에 초등소학당에 입학해서 통유원까지 졸업하려면 26년이 걸렸다.

지금까지 제시한 것을 일반학교 과정이라고 본다면 계묘학제에서는 실업학교 과정을 별도로 두었는데 그 내용은 다음과 같다.

---

2) 鄭登云, 中國近代教育史, 華東師範大學出版社, 1994, 160쪽

3) 鄭登云, 前揭書, 163-164쪽

4) 학전교육기구로써 3-7세의 아동을 입학대상으로 하였다.

고등소학당과 동급으로 실습보습보통학당(實習補習普通學堂), 초등농공상실업학당(初等農工商實業學堂), 예도학당(藝徒學堂) 등을 두었다. 중학당과 동급으로 초급사범학당과 중등농공상실업학당을 두었으며, 고등학당과 동급으로 우수사범학당, 실업교원강습소, 고등농공상실업학당, 진사관(進士館), 역학관(譯學館) 등을 두었다. 이 학제는 임인학제를 더욱 다듬은 것으로서 유아교육, 직업교육, 사범교육에 이르기까지 비교적 상세한 규정을 하고 있다. 동시에 각급 각류 학교의 교육과정, 시간수 등을 규정하고 있다. 특별히 경서를 읽는 것을 중시했는데 그러나 유가경전을 학습하는 것 외에도 서방의 자연과학, 사회과학 등도 학습하도록 함으로써 "중학위체, 서학위용(中學爲體, 西學爲用)"의 정신을 구현하고 있다. 이 학제는 1911년 청조 말까지 적용되었다.

3) 임자학제(壬子學制)

신해혁명 이후인 1912년 손중산을 중심으로 남경임시정부 교육부는 〈보통교육 잠행방법〉을 공포하여 청대의 교육제도에 대하여 대대적인 개혁을 진행하였다. 학당을 학교로 명칭을 바꾸고, 초등소학에 여자의 입학을 허용했으며, 소학에 설치된 독경과를 폐지하였다. 또 중학을 문과와 실업과로 나누는 것을 폐지하고, 중학과 초등사범학교의 학습연한 등을 단축하였다. 이와 함께 "임시교육회의"의 결의에 따라 새로운 학교제도를 제정·공포하였는데 이것이 바로 "임자학제"이다. 이 임자학제의 공포에 이어서 계속해서 각종 학교관련 법령을 제정·공포하였다. 이 법령들은 임자학제를 그 기본내용으로 하여 제정된 것으로서 후에 임자학제는 "임자계축학제"로 변경되었다. 이 학제는 1922년 새로운 학제가 탄생되기 전까지 적용되었다.

"임자계축학제"에서 규정한 학제의 내용을 살펴보면 다음과 같다.[5)]

---

5) 鄭登云, 전게서, 184-185쪽

(1) 초등교육은 7년으로 하며, 그중 초급소학 4년, 고급소학 3년으로 한다.
(2) 대학교육은 6~7년으로 하되 그중 예과 3년, 본과 3~4년으로 한다.
(3) 학전아동은 몽양원에 들어가며, 대학졸업 후 대학원에 들어가는데 수업연한은 정하지 않는다.
(4) 고급소학과 같은 수준에서 을종 실업학교, 실업보습학교와 보습과를 설치한다. 중학과 같은 수준에서 갑종 실업학교, 사범학교와 보습반 등을 설치한다. 대학과 같은 수준에서 전문학교와 고등사범학교를 설치한다 등이다.

4) 임술학제(壬戌學制)

제1차 세계대전 이후 북양군벌정부는 1922년 11월 미국학제를 모방한 〈학교계통개혁령〉을 공포하였다. 이것이 바로 6·3·3의 신 학제로써 "임술학제"라고 불리고 있다. 임술학제에서는 학제를 다음과 같이 규정하고 있다.[6)]

(1) 초등교육은 6년으로 하고, 초급소학(4년)과 고급소학(2년)으로 나눈다. 초급소학은 단독으로 설치할 수 있다.
(2) 중등교육은 6년으로 하고, 초급중학(3년)과 고급중학(3년)으로 나눈다. 초급중학은 단독으로 설치할 수 있으며, 고급중학 단계에서는 지방의 수요에 따라서 각종 직업과를 고급중학 내에 설치할 수 있다.
(3) 고등교육은 4~6년으로 하며 전과학교(3년)와 대학(4~6년)의 두 종류를 설치한다. 대학졸업 후 대학원에 입학해서 계속 공부할 수가 있는데 그 수업연한은 정하지 않는다.

6) 孫培靑 外, 前揭書, 657쪽

(4) 중등교육 단계에는 사범학교와 직업학교를 설치한다.

이상의 임술학제의 내용을 보면 아동이 6세에 소학에 입학해서 대학을 졸업할 때까지 총 18년이 걸림을 알 수 있다.

5) 술신학제(戌辰學制)

이 학제는 정부가 공포하여 시행한 적이 없는 학제이다. 따라서 임인학제, 계묘학제, 임자계축학제 그리고 임술학제와 동등하게 볼 수는 없는 학제이다. 그러나 이렇게 술신학제를 기타 다른 학제와 같이 놓고 소개하는 이유는 그 학제에 나타난 정신을 당시의 정부가 학제를 개혁할 때 받아들인 부분이 많기 때문이다.

1928년 5월 대학원[7]은 제1차 전국교육회의를 소집하였다. 회의에서 "중화민국 학교계통안"을 통과시켰는데, 이것이 술신학제이다.

술신학제의 구조와 체계는 임술학제와 대동소이하다. 중심구조를 보면 "3단계 7급" 혹은 "3단계 5급"으로 구성되어 있었다. 학제는 6·3·3·4제이며, 아동의 입학연령은 6세로 하였다. 임술학제와 다른 점은 중등교육단계이다. 그 내용을 보면 다음과 같다.

첫째, "종합중학제"를 폐지하고, 보통중학, 직업학교, 사범학교의 세 가지 유형의 학교를 단독으로 설립하도록 구분하였다.

둘째, 보통중학에는 3·3제외에 4·2제를 채용할 수 있도록 하였다.

셋째, 중학의 선택과목을 폐지하고, 모두 필수과목으로 변경하였다.

---

7) 당시에 국가의 교육을 총괄하던 부서로 현재의 교육부에 해당함.

2. 근대 시기 학교급별로 본 교육의 발전과정

1) 유아교육

중국에 본격적인 유아교육기구가 세워진 것은 1900년대 초이다. 물론 그 전에도 서양의 선교사에 의해 세워진 교회에 유아교육기구가 설치되어 있었다. 그러나 당시 청정부는 교회가 세운 각종 학교에 대해 관리권을 행사할 권한이 없었다. 따라서 엄격한 의미에서 중국이 필요에 의해서 유아교육을 받아들인 시기는 청조 말이라고 볼 수 있다. 그리고 이 청조 말이 중국 유아교육의 붕아기에 해당된다고 볼 수 있다.

당시 중국의 애국계몽사상가들은 국가를 구하기 위한 방법을 다양하게 찾고 있었다. 이 과정에서 교육을 개혁하고 서양학문을 도입하는 것이 강국으로 나아가는 길이라고 여기게 되었다. 서양의 교육제도 중에서 유아교육은 당시 애국계몽사상가들의 주의를 끌게 되었고, 당시의 개화사상가들인 장지동(張之洞), 장백희(張百熙) 등은 〈주정학당장정〉을 제정하면서 유아교육에 대한 내용을 그 속에 포함시켜 공포하였다. 즉 학당의 장정에 〈몽양원장정〉이라는 유아교육 관련 규정이 포함되어 있었는데 이것이 중국에서 최초로 정부수준에 의해서 유아교육을 도입한 경우가 된다.

1903년 무창(武昌)에서 최초의 유치원인 호북유치원이 창립되었다. 이 기구는 1904년 〈몽양원장정〉에 의거해서 무창모범소학교 몽양원이라고 불리게 되었다.[8] 〈몽양원장정〉에는 "몽양원은 전문적으로 3세 이상 7세 미만의 아동을 보육하고 교도하기 위한 것으로써 매일 4시간을 초과하면 안 된다"[9]고 규정하고 있었다. 호북유치원이 설립된 이후 북평, 상해, 호남, 강소 등지에도 계속해서

8) 何曉夏 主編, 簡明中國學前教育史, 北京師範大學出版社, 1993, 96쪽

9) 〈秦定蒙養院章程及家庭教育法章程〉, 舒新城, 近代教育史資料(中册), 人民教育出版社, 1961, 385쪽

몽양원 혹은 유치원이 설립되었다. 그러나 당시 몽양원을 위한 교사가 전혀 양성되어 있지 않은 상태였기 때문에 교재는 물론 교사도 일본인을 초빙하였다.

한편 1885년도부터 서방 열강은 교회를 통하여 상해 등지에 유치원을 설립하기 시작했다. 1904년에 이르러서는 그것이 6개소로 늘어났다.[10] 이와 함께 1899년에는 복주(福州)에 유아사범학교가 설립되었다. 이러한 교회가 운영하는 유아교육은 중국의 유아교육 발전에 커다란 영향을 끼쳤다. 청 말 중국의 유아교육은 주로 일본을 모방하고, 교회의 영향을 크게 받은 것이었다.

1911년 중화민국 건립 이후 중국의 유아교육은 양적인 측면에서 많은 발전을 가져오게 된다. 서양의 유아교육사상이 계속해서 중국에 전파되어 들어왔고, 일부 교육사상가들이 유아교육이론에 대한 연구와 유치원 설립을 시도하였다.

1922년에 반포한 신 학제는 유치원을 정식으로 학제에 집어넣었다. 1932년 중화민국 교육부는 〈유치원 교육과정 표준〉을 공포하였고, 여기에서는 음악, 이야기와 노래, 유희, 사회상식, 공작 등을 주요한 교육영역으로 제시하였다. 당시 프뢰벨, 몬테소리, 듀이 등의 교육사상이 계속해서 중국에 전파되어 들어왔고, 유치원의 수도 대폭 늘어나게 되었다.

2) 초중등교육

중국에서 근대적인 의미의 초등교육이 실시되기 시작한 것은 1904년 1월13일 청정부가 〈주정학당장정〉을 공포한 후부터이다. 즉 이때부터 근대적인 초등교육제도가 중국에 도입된 것이다. 이때의 제도를 보면 제1단계 교육기관으로서 초등소학당을 설립하였는데, 7세 이상의 아동에게 입학자격이 주어졌으며 수업연한은 5년이었다. 1912년 중화민국 정부는 초등소학당을 초등소학교로 고쳤고 후에는 다시 국민학교로 개칭하였다. 이 시기 초등교육의 보급률은

10) 黃人頌 主編. 學前教育學, 人民教育出版社, 1995, 24쪽

별로 높지 않았고 따라서 국민을 대상으로 하는 기초교육의 역할을 제대로 하지 못하였다고 볼 수 있다.

중국은 진, 한 시대로 부터 명, 청에 이르기까지의 2000년 동안 봉건적인 학교제도로써 대학과 소학이 있었지만 중등교육을 위한 학교는 존재하지 않았다.[11] 그러다가 아편전쟁 이후 변법자강운동이 일어나고 서양의 교육제도를 받아들이면서 신교육을 실시하기 시작하였고 이에 따라 19세기 말에 이르러 중등교육기구가 출현하게 된다. 1895년 천진에 설립된 중서학당(中西學堂)과 1896년 상해에 설립된 남양공학(南洋公學)에 모두 중등반이 설치되었다.

1904년에 공포된 주정학당장정은 전체 중국의 학제를 3단계 7급으로 나누어 제시하고 있는데 중등교육은 초등교육과 고등교육 중간의 1급이며 5년을 수업연한으로 삼았다. 그리고 교육과정은 수신, 독경, 중국문학, 외국어, 역사, 지리, 산학(算學), 물리와 화학, 법제와 이재(理財), 도화, 체조 등 12개 과목으로 하였다. 1912년 중화민국 건립이후 임자학제를 공포했는데 이때는 중등교육단계의 수업연한을 4년으로 삼았다.

1922년에 이르러 〈학제계통개혁령〉을 공포하고 신 학제(임술학제)를 실행하였다. 이 때부터는 중등교육단계의 교육기간을 6년으로 정하고 그 6년의 교육기간을 초급중학교육 3년, 고급중학교육 3년으로 하였다. 이 학제는 1949년 중화인민공화국이 성립될 때까지 적용되었다. 중등교육제도가 도입된 후부터 1949년까지의 50여 년 동안 중등교육의 보급상태는 초등교육과 마찬가지로 미미한 상태였다.

3) 고등교육

중국에 근대 고등교육기관이 출현한 것은 아편전쟁 이후부터이다. 경사동문

11) 班華 主編, 中學教育學, 人民教育出版社, 1994, 59쪽

관(京師同文館)은 중국이 필요에 의해서 설치한 최초의 근대적인 전문교육기관이었다고 할 수 있다. 이 학교는 1862년도에 설립되었는데 처음에는 단지 20명의 학생만이 이 학교에 다녔다. 이 학교는 주로 서양의 언어를 가르치던 학교로써 통역이나 외교관련 인력을 양성하는 것이 주목적이었다. 따라서 이 학교는 그 성격상 중국 최초의 외국어교육 전문기관이었다고 보는 편이 더 정확할 것 같다.

중국에 근대적인 의미에서의 본격적인 대학의 성격을 띈 최초의 교육기관은 천진북양서학학당(天津北洋西學學堂)이다. 이 학교는 두등학당(頭等學堂)과 이등학당(二等學堂)으로 이루어져 있었으며 두등학당은 본과, 이등학당은 예과로 삼았다. 수업연한은 모두 4년을 기준으로 삼았다. 두등학당에는 법과, 토목공정, 채광과 야금 그리고 기계공정의 4개과가 설치되었다. 1899년 두등학당의 제1기 졸업생이 나왔는데 총졸업생수는 18명으로서 결국 이 졸업생들이 중국에서 최초로 대학을 졸업한 학생들이 되었다.[12)]

근대 시기 중국정부가 설립한 최초의 대학은 경사대학당(京師大學堂)이다. 이 학교는 1898년 유신운동(維新運動)의 와중에 설립된 대학이다. 경사대학당의 학교건립설계는 유신파의 영수였던 양계초(梁啓超)가 일본대학의 체제를 모방해서 만든 것이다. 1902년 청정부는 장백희(張百熙)를 경사대학당 관학대신(管學大臣)으로 삼았다. 장백희는 경사대학당 총교습 오여륜(吳汝綸)을 일본에 보내서 교육제도를 시찰하도록 하였고 그 결과를 참고로 하여 중국의 최초의 근대학제를 만들어 내었는데 그것이 바로 〈경사대학당장정〉이다.

〈경사대학당장정〉을 보면 대학당은 대학당, 대학전문과, 대학예비과의 3부분으로 구성되어 있다. 대학전문과는 일본의 제도를 모방한 것으로써 정치, 문학, 격물치지(格物致知)[13)], 농업, 공예, 상무(商務), 의술 등 7개 전공을 설치하였다.

---

12) 郭笙, 王炳熙, 蘇渭昌, 新中國教育 40年, 福建教育出版社, 1989, 147쪽

13) 중국의 청 말에 물리, 화학 등 자연과학을 총칭한 말.

한편 1904년 〈주정학당장정〉이 공포되었는데, 이 장정을 보면 고등교육기구로써 대학당, 고등학당, 고등실업학당, 고등정법학당, 사범학당 등을 설치하고 있다. 대학당에는 본과, 통유원(通儒院)[14], 예과를 설치하였다. 본과에는 8개과가 설치되어 있었는데 각각의 과 아래에 다시 몇 개의 전공을 설치하였다. 예를 들면 경제과에는 11개의 전공이 정치과에는 2개의 전공이 설치되었다. 수업연한은 일반적으로 본과 3~4년, 예과 3년을 기준으로 삼았고 통유원은 수업연한에 제한을 두지 않았다.

1912년 중화민국이 건립된 이후 일부 선진적인 교육계인사들은 중국의 대학교육을 개혁하고자 노력하기 시작하였다. 대표적인 인물은 당시 중화민국임시정부 교육총장을 담당했던 채원배(蔡元培)이다. 이러한 인물들의 노력속에 중국의 대학에 서방의 선진적인 과학기술 교육내용이 더욱 빠른 속도로 들어오게 되었다. 한편 일본과의 전쟁기간동안 중국정부는 대학을 보호하기 위한 조치를 취했는데 그 조치란 일부 이름 있는 대학들을 전쟁의 피해가 없는 지방으로 옮기는 것이었다. 이를 통해 많은 대학들이 전쟁의 피해를 입지 않고 존속할 수 있게 되었다.

한편 19세기 후반기부터 서양의 선교사들이 중국에 와서 대학을 설치하여 운영하기 시작하였다. 이런 대학을 중국에서는 교회대학이라고 부르고 있는데 이런 대학들은 중국의 대학교육 발전과 교육기회의 제공이라는 긍정적인 역할을 했다. 하지만 교회대학이 제국주의의 문화침략이라는 주장과 중국의 교육주권을 훼손하였다는 지적을 받기도 하였다.[15] 1949년 이전까지 외국교회에 의해 설립된 대학은 요한대학, 연경대학, 금릉대학, 보인대학, 영남대학 등 21개의 대학이 있었다. 1952년 이후 이런 교회대학은 모두 합병이 되어서 공립대학

---

14) 지금의 대학원에 해당함.

15) 당시의 교회대학에 대해서 청정부는 감독할 만한 힘을 가지고 있지 못하였다. 따라서 당시의 교회대학은 청정부의 감독권한의 밖에 있었다. 일종의 외교적 특권이 주어졌던 것이라고 할 수 있다.

으로 바뀌었다.

4) 평생교육

중국에서 평생교육이 언제부터 시작되었는지에 대한 명확한 자료는 없으나 공식적인 문서에 따르면 청 말의 광서(光緖)시대 부터 시작된 것으로 나온다. 광서29년인 1903년 청정부는 〈실업보습보통학당장정(實業補習普通學堂章程)〉, 〈예도학당장정(藝徒學堂章程)〉, 〈대학당장정(大學堂章程)〉 등을 공포하였다. 이 3가지 장정은 최초로 국가가 공포한 평생교육관련 문서라고 할 수 있다.

〈실업보습보통학당장정(實業補習普通學堂章程)〉에는 이미 일에 종사하고 있거나 앞으로 종사할 성인들에게 간단한 실업에 대한 지식과 기능교육을 받게 하고, 더불어 일정한 정도의 보통학과의 보습(補習)을 3년간 받게 한다고 규정하고 있다. 이것은 일종의 직업보습학교의 성격을 띠고 있는 것이라고 볼 수 있다. 이 장정에 따라 1909년에 이르러는 전국의 실업학당수가 254개교에 이르게 되었는데 대부분이 실업보습학당이었다.[16)]

〈예도학당(藝徒學堂章程)〉은 초등소학에 입학하지 못하거나 읽기나 계산능력 수준이 낮은 빈곤가정의 자제들을 입학시킨다고 규정하고 있다. 그리고 교육 내용으로는 초보적인 공업기술지식을 학습시킴으로써 일정한 수준을 가진 노동자를 배양해 내고자 하였다. 〈대학당장정〉을 보면 대학당에서는 재직관원들의 재교육을 담당하도록 하였다. 이것은 결국 재직교육의 형식을 띄고 있는 것으로서 일종의 평생교육이라고 할 수가 있다.

신해혁명(辛亥革命) 이후 임시총통 손중산(孫中山)과 교육총장 채원배(蔡元培)는 사회교육을 실시할 것을 주장하였다. 1912년 1월 남경에 성립한 중화민국임시정부의 교육부는 사회교육국을 설립하여 전국의 사회교육을 관할하도록 하

16) 賴春明, 謝亞平, 中國成人教育, 北京師範大學出版社, 1995, 3쪽

였다. 이것이 중국에서 최초로 평생교육이 교육행정 부문에서 독립된 지위를 취득하게된 경우이다. 중화민국 초기에 장태염(章太炎), 어우임(於佑任) 등이 통속교육(通俗教育)을 발기하여 중앙과 지방에 통속교육연구회가 설립되었다. 이를 통해 간이식자학교, 보습학교, 통속강연소 등의 교육기구의 설립과 활동이 전개되었다. 1918년 전국 22개 성과 시 지역에 223개의 통속교육연구회가 설립되었고, 통속교육강연소의 수는 2579개에 달했다.[17)]

청 말에서 중화민국까지의 몇십 년간 중국의 평생교육은 일반적으로 실업교육, 사회교육, 통속교육, 기초교육 등의 시행과정 속에서 진행되었다. 신해혁명 후 실업보습교육이 신학제 속에 포함되게 되었고 이에 따라 광범위한 사회교육이 전개되었다.

17) 賴春明, 謝亞平, 前揭書, 3쪽

CHAPTER

16

중화인민공화국 건립 이후의 공산 및 사회주의 교육

중화인민공화국의 건립으로 중국에 공산정권이 등장했다. 이건 이전과는 완전히 다른 정치체제가 등장했음을 의미한다. 앞의 모든 중국왕조사례에서 보듯이 정권을 가진 자들은 정권유지를 위해 교육을 활용해온 측면이 강했다. 현대를 보아도 민주주의 국가를 제외하고, 공산국가, 독재국가들은 아직도 교육을 통치수단이나 체제유지수단으로 이용하고 있다.

중국은 공산정권이 등장하기 바로 전에는 자본주의적 요소가 농후한 교육제도를 가지고 있었다. 당연히 교육이념 또한 자본주의적 요소를 가지고 있었다. 새로운 정권은 이러한 모든 색채를 공산주의 인재를 배양하는 데 유리하도록 바꿔나갔다. 그런데 중국에 등소평이라는 걸출한 인물이 출현하면서 중국은 새로운 발전단계로 나가게 된다. 공산주의라는 정치체제는 지키되, 경제발전을 할 수 있는 체제를 고안해 낸 것이다. 바로 중국식사회주의가 그것이다. 이런 이념하에 중국사회 및 교육은 비약적인 발전을 해오고 있다.

1. 학제의 변화

1949년 중화인민공화국 건립이후 중국에는 실제적으론 두 종류의 같지 않은 성격의 학교제도가 존재하고 있었다. 하나는 공산혁명을 진행하던 지역에서 적용되었던 학교제도이고 하나는 국민당정부에 의해 적용되던 임술학제이다. 이 두 학제는 성격상에서 완전히 다른 모습을 띄고 있었다. 하나는 공산주의 정신에 따라 만들어진 학교제도였고 다른 하나는 자본주의 정신에 따라 만들어진 학교제도였다. 중국의 정치체제가 완전히 바뀜에 따라 새로운 학교체제의 건립 필요성을 느낀 중국 공산정권은 〈중국 인민정치협상회의 강령〉의 정신에 근거하여 1951년 10월 1일 〈학제개혁에 관한 결정〉을 공포하였다. 이것이 중화인민공화국의 새로운 학제이다.

신 학제에는 유아교육(유아원), 초등교육(초등학교, 식자학교, 공농속성초등학교(工農速成初等學校), 업여초등학교(業余初等學校)), 고등교육(대학, 전문학원, 전문학교)의 3단계 과정이 설치되었다. 그 외에 각급 정치학교와 훈련반 그리고 각종 보습학교와 통신학교, 특수학교 등이 설치되었다. 신 학제는 초등학교의 경우 5년 일관제를 실시하였으며, 초급중학교와 고급중학교 단계는 각 3년, 대학 단계는 4-5년으로서 초등학교에 입학해서 대학을 졸업할 때까지 15-16년이 걸렸다.

중국의 학교제도는 1951년 신 학제를 공포해 시행해 온 이후 몇 차례의 변화과정을 거쳤다.

초등교육의 경우 5년 일관제는 교사 및 교재 등 여러 조건의 부족으로 인하여 1953년 11월 전면실시가 정지되었다. 그리고 소수의 학교를 제외하고는 초급 초등학교 4년과 고급 초등학교 2년으로 이원화되었다. 또 1955년에는 공농속성학교와 정치학교 제도가 폐지되었다. 1958년에 들어와 중국공산당과 국무원은 〈교육사업에 관한 지시〉를 발표하고 현행학제에 대한 적극적인 개혁의지를 표시하였다. 이 지시에서는 전국의 학교를 전일제학교(全日制學校), 반공반독학교(半工半讀學校)[1], 각종 형식의 여가학교 등의 3개 유형으로 나누었다. 그리고 어떤 학교는 교학을 위주로 하고, 어떤 학교는 노동을 위주로 하도록 하였다. 이 학제의 조정과정에서 특별히 눈에 띄는 것은 반공반독학교 유형이 학교제도의 기본 체계 속으로 들어왔다는 점이다.

1964년에는 유소기(劉少奇)의 주도하에 "두 가지 노동제도와 두 가지 교육제도"를 시행하였다. 즉 이것은 3시간 노동제와 반공반독 노동제(半工半讀 勞動制) 그리고 전일제학교(全日制學校)와 반공반독학교(半工半讀學校) 제도의 실시를 말하는 것이다. 당시 중국에서 반공반독(半工半讀)은 일종의 노동제도이자 학교제도로서 받아들여졌다. 특히 이런 방식의 학교제도는 중국의 국가적 상황과 결

1) 일하면서 배우는 학교로써 반일제 학교를 말함.

부시켜 보면 교육의 보급과 발전에 유리할 뿐만 아니라 교육과 생산 노동이 서로 결합하는데도 유리한 점이 있었다. 따라서 이러한 반공반독학교는 중국의 학교체계 속에서 중요한 지위를 차지하게 되었다.

1966년에 시작된 문화대혁명은 중국의 학교교육제도를 심각하게 파괴시켰다. 1965년의 경우 전국에 434개소의 대학이 있었는데 1971년에 들어서서는 328개소만이 남게 되었다.[2] 1966년부터는 모든 대학이 신입생 모집을 정지 당했다. 1970년과 1971년에 비로소 학생들을 모집하기 시작했는데 모집대상은 농민, 노동자, 군인으로 제한되었다. 이에 따라 대학에 입학한 학생들의 학력수준도 대부분 초급중학교 졸업수준에 머물렀다. 수업연한도 문화혁명전의 4~6년에서 2~3년으로 단축되었다.

한편 문화혁명전 중국에는 61,226개소의 각종 직업기술학교와 농업중학교가 있었는데 이들 학교를 문화혁명 기간에 전부 일반 중학교로 개편해 버렸다.[3] 이에 따라 중등교육에 있어서 다양한 형식은 사라지고 단일한 형식만이 남게 되었다. 또 초급중학교와 고급중학교의 수업연한이 일률적으로 2년으로 단축되고, 통신교육, 직공교육, 야간대학 등이 전부 문을 닫게 되었다. 이와 함께 성인교육과 여가교육 등도 완전히 없어지게 되었다.

1976년 문화대혁명이 끝나고 나서 중국정부는 다시 한번 학교제도에 대한 개혁을 실시하였다. 그 당시는 문화대혁명으로 인해 파괴된 학교제도를 다시 정립하는 것이 시급한 과제였다. 중국공산당 11기 3중전회 이래 중국공산당과 국무원은 "극좌"의 사상을 없애고, 문화대혁명의 잔재를 정리하면서, 교육에 대해서도 주요한 정책들을 내놓았다. 그중에서 가장 중요하게 다루어진 것이 학제에 대한 개혁이었다. 이에 따라 1985년 5월 〈중공 중앙 교육체제 개혁에 관한 결정〉을 공포하였다. 이 결정에서는 중국 전역에 걸쳐 앞으로 9년제 의무교육

2) 朱新春 等, 教育學, 人民教育出版社, 1994, 183쪽

3) 同上, 182쪽

을 실시한다고 규정하였다. 이에 따라 당시 국가교육위원회는 〈의무교육 전일제 소학교, 초급중학교 교학계획〉을 제정하고, 9년제 의무교육 실행과 관련한 다양한 실험학제를 내어놓았다. 하나는 소학교 5년, 초급중학교 4년의 "5·4학제"이고, 다른 하나는 소학교 6년, 초급중학교 3년의 "6·3학제"이다. 이와 함께 소학교 5년, 초급중학교 3년의 과도학제도 있다.[4)]

2. 유아교육의 발전

1949년 공산당 정권이 중국에 수립된 이후 1951년 중국정부 정무원은 〈학제개혁에 관한 결정〉을 반포하였는데, 학제의 1단계를 유아교육으로 삼고, 유아교육을 실시하는 기구를 유아원이라고 명명하였다. 이 명칭은 현재까지 계속 사용되어 오고 있다. 중화인민공화국 건립이후의 유아교육의 발전과정은 대체로 다음과 같은 4단계로 나누어 볼 수 있다.

1) 1949년~1957년까지 유아교육의 조정, 정돈, 개조단계

이 시기는 중국에 공산정권이 건립된 이후 유아교육에 대해서 조정, 정돈, 개조를 단행했던 시기였다.

첫째, 공산정권 이전의 유아교육기구에 대해서 개조를 실시하고, 사회주의 유아교육의 성격, 임무를 명확히 규정하였다. 중화인민공화국 건립 후 중국정

---

4) 중국의 초중등학교 학제는 본문에 소개된 것 이외에도 12년 일관제라는 것도 있었다. 현재 많은 사립학교에서 실시하고 있는 방법으로써 학생이 소학교에 입학해서 고급중학교를 졸업할 때까지 계속 한 학교를 다니게 된다. 물론 이런 12년제를 적용하는 학교는 소학교 과정부터 고급중학교 과정까지 일관된 교육체계를 갖추고 있다.

부는 과거의 유아교육기구를 접수해서 공산정권에 귀속시키는 일을 하였다. 과거의 원생모집제도를 폐지시키고 부모가 생산활동에 참여하는 아동들을 우선 입학시키는 제도를 시행하였다. 이와 함께 유아원의 수업시간을 연장시키고, 과거의 교육내용은 공산체제에 맞는 새로운 교육내용으로 대체하였다.

둘째, 구소련의 경험을 받아들여 중국의 사회주의 유아교육체계를 건립하고자 하였다. 중국정부는 1951년 〈유아원 잠행교학강요〉, 1952년 〈유아원 잠행규정〉 등을 공포했는데 이것은 모두 구소련의 것을 받아들여 만든 것이었다.

2) 1958년~1965년 문화대혁명 전까지의 맹목적 발전과 조정단계

1958년 9월 중국공산당 중앙위원회와 국무원은 〈교육사업지시〉에서 3~5년 내에 대다수 아동이 탁아소와 유아원에 들어갈 수 있도록 하라고 지시하였다. 사실 이것은 현실적으로 불가능한 일이었다. 그러나 당시 중국 사회에 거세게 불던 "대약진운동"의 영향 아래서 유아원수는 폭발적으로 증가하게 된다. 1958년 8월에 각지로 지시가 내려갔는데 당해 연도에 유아원수가 695,297개소로 늘어나 1957년보다 42배나 증가했던 것이다.[5] 1960년은 유아원의 수가 가장 많았던 해로써 전국에 약 784,900개소의 유아원이 있게 되었다.

이런 맹목적인 유아원 수량의 증가는 당시 중국의 경제상황을 고려할 때 존재하기가 어려운 것이었다. 이에 따라 형식만을 갖춘 유아원에 대한 대대적인 정리작업이 이루어지게 되었다. 1961년에 이르러 유아원의 수는 정리작업에 따라 1960년의 10%도 안 되는 60,307개소로 줄어들었다.[6] 그리고 1963년에 이르러서는 1957년의 수준을 유지하게 되었다. 1965년에 이르러는 전국에 19,221개소의 유아원과 1,700,000명의 원생들이 있게 되었다.[7]

---

5) 〈馬克思主義與中國敎育〉(下册), 中國敎育大系, 湖北敎育出版社, 1994, 1519쪽

6) 〈馬克思主義與中國敎育〉(下册), 1520쪽

3) 문화대혁명 기간의 유아교육

1966년에서 1976년까지 10년간의 문화대혁명은 중국의 교육을 훼손시키고 파손시켰다. 이것은 유아교육 방면도 예외가 아니었다. 당시의 유아교육이론, 유아원 교재, 교육실천 등은 모두 봉건적, 자산 계급적, 수정주의적인 것으로 매도당하였다. 당연히 유아교육의 지도기구와 교사양성기구도 모두 문을 닫게 되었다.

4) 개혁개방 이후의 유아교육

중국공산당 11기3중 전회 이후 중국은 개혁개방정책과 시장경제 체제의 도입을 선언하였다. 이에 따라 유아교육사업도 새로운 발전의 기회를 맞이하게 된다.

중국정부는 1979년 〈도시유아원 사업조례〉, 1981년 〈유아원교육강요〉를 발표하였다. 이러한 정부의 유아교육에 대한 정책에 힘입어 문화대혁명 기간 파괴되었던 중국의 유아교육은 신속한 회복을 하기 시작하였다. 지금은 전체 어린이를 대상으로 한 유아교육을 시행하고 있다.

3. 초등교육의 보급

중화인민공화국이 건립된 후 중국의 초등교육은 새로운 이념과 방향을 가지고 학생들을 교육시키기 시작했다. 이와 함께 초등교육을 보급시키기 위한 노력도 전개되었다. 1951년 8월 교육부는 제1차 전국초등교육과 사범교육회의를

7) 〈馬克思主義與中國敎育〉(下册), 1520쪽

개최하고 1952~1957년 사이에 전국 학령아동의 85%를 학교에 입학시키도록 지시하였다. 1952년에는 〈소학잠행규정〉을 공포하고 소학교육의 종지를 "신민주주의 교육방침 및 이론과 실제가 일치하는 교육방법에 터하여 아동에게 전면적인 기초교육을 시키고, 이런 교육을 통하여 아동들이 신민주주의 사회의 성원이 되도록 한다."[8]고 규정하였다. 이러한 노력을 통해 초등교육은 과거와 비교해 비교적 큰 발전을 이루게 되었다.[9] 이러한 초등교육의 발전은 1953년~1957년의 국민경제발전 1차5개년계획 기간까지도 계속되어졌다.

1958년 "대약진운동"이 일어났고, 이 운동의 영향을 받아 초등교육의 양적 팽창이 급속도로 이루어졌다. 즉 이 시기에는 짧은 기간에 엄청난 수의 학교와 학생이 불어나는 현상이 생기게 된 것이다. 예를 들어보면 1958년에는 그 전해보다 학생수가 34% 이상이 증가되는 기현상이 발생하게 되었다. 이는 대약진운동의 결과로 학교가 아닌 학교를 만들어 놓고 중앙정부에다가는 이미 대부분의 아동들이 교육혜택을 받고 있다고 허위보고를 한데서 발생한 현상이었다.

1966년 문화대혁명이 일어났고 초등교육도 다른 분야의 교육과 마찬가지로 엄중한 손상을 입게 되었다. 대부분의 초등학교 교사들이 농촌이나 산촌으로 유배되어 농사 등의 노동에 종사하게 되었다. 당연히 학교교육은 제자리를 찾지 못하게 되었고 교육의 질도 형편없이 떨어지게 되었다.

1976년 문화대혁명이 끝난 후 중국정부는 문화대혁명으로 피폐된 초등교육을 복구시키고 발전시키고자 하였다. 이의 일환으로 1980년 중국정부는 〈소학교육 보급과 관련된 몇 가지 문제에 관한 결정〉을 내어놓았고 1986년에는 〈의무교육법〉을 공포하였다. 이에 따라 중국의 초등교육은 다시 한번 발전의 계기를 맞이하게 된다. 특히 개혁개방 이후 중국의 초등교육은 과거와는 비교가 안

8) 郭笙, 王炳照, 蘇渭昌, 新中國教育40年, 福建教育出版社, 1989, 71쪽

9) 예를 들어보면 1949년 중국에는 소학교가 34.68만 개교, 학생수가 2439.1만 명이던 것이 1952년도에 이르러서는 소학교수가 52.7만 개교, 학생수가 5,110만 명으로 증가되었다.

되는 비약적인 발전을 하였다. 이는 세계 최대의 문맹인구를 가지고 있는 중국으로서 초등교육을 중시하지 않고는 문맹퇴치가 어렵다고 보는 자각에서 비롯된 것이다.

4. 중등교육의 비상

중화인민공화국이 건립되고 나서 1952년 3월 중국교육부는 〈중학잠행규정〉을 공포하였다. 이 속에 보면 중등교육의 임무를 다음과 같이 규정하고 있다.

> "중등학교의 임무는 마르크스, 레닌주의 이론 그리고 모택동 사상과 일반문화지식으로써 청년들을 교육하여, 그들로 하여금 심신의 전면적인 발달을 이루게 하고 대학 혹은 건설사업에 참가하는데 필요한 기초를 닦게 하는 데 있다."[10)]

다시 말하면 중등교육에서 기르려는 인재는 공산주의를 신봉하는 인재인 것이다. 1958년부터 1965년까지는 중등교육에 대한 개혁실험이 실시된 시기였다. 특히 이 시기는 대약진운동 등 "좌"의 사상의 영향을 받아 중등교육도 초등교육과 마찬가지로 과도한 목표를 정해 놓고 그 목표를 실행하도록 강요당하였다. 이에 따라 학교 같지 않은 학교가 우후죽순처럼 생겨나게 되었으며 이에 따라 교육의 질도 대폭 하강하게 되었다. 이러한 와중에 중국정부는 중등교육 학제에 대한 대규모적인 실험을 병행하였다. 중등학교 5년일관제의 실험이 있었는가 하면 초중학교 9년일관제, 중등학교 4 · 2제, 3 · 2제, 2 · 2제, 4년제 등 다양한 실험이 있었다.

---

10) 教育部, 〈中學暫行規程(草案)〉; 郭笙, 王炳照, 蘇渭昌, 전게서, 74쪽

1966년부터 1976년까지의 문화대혁명 기간 중국의 중등교육은 초등교육과 마찬가지로 깊은 상처를 입었다. 과거의 중등교육 방침은 수정주의로 매도를 당하게 되었고 많은 중등학교장들은 "주자파(走資派)"[11]로 몰려 고통을 당하게 되었다. 또 중등학교에 재직하던 교사들의 대부분이 농촌으로 내려가 농업이나 노동에 종사하게 되었다. 학교의 교육내용도 노동이나 사상정치 학습이 기타 학과교육보다 더 중요하게 여겨지게 됨으로써 교육의 질도 형편없이 떨어지게 되었다.

1976년 문화대혁명이 끝나고 중국이 개혁개방의 노선을 채택하면서 중국의 중등교육은 새로운 발전의 단계에 들어섰다. 1976년 이후 중등교육과 관련해서 다양한 조치들이 시행되었다. 중등학교 교육과정이 새로 제정되었는가 하면, 중등학교의 학제에 대한 새로운 조치들이 내려지기도 하였고, 학생들의 입학과 졸업에 대한 새로운 제도가 도입되기도 하였다. 또 교육재정의 확충을 통한 중등교육의 보급에도 노력을 기울였다. 이에 따라 중국의 중등교육은 문화대혁명의 악몽을 벗어나 비약적인 발전을 하게 되었다.

5. 고등교육의 세계화

1949년 중국에 공산정권이 들어선 후 중국정부가 먼저 한 일은 전국의 고등교육기관을 접수하는 작업이었다. 이와 함께 고등교육에 대한 개혁이었는데, 당시 개혁의 중요한 내용은 과거 국민당 정권시대의 대학교육과정의 내용과 교회대학의 신학과정을 취소하고, 교육내용 등을 공산주의 정치이념에 맞게 바꾸는 것이었다.

---

11) 走資派란 자본주의 노선을 걷는 실권파를 줄인 말임.

1951년에 들어서서는 약 3년간 중국정부는 대학에 대해서 종합적인 조정작업을 실시하였다. 이 조정작업에서는 인재의 계획적 양성과 대학들이 국가발전에 기여토록 하는데 목적이 있었다. 이 조정작업 과정에서는 주로 구소련의 경험을 참고로 하여 개혁을 진행하였는데, 개혁의 핵심내용은 대학을 크게 두 부류로 나누는 것이었다.

즉 하나는 종합성대학이고 다른 하나는 독립학원과 전문학교이다. 종합성대학에는 문과와 이과를 분리하였으며, 단과대학 성격의 학원을 설치할 수 없도록 하고 바로 계(系)[12]를 설치하도록 하였다. 독립학원과 전문학교는 전공의 성질에 따라서 학교가 나뉘어졌는데 소수의 학교는 비록 전문성격의 학교이지만 학교에 대학의 명칭을 사용하도록 하기도 하였다. 예를 들면 소수의 공업대학, 농업대학, 의과대학 등이 그것이다. 사범계통의 학교는 사범대학, 사범학원, 사범전문학교의 3가지 유형을 두었다. 이외에 외국어학원, 체육학원, 음악, 연극, 미술, 영화 등과 관련한 학원들을 설치하였다.

1952년 말 중국정부는 고등교육부를 설치하여 중앙 집중적인 관리를 실시하였는데, 1958년도에 들어와 교육부와 병합이 되었다. 1966~1976년의 문화대혁명 기간 중국의 고등교육은 엄중한 손상을 입었다. 대학입시제도가 폐지되고, 대학들이 대부분 문을 닫았다.

1976년 문화대혁명이 끝난 후 중국의 고등교육은 초중등교육과 비교할 수 없는 엄청난 변화와 발전을 가져오게 되었다. 중국의 경제발전을 위해서는 고급인재가 필요했고, 이를 위해 중국정부는 대학에 대한 대폭적인 지원을 아끼지 않았다. 그 결과 현재 일부 중국대학은 이미 세계수준 대학으로 성장하기도 하였다.

12) 중국의 대학에는 한국식의 학과가 설치되어 있지 않고, 우리의 학과에 해당하는 것으로 계(系)가 설치되어 있다. 그러나 한국의 학과와 중국의 계는 그 내용으로 보면 차이가 많이 있다. 한국의 학과는 보통 한 개의 전공 예를 들면 교육학과의 경우 대부분 교육학 하나의 전공만을 두고 있으나, 중국의 계(系)에는 계(系) 밑에 여러 전공분야가 설치되어 있다. 한 가지 예를 들어보면 북경사범대학의 외국어계는 그 계안에 영어전공, 러시아어전공, 일어전공 등 3개의 서로 다른 전공이 모여 있다. 따라서 중국의 계(系)는 한국의 학부와 비슷한 개념을 가진 조직으로 볼 수 있다.

CHAPTER

17

중국 사회주의 교육 방침과 목적

1. 중국 사회주의 교육방침과 목적의 변천과정

우리가 잘 알듯이 중국은 사회주의 국가다. 더 정확하게 말하면 공산주의 국가이다. 그러나 겉으로만 보면 중국은 우리와 별 다름이 없어 보인다. 그것은 중국이 국가체제에서는 공산주의, 사회주의를 표방하지만 경제에서는 자본주의적 요소인 시장경제를 받아들이고 있기 때문이다.

중국교육도 마찬가지다. 한국처럼 중국도 사교육도 있고, 입시경쟁도 치열하다. 그러나 교육내용에 들어가면 다르다. 그들의 기본전제는 공산주의, 사회주의 체제에 맞는 인간을 기르는 것이 목적이기 때문이다.

중국의 교육목적은 마르크스의 이론에 기초를 두고 있다. 좀더 구체적으로 말하면 중국의 교육목적은 마르크스의 인간의 전면발달 학설을 중국의 사회주의 건설사상과 서로 결합한 것이다. 따라서 시기에 따라 중국의 교육목적은 변화가 없지만 내용상에서는 조금씩 사회의 발전과 요구를 수용하여 변화과정을 거쳐 왔다.

중화인민공화국 건립 초기 중국의 교육방침은 "교육이 공업과 농업을 위해서 봉사하고, 생산과 건설을 위해서 봉사"[1]하는 것이었다. 그리고 당시의 교육목표는 "국가의 건설자와 보호자를 배양"[2]하는 것이었다. 이러한 교육의 방침은 당시의 국민경제 발전 방침에 맞추어 제정된 것으로 당시 시급히 수요되던 인재의 양성에 일정한 기여를 하였다.

얼마 후 공산당 정권은 초기의 혼란과 과도기를 벗어나게 되자 국민을 사회주의 인간으로 개조하는 작업을 시작하기 시작하였다. 사회주의 개조 시기에는 "전면발달의 교육방침"[3]이 제기되었다. 그러나 이러한 교육방침은 적용과

---

1) 劉英杰 主編. 中國教育大事典(1949-1990) 上册 卷一 總類. 3쪽
2) 劉英杰 主編. 상게서, 3쪽
3) 劉英杰 主編. 상게서, 3쪽

정에서 무엇이 사람의 전면발달을 의미하는가, 전면발달의 교육은 어떻게 실시해야만 하는가 등의 문제에 부딪치게 되었고 다양한 의견과 교육방법이 교육계에 대누되었다. 이에 따라 어떤 사람은 능력배양을 전면에 내세워 전면발달이란 바로 개인의 각종 능력의 평균적인 발달을 의미한다고 했으며, 또 어떤 사람은 지육을 전면에 내세워 모든 과목의 시험성적이 좋으면 전면발달이 이루어지는 것이라고 했다. 또 어떤 사람은 집체와 통일을 강조하여 개인의 개성발달을 무시하기도 했다. 이러한 문제를 가지고 중국교육계는 1950년대 중반부터 광범위한 토론을 벌였다. 토론의 중심내용은 전면발달의 교육내용을 어떻게 이해해야 하느냐는 것이었다. 그러나 너무나 많은 다양한 의견들이 개진되어 통일된 결론을 내기가 어려웠다.

1957년 모택동은 〈인민 내부의 모순을 정확히 처리하는 것에 관하여〉라는 문장에서 중국의 교육방침에 대한 자신 나름의 결론을 제시하였다. 그는 "교육을 받는 자로 하여금 덕, 지, 체가 모두 발달되도록 하여 사회주의 각오가 있고 문화가 있는 노동자를 만드는 것"[4]이 교육의 방침이라고 주장하였다.

1958년 중국공산당 중앙위원회와 국무원은 〈교육사업에 관한 지시〉에서 다음과 같이 지적하였다.

> "당의 교육사업방침은 교육이 무산계급의 정치봉사 그리고 교육과 생산, 노동의 상호결합을 촉진시키도록 하는 데 있다. 이 방침을 실현하기 위하여 교육사업은 반드시 당이 이끌어야만 한다."[5]

그후 앞에 제시된 당의 교육사업방침과 모택동이 1957년에 언급한 교육의 방침이 합쳐져서 하나의 교육에 대한 지도사상과 방침으로 되었다. 이 지도사상

4) 車樹實, 馬克思主義教育思想史初編, (南寧:廣西教育出版社), 1990, 321-322쪽
5) 劉英杰 主編, 상게서, 7쪽

과 방침은 1976년 문화대혁명이 끝날 때까지도 변함없이 적용되었다. 그러나 문화대혁명 시기 교육방침의 적용상에서 일대 혼란이 있었는데 그것은 너무 편향된 "좌의 사상" 때문이었다. 즉 당시 교육방침의 실천과정에서 너무 사상적인 면을 강조하다보니 실제적인 교육이 엉망이 되었고, 이에 따라 아예 교육이 존재하지 않는다고 볼 수 있는 지경에까지 이르렀던 것이다.

1978년 중국공산당 11기중앙위원회 3차전국회의(약칭, 11기3중전회)가 개최되었고 이 회의에서는 중국이 새로운 세계로 접어드는 역사적인 결정을 내리게 되었다. 즉 개혁개방의 실시와 시장경제의 도입이 그것이다. 이와 함께 문화대혁명 시기 "4인방"의 교육방침에 대한 왜곡과 잘못된 적용이 비판을 받게 되었다. 1981년 6월 중국공산당 11기6중전회가 개최되었고 이 회의에서 〈건국 이래 당(黨)의 몇 가지 역사문제에 관한 건의〉가 채택되었다. 이 〈건의〉에서는 중국의 교육방침을 다시 한번 분명하게 제시하고 있는데 그 내용은 다음과 같다.

> "마르크스주의 세계관과 공산주의 도덕으로 인민과 청년을 교육하고, 덕, 지, 체의 전면적인 발달을 견지하며, 홍(紅)이 있고 전(專)이 있는 인재를 양성하여야 한다. 또 지식인과 노동자, 농민이 서로 결합하고, 정신노동과 육체노동이 서로 결합하는 교육방침을 견지하여야 한다."[6]

이 방침은 표현상에서는 비록 이전과 다르나 내용상에서는 이전의 교육방침 및 정신과 일치하고 있다. 1982년 중국정부는 〈헌법〉 제46조에 중국의 현 단계의 교육방침에 대해서 다음과 같이 규정하였다.

> "국가는 청소년과 아동이 덕, 지, 체 등의 방면에서 전면적인 발달을 할 수 있도록 배양하여야 한다."

---

6) 劉英杰 主編 전게서, 8쪽

이것은 중국의 중화인민공화국 건립 이후 처음으로 법의 형식으로써 출현한 교육방침이자 목적이라고 할 수 있다.

1983년 10월 등소평은 북경 경산학교(景山學校)에 써준 제사(題詞)에서 "교육은 현대화, 세계, 미래를 향하여 나아가야 한다."[7]고 하였다. 이것은 중국이 내디딘 새로운 시기의 교육발전과 개혁의 지도사상이 되었고, 더 나아가 신 시기의 교육사업발전의 총방침이 되었다.

사회주의 현대화 건설의 새로운 명제 앞에서 교육도 새로운 지도사상이 필요하게 되었다. 이에 따라 중국공산당 중앙위원회는 교육에 대해서 새로운 지도방침을 내어놓았다. 이 새로운 방침은 1985년에 발표된 〈중국공산당 중앙위원회의 교육체제개혁에 관한 결정〉에 잘 나타나 있다. 이 〈결정〉을 보면 "교육은 반드시 사회주의 건설을 위해 봉사해야 하며, 사회주의 건설은 반드시 교육에 의지해야 한다."고 하면서 교육이 "현대화, 세계, 미래를 향하여 나아가서, 90년대에서 2000년대 초까지 중국경제와 사회발전을 필요한 사회주의 방향을 견지하는 각급 각류 인재를 양성할 것"을 요구하고 있다. 이와 함께 "이러한 모든 인재는 이상, 도덕, 문화, 기율이 있어야 한다."고 하였다.[8]

1986년 4월 〈중화인민공화국 의무교육법〉이 제정되었다. 이 법의 제3조를 보면 "의무교육은 반드시 국가의 교육방침을 관철하여야 한다. 교육의 질을 높이어 아동, 소년으로 하여금 품덕, 지력, 체질 등의 방면에서 전면적인 발달을 이루어 전 민족의 소양을 높여야만 한다. 그리고 이를 통하여 이상, 도덕, 문화, 기율이 있는 사회주의를 건설할 기초적인 인재를 양성해야 한다."[9]고 하고 있다. 1990년 3월 20일 제7기 인민대표대회 3차회의의 〈정치사업보고〉에서는 다시 한번 "교육은 사회주의 건설을 위해서 일해야 하며, 교육과 생산, 노동이 서로

7) 郭福昌 外 主編, 中國敎育改革發展簡論, (北京:敎育科學出版社), 1993, 65-66쪽

8) 〈中共中央關于敎育體制改革的決定〉, 1985年 5月27日, 郭齊家 主編, 敎育法全書, (北京:廣播學院出版社), 66쪽

9) 〈中華人民共和國義務敎育法〉, 郭齊家 主編, 상게서, 72쪽

결합하고, 덕, 지, 체의 전면 발달을 추구하는 교육방침을 관철해야만 한다."[10]고 제기하였다. 이러한 것은 모두 중국 교육의 방향을 결정하는데 중요한 의의를 가진 문건들이라고 볼 수 있다. 1991년에 심의, 확정된 〈국민경제와 사회발전 10년계획과 8차5개년 계획의 건의〉와 1993년 2월13일 발표된 〈중국교육개혁과 발전강요〉 그리고 1996년에 발표된 〈국민경제와 사회발전 10년계획과 9차5개년 계획의 건의〉에서도 앞의 내용과 유사한 교육방침이 제시되었다. 그 내용을 보면 "교육은 반드시 사회주의 현대화 건설을 위해서 일해야 하며, 반드시 생산, 노동과 서로 결합하고, 덕, 지, 체가 전면 발달된 건설자와 후계자를 배양하여야 한다."는 것이다.

2. 중국의 교육목적관의 이론근거

중국의 사회주의 각오가 있고 문화가 있는 노동자를 배양한다는 교육목적은 무엇을 근거로 해서 나온 것인가? 이것은 다음 몇 가지 갈래로 나누어 논의를 전개할 수 있을 것이다.

1) 중국은 사회주의 국가이다. 따라서 중국의 교육목적은 반드시 중국사회주의 사회의 성질과 요구에 근거해서 규정되어 나온다.

사회주의 사회의 근본임무는 생산력을 발전시키는 것이다. 생산력을 발전시키려면 노동자와 밀접한 관계를 가져야 한다. (여기서의 노동자의 범주 속에는 노동자, 농민, 지식인을 모두 포함하는 개념이다.) 어떠한 사회에서도 노동력을

10)人民日報. 1990年4月6日

배양하고자 하지만 사회주의 사회는 더욱 노동자에 대한 배양을 중시한다. 이는 그들이 사회주의를 건설하는 역사적인 사명을 이어갈 수 있도록 하기 위해서이다.

사회주의의 경제기초는 일체의 제도와 계급을 떠나 "노동자가 아니면 먹을 것을 얻지 않는다."[11]는 원칙을 실행하고 있다. 이것은 모든 사람은 노동자라는 원칙을 말하는 것이다. 따라서 이론상으로 보면 중국에서는 간부이건 일반의 노동자이건, 농민이던 간에 모두가 보통의 노동자이다.

이상에서 볼 수 있는 바와 같이 사회주의 각오가 있고 문화가 있는 노동자를 배양한다는 것은 사회주의 사회의 필연적인 요구사항이다. 사회주의 사회를 건설하려면 반드시 이런 사람을 배양해야만 한다. 그리고 이렇게 배양된 사람들은 그들이 정신노동자이건 육체노동자이건 함께 융합할 것이 요구되고 있다. 이것이 중국에서 말하는 "우홍우전(又紅又專)"한 사람, 즉 덕, 지, 체가 조화롭게 발달된 사람이다. 사회주의 사회에서 이렇게 하나의 통일된 신형노동자를 배양하는 교육목적은 사회주의이념, 즉 마르크스 레닌주의 사상을 반영한 것이다.

2) 중국교육의 목적은 마르크스주의 이념중의 사람의 전체적인 발달에 관한 학설을 이론근거로 해서 파생되어 나온 것이다.

여기서 말하는 사람의 전체적인 발달은 무엇을 의미하는가? 간단하게 말하면 사람으로 하여금 체력과 지력의 조화로운 발달을 의미하는데 이것은 노동력과 노동하는 마음만을 배양하는 것을 의미하지는 않는다. 이들은 즉 사회주의 자들은 인간사회에는 평등사회와 계급사회가 있는데 자기들이 지향하는 사회는 모든 사람이 평등한 평등사회를 지향하는 것이라고 본다. 따라서 계급사회 안에서는 박탈자와 피박탈자가 서로 대립하고, 육체노동자와 정신노동자가

11)徐國棨, 教育概論, (北京:人民教育出版社), 1993, 76쪽

서로 대립하기 때문에 사람들이 한쪽 면에만 치우쳐 발달하게 되고 사람의 전체적인 발달은 근본적으로 불가능하다고 본다. 그들은 자본주의 사회를 예로 들면서 자본주의 공업화사회가 출현한 이후 점점 전체가 조화롭게 발달한 사람의 배양이 필요하게 되었지만 그러나 자본주의 생산관계의 장애를 받아 이런 요구는 실현하기가 불가능하게 되었다고 본다. 이와 관련하여 마르크스는 공산주의 사회의 출현은 육체노동자와 정신노동자의 차별 그리고 과거의 고정된 업무분담 형태를 소멸시켰다고 보았다. 따라서 사람의 전체적인 조화로운 발달은 완전히 실현할 수 있다고 보았던 것이다.

사회주의 사회는 공산주의 사회의 초급단계라고 일컬어지고 있다. 따라서 중국에서 교육목적으로 전체가 조화롭게 발달한 사람을 배양한다는 방침을 내어놓는다는 것은 당연한 것이다. 모택동은 바로 마르크스의 "사람의 전면 발달에 관한 학설"을 중국이 지향하는 사회주의 사회의 실제에 적용시켜 상술한 교육목적을 제시하였다.

중국의 교육목적을 좀더 정확하게 이해하기 위해서는 다음과 같은 사실에 대한 좀더 명확한 이해가 선행되어야 한다.

첫째, 중국이 배양하고자 하는 노동자는 미래의 육체노동자와 정신노동자를 포괄하고 있다. 그들은 모두 사회주의 각오와 문화가 있을 필요가 있다. 그러나 현재 중국의 초중등학교에서는 진학률을 추구하다 보니 단지 소수의 공부 잘하는 학생에만 중점을 두게 되었고 대다수 학생은 방치되는 현상이 출현하고 있다. 이렇게 하다 보니 육체노동자는 문화가 필요 없고, 사회주의에 대한 각오가 불필요한 것처럼 인식하게 되었다. 그리고 이것은 중국이 걸어가고 있는 노선과 어긋나는 현상을 초래하고 있다.

둘째, 중국이 배양하고자 하는 노동자는 우홍우전(又紅又專)한 사람이다. 홍(紅)은 바로 말해서 사회주의에 대한 각오를 의미한다. 이러한 홍(紅)과 전(專)의 관계에 대해서 등소평은 다음과 같이 말한바 있다.

"전(專)은 홍(紅)과 동급이 아니다. 그러나 홍(紅)은 반드시 전(專)이 있어야 한다. 여러분이 어떤 일을 하든지 상관없지만 여러분이 전(專)이 아니고, 알지 못하고, 인민의 이익에 손해를 입히고 생산건설의 발전에 잘못을 저질렀다면 홍(紅)이라고 말할 수 없다."[12)]

이 말은 그가 과거의 전(專)을 중요시하지 않음으로써 발생된 착오와 생산에 대한 위해에 대해서 지적한 것이다. 그러나 동시에 전(專)이 홍(紅)과 동등할 수 없다는 것을 지적함으로서 이념적으로는 사회주의를 지향한다는 것을 분명히 하고 있다.

셋째, 중국이 배양하고자 하는 노동자는 반드시 품덕, 지력, 체질, 노동기술, 심미관념 등이 고루 발달되어서 육체노동자와 정신노동자가 서로 융합될 수 있는 사람을 배양하는 것을 원칙으로 삼고 있다. 현재 학생들의 숙제부담이 무거울 뿐만이 아니라 학생에 대한 사상품덕교육, 체육교육을 소홀히 함으로서 그들의 건강한 발달에 심각한 영향을 주고 있다. 또 노동기술교육을 소홀히 하는 것도 문제가 되고 있다. 그리고 이러한 현상은 학교에 보편적으로 존재하는 문제이다.

3. 〈중국공산당 중앙위원회 교육체제 개혁의 결정〉에 나타난 인재배양에 대한 요구

1980년대 중국은 개혁개방 이후 새로운 전환기에 들어섰다. 그리고 이 전환기는 신 역사 시기라고 불러도 될 것 같다. 이 시기의 중국교육의 임무는 4가지

12) 〈鄧小平文選〉, (北京: 人民出版社), 1983, 226-227쪽

현대화를 실현하고 동시에 세계의 신기술혁명의 도전에 대응할 수 있는 인재의 양성이다. 공업과 농업의 현대화를 실현하려면 현대화된 노동자와 농민이 필요하다. 또 과학기술의 현대화를 실현하려면 현대화된 과학기술 인재가 필요하다. 관리의 현대화를 실현하려면 현대화된 관리인재가 필요하다. 그렇지 않으면 4개 현대화는 실현이 불가능하다. 1985년 〈중국공산당 중앙위원회 교육체제개혁의 결정〉에는 이와 같은 목적을 달성하기 위한 교육의 방향을 제시하고 있다. 그 내용 중 중요한 것을 간추려 제시해 보면 다음과 같다.

1) 교육체제 개혁의 근본목적은 민족의 소양을 높이고, 인재를 많이 배출해 내되 쓸 만한 인재를 배출해 내는데 있다.
2) 사회주의 현대화 건설의 커다란 임무는 우리들에게 반드시 현재 있는 인재의 수준을 높여야만 할 뿐 아니라 반드시 전체 당(黨)이 교육에 대한 인식을 높여서 교육이 현대화, 세계, 미래를 향하도록 해야 한다. 그리고 다음 세기 초까지 우리의 경제와 사회의 발전을 이룩할 수 있도록 새로운 사회주의 방향을 견지하는 각급 각류의 인재를 대규모로 준비해야 한다.
3) 교육은 공업, 농업, 상업 등의 여러 직업방면에서 문화가 있고 기술을 알며 업무가 숙련된 노동자를 만들어 내야 한다.
4) 현대과학기술과 경영관리지식 그리고 개척능력을 갖춘 공장장, 경영자, 기술자, 농업전문가, 경제전문가, 회계전문가, 통계전문가와 기타 경제, 기술방면의 종사인력을 만들어 내야 한다.
5) 현대과학문화 발전과 신기술혁명에 적응할 수 있는 교육담당자, 의무담당자, 문화담당자, 신문과 편집출판담당자, 법률담당자, 이론부문담당자, 군사부문담당자와 각 방면의 당정(黨政) 담당자를 양성해 내야 한다.
6) 앞에 언급한 이러한 인재들은 모두 이상, 도덕, 문화, 기율이 있고, 사회주의 조국과 사회주의 사업을 열애하여야 하며, 국가부강과 인민의 행복을

위하여 헌신정신을 갖추어야 한다. 또 모두 부단히 신지식을 추구해야 하며 실사구시, 독립정신, 창조적인 과학정신을 갖추어야 한다.

이상에 언급된 인재방면에 대한 요구는 일반적인 중국의 교육목적으로 언급되어지는 사회주의에 대한 각오와 문화가 있는 노동자를 배양한다는 것보다는 훨씬 구체적이고 현실적이다. 그리고 이것은 중국이 사회주의 현대화 건설의 신 시기로 들어갔음을 의미하는 것이며, 이러한 신 시기에 맞는 인재를 길러내야만 한다는 절박한 필요성에서 나온 것이라고 할 수 있다. 이 문제를 좀더 구체적으로 분석해 보면 다음과 같다.

첫째, 이것은 중국이 현재 길러내야 할 인재가 어떤 방면의 인재인지를 분명히 표명하고 있다. 농업, 공업, 상업 방면의 노동자로부터 공장장, 경영자, 기술자 등등 각 부문 전문 담당자에 이르기까지 모두 인재의 범위에 속한다. 따라서 이것은 중국이 전통의 인재관념을 포기한 것이라고 볼 수 있다.

둘째, 이것은 또 중국이 배양해 내야 할 인재의 수가 많아야 함을 표명하고 있다. 즉 많은 인재가 필요함을 나타내고 있는 것이라고 볼 수 있다.

셋째, 이것은 현재 중국에서 요구하는 인재는 비교적 높은 전문지식을 가진 인재를 요구하고 있다는 것을 표명하고 있다. 인재 모두가 사회주의 방향을 견지하는 것 외에 공업, 농업, 상업 등에 종사하는 모든 노동자들이 문화가 있고 기술을 알며 업무에 숙련되어야 함을 의미한다고 하겠다. 공장장, 경영자, 기술자 등의 전문가들도 모두 현대과학기술과 경영관리지식 그리고 개척능력을 갖출 것을 요구하는 것이라 하겠다.

넷째, 이것은 중국이 현재 배양해 내고자 하는 인재는 우홍우전(又紅又專)이어야 할뿐만 아니라 이 홍(紅)과 전(專)에 대해서도 새로운 내용을 부여하고 있다는 것을 표명하고 있다고 볼 수 있다. 예를 들어 누군가가 홍(紅)이라고 생각한다면 사회주의 조국과 사회주의 사업을 열애하고 국가와 인민의 부강과 행복을 위한 헌신정신을 갖출 것을 요구하고 있는 것이다. 누군가가 전(專)이라고 생각한다면 부단히 새로움을 추구하고 실사구시(實事求是), 독립적 사고, 창조적인 과학정신을 갖출 것을 요구하고 있는 것이다. 그러나 사회주의 사회의 모든 인재는 반드시 우홍우전(又紅又專)을 견지할 것을 요구하고 있는 것이다.

4. 〈중국교육 개혁과 발전강요〉의 정신에 나타난 교육방침

1993년 2월 13일 중국공산당 중앙위원회와 국무원은 〈중국교육개혁과 발전강요〉를 발표하였다. 이것은 중국이 개혁개방을 추진한 후 내어놓은 교육과 관련한 중요한 문건 중의 하나이다. 그리고 이것은 중국교육의 개혁과 발전을 지도하는 강령성 문건이다. 이 문건에서는 중국교육발전을 위한 기본요구로써 교육방침을 철저히 이행할 것을 요구하고 있다. 이 문건에 제시된 개혁개방 시기의 중국의 교육방침은 다음과 같다.

> "교육은 반드시 사회주의 현대화 건설을 위해서 일해야 하고, 반드시 생산, 노동과 서로 결합해야 하며, 덕육, 지육, 체육이 조화롭게 발달된 건설자와 후계자를 배양해야 한다."[13]

이러한 교육방침의 핵심내용을 좀 더 구체적으로 살펴보면 다음과 같다.

1) 교육은 반드시 사회주의 현대화 건설을 위해서 일해야 한다.

교육이 반드시 사회주의 현대화 건설을 위해서 일해야 한다는 이론은 마르

13) 中國共産黨中央委員會, 國務院, 〈中國敎育改革和發展綱要〉, 1993年 2月 13日

크스 이론의 새로운 해석이다. 다시 말하면 중국에서 말하는 사회주의 현대화란 결국 시장경제의 도입을 통해서 잘사는 사회주의국가를 건설하자는 것인데 이것은 결국 사상보다는 경제가 우선인 사고방식의 표출이라고 볼 수 있다. 과거 중국의 교육은 사실 정치의 노예였다고 볼 수 있을 것이다. 그런데 현재는 경제의 노예가 될 수밖에 없는 처지에 처해 있다. 그렇다고 해서 이러한 국가적 요구 즉 교육이 사회주의 현대화 건설 다시 말해서 경제건설에 이바지해야 한다는 문제에 대해 교육 쪽에서 어떤 이의를 제기할 형편도 아니다. 왜냐하면 어찌되었든 교육방면에서도 국가의 이러한 요구에 긍정적인 태도를 취하고 있기 때문이다.

교육이 사회주의 현대화 건설을 위해서 일한다는 것은 구체적으로 말하면 교육은 반드시 경제건설을 위해 스스로 자기의 할 바를 찾아야 하고 이를 통해서 사회의 발전을 촉진해야 한다는 의미이다. 특히 기초교육은 단순한 진학위주의 교육으로부터 해당 지역의 경제발전과 지역사회의 발전에 도움이 되는 쪽으로 학생 배양의 방식이 바뀌도록 요구받고 있다. 이와 함께 과거에 존재하고 있던 학교운영 방식은 사회주의 시장경제 체제에 걸맞게 변화될 것이 요구되고 있다. 또 교육담당자에게도 새로운 교육철학을 가지고 교육에 임할 것이 요구되고 있다. 이러한 모든 것들은 결국 교육이 중국식 사회주의, 중국식 시장경제를 확립하는 데 기여할 것을 요구받고 있는 것이라고 할 수 있다.

2) 덕, 지, 체가 전면발달된 건설자와 후계자를 배양해야 한다.

덕, 지, 체가 전면발달된 인재의 양성은 바로 마르크스가 주장한 사람의 전면발달의 이론에 근거해서 제시된 것이다. 따라서 일반 자본주의 사회에서 말하는 덕, 지, 체 3육의 조화로운 발달이란 개념과는 많은 차이가 있다. 덕, 지, 체가 전면발달된 건설자와 후계자를 배양한다는 것은 치열한 국제경쟁과 신기술혁명의 도전 앞에서 사회주의 정신문화를 잘 건설하고, 교육의 사회주의 방향을 견지함으로써 중국의 사회주의 현대화 건설에 이바지하게 한다는 의미가 포함되어 있다.

따라서 덕육은 학생들에게 사상정치교육을 시킴으로서 사회주의 이상과 도덕에 맞는 인재를 길러내자고 하는 의미가 내포되어 있다. 따라서 중국의 학교교육에서 덕육은 전체 교육의 과정에서 가장 중요한 교육내용중의 하나가 되고 있으며, 어떤 면에서 보면 교육의 방향을 결정짓는 가장 중요한 요소라고 볼 수 있다. 특히 이 덕육은 중국에서 말하는 신교육과 구교육 즉 공산당 정권 수립이후의 교육과 공산당 정권 수립 이전의 교육, 무산계급 교육과 자본주의 교육을 구별하는 주요한 표지가 되고 있다. 왜냐하면 덕육을 통해서 바로 사회주의-공산주의 도덕성을 가진 인간을 길러내는 것이기 때문이다. 따라서 중국에서 이 방면의 교육은 정확한 정치방향을 길러준다는 면에서 중국교육의 제일 중요한 위치를 차지하고 있다.

지육은 당연히 학교교육의 중심내용이 되고 있다. 그것은 학생들의 지력을 길러 사회주의 사회를 건설하는데 유용하게 활용하기 위함이다. 즉 지육은 사회주의 현대화 건설에 이바지할 수 있는 많은 인재를 길러내는데 목적이 있다.

체육은 어느 사회체제, 어느 국가에서나 중요한 교육내용이 되고 있다. 왜냐하면 건강한 육체가 없이는 아무 일도 할 수가 없기 때문이다. 따라서 체육은 교육의 기초로 역할을 하고 있으며 이 문제에 대해서는 중국도 같은 입장을 취하고 있다.

그런데 중국에서는 이런 3육 이외에 또 미육과 노동이 있다. 물론 이 미육과 노동은 교육의 중요한 방침으로 제시되지는 않았지만 이미 학교교육에서 매우 중요한 교육의 한 과정으로 포함되어 있다. 따라서 어떤 의미에서 본다면 중국에는 덕, 지, 체 3육 외에 미육과 노동을 포함한 5육이 교육의 중요한 조성부분이라고 보아도 틀린 말은 아닐 것이다.

3) 교육과 생산, 노동이 서로 결합하는 형식을 실행해야 한다.

교육과 생산, 노동이 서로 상호 결합해야 한다는 것은 마르크스 교육관이 기본원리중의 하나이며, 모택동 교육관의 중요한 조성부분이다. 마르크스는 "교육과 생산, 노동이 서로 결합하는 것은 전면발달하는 사람을 만들어 내는 유일한 방법"[14]이고 더 나아가 "사회의 생산력을 높이는 일종의 방법"[15]이며 "현대사회를 개조하는 가장 강력한 수단의 하나"[16]라고 하였다. 이러한 이론에 따라 중국에서는 교육과 생산의 결합, 교육과 노동의 결합을 대단히 중요한 교육방침의 하나로 삼고 있다.

공산정권 건립 이후 교육과 생산, 노동의 결합은 중국이 교육사업을 전개하고 교육개혁을 진행하는 데 있어서의 하나의 지도방침이 되어 왔다. 그런데 이러한 교육과 생산, 노동의 결합은 시기에 따라 곡절이 있어 왔는데, 예를 들면 문화대혁명 시기에는 사상 쪽을 너무 강조하여 노동을 통하여 사회의 제반 문제를 개조하고자 하였다. 이런 현상은 교육의 황폐화를 불러와 사회전체에 적지 않은 문제를 일으켰다. 1980년대에 들어와 교육과 생산, 노동의 결합에 대한 새로운 방침이 정해졌고, 이 방침은 시장경제의 원리를 도입한 중국의 국가정세를 고려하여 만들어졌다. 즉 1980년대 이후의 교육과 생산, 노동의 결합은 마르크스의 주장했던 바와 그 원리상에는 차이가 없으나 사회의 변화에 발맞추어 학교교육에서 비교적 융통성 있게 교육과 생산, 노동의 결합문제를 처리하도록 하고 있다. 그러나 현재 중국의 학교현장에서는 외면적으로는 교육과 생산, 노동의 문제를 중시하는 것 같으면서도 내면상에서는 지육발달에 더욱 노력을 기울이는 현상이 나타나고 있다. 다시 말하면 한 자녀만 갖게 된 부모들은 그 자녀들이 학교공부에만 전념해 중점중학교, 중점고등학교, 중점대학교에

14) 〈馬列論教育〉 159쪽; 郭福昌 外 主編 教育改革發展簡論, (北京:教育科學出版社), 1993, 170쪽
15) 郭福昌 外 主編 전게서, 171쪽; 〈馬列論教育〉 159쪽
16) 상게서, 171쪽

입학하기를 바라고 있는 것이다. 이에 따라 학교에서도 학부모들의 입장을 반영해 지육일변도로 학생들을 교육하는 현상이 나타나고 있다. 따라서 교육과 생산, 노동의 결합이라는 이 교육방침은 앞으로도 많은 논란거리를 중국교육계에 제공할 것이라고 생각되고 있다.

CHAPTER

18

등소평의 교육관과 중국교육의 변화

21세기 동아시아와 한반도의 장래를 조망할 때 가장 중요한 요인 중의 하나는 부강한 중국의 등장이라고 할 수 있다. 세계 최대의 인구와 세계3위의 광활한 영토, 그리고 풍부한 지하자원을 보유하고 있으며, 무서운 속도로 발전하고 있는 중국의 등장은 동아시아와 한반도의 장래와도 밀접한 관계가 있는 문제일 뿐 아니라, 21세기 세계질서와도 관계가 되는 중요한 관심사라고 하지 않을 수 없다.

중국이 이렇게 강력한 국가로 세계의 주목을 받게 된 데에는 여러 가지 이유가 있겠지만 가장 중요한 이유는 아무래도 1977년 이래 시행하고 있는 개혁개방과 사회주의 시장경제체제의 도입에 따른 결과라고 할 수가 있을 것이다.

개혁개방과 사회주의 시장경제 체제는 개혁개방의 총설계사라고 일컬어지고 있는 등소평(鄧小平)에 의하여 처음 제기되었고, 중국 공산당 11기 3중전회[1]에서 정식으로 채택되었다. 이러한 개혁개방과 시장경제 체제의 도입은 중국의 경제 및 사회발전에 새로운 전기를 가져다주었고, 이는 결국 중국이라는 나라를 강대국으로 만드는 밑바탕이 되었다고 볼 수 있다.

그런데 여기서 우리가 간과하지 않으면 안 될 것이 한 가지가 있는데 그것은 중국의 경제나 사회 발전의 초석이 된 것이 무엇인가 하는 점이다. 그것은 두말할 것도 없이 교육이다. 중국의 사회, 경제발전의 뒷전에는 교육이라는 토대가 있고, 그 토대하에서 중국식의 사회주의를 추구하고 있다. 그리고 이러한 교육의 중요한 철학적 배경을 제공했던 사람이 바로 등소평이다.

등소평은 중국의 무산계급혁명가이고 모택동을 중심으로 삼는 중국 공산당의 제1대 중앙 지도집단의 성원이다. 중국 공산당의 11기 3중전회이래 그는 제2대 중앙지도집단의 핵심으로 활동했다. 등소평은 마르크스 레닌주의의 보편진리와 중국 사회주의 현대화 건설의 구체적인 실제와 서로 결합해서 중국 특색이 있는 사회주의 이론의 건설에 역사적인 중요 공헌을 하였고, 모택동의 사

1) 중국공산당 제11기 중앙위원회 제3차 전체회의의 약칭.

상을 풍부하게 하고 발전시켰다는 평가를 받고 있다.

중국의 개혁개방과 현대화 건설의 총설계사인 등소평은 교육사업을 혁명과 건설의 중요 조성부분으로 삼았으며, 마르크스 레닌주의의 관점과 방법을 기초로 중국의 혁명과 건설과정에서 요구되는 여러 가지 사상적, 이론적 문제에 대해서 나름대로의 대안을 제시한 인물로 평가받고 있다. 특히 등소평이 중국 공산당 13기 3중전회 이후 중국 교육의 발전과 개혁에 대해 제기한 주요 논술은 중국 특색이 있는 사회주의 교육의 이론체계를 건설하는데 중요내용이 되고 있으며, 개혁개방이라는 새로운 시기에 중국 교육의 방침과 정책의 이론적 기초가 되고 있다.

이렇게 볼 때 등소평의 교육에 대한 관점을 이해하지 못하고 중국의 국가교육관을 파악한다는 것은 거의 불가능한 일임을 알 수 있다.

여기에서는 개혁개방 이후 자본주의식의 경제체제를 도입한 중국의 교육적인 이념이 어떤 모습을 띄고 있는지를 등소평의 교육관을 통해서 분석해 봄으로써 중국의 교육적 관심과 철학이 개혁개방이후 어떤 모습으로 변해 있는지를 밝히는 데 그 목적이 있다.

개혁개방 이전의 중국 정신이나 사상을 이끌어온 사람이 모택동이라면, 개혁개방이후는 등소평이라고 할 수 있다. 개혁개방은 중국에 새로운 발전의 역사를 가져다주었다. 이 발전의 역사를 만든 장본인인 등소평은 교육에 관한 다양한 주장을 통하여 교육개혁을 통한 중국의 경제 사회의 발전을 모색하여 왔다. 따라서 등소평의 교육에 대한 관점은 매우 다양하고 그 폭도 대단히 넓다. 이는 등소평이 평소 교육을 통해서 국가의 발전을 이룰 수가 있다고 생각해 왔기 때문에 당연히 교육에 대해 비교적 많은 양의 어록이나 문장들을 남겼다. 개혁개방이후에 남겨진 그의 기록들을 참고로 하여 그의 교육관을 분석해 본다면 다음과 같은 6가지로 제시해 볼 수 있다.

1. 실사구시(實事求是)

등소평의 교육에 대한 기본관점은 실사구시(實事求是)의 정신을 기본바탕으로 하고 있다. 그는 실사구시를 견지하는 사상노선이 중국 교육의 새로운 상황을 분석할 수 있고, 신 문제를 해결해준다는 입장을 나타내고 있다.

중국 학계에서 등소평은 마르크스 레닌주의, 모택동 사상을 발전시키고, 중국 공산당의 실사구시의 사상노선을 회복시키고 발전시킨 사람으로 인정받고 있다. 그는 "3중전회는 다시 한번 마르크스 레닌주의의 사상노선을 확립했으며, 마르크스, 엥겔스, 변증유물주의와 역사유물주의의 사상노선을 창립했다. 모택동 동지는 중국어로 이 용어를 개괄해서 실사구시라는 4개글자로 표현하였다. 실사구시는 일체를 실제로부터 출발하며, 이론을 실제와 연계시킨다. 그리고 실천을 견지하는 것은 경험적 진리의 표준으로써 이것이 바로 중국 공산당이 표방하는 사상노선이다."[2]라고 말하였다. 그리고 그는 이 실사구시사상을 "모택동 사상의 정수"[3]라며 높이 평가하고 있다. 등소평은 또 "실사구시는 무산계급 세계관의 기초이다. 과거 우리들이 혁명을 통해서 취득한 일체의 승리는 실사구시에 의존한 것이었다. 현재 우리들은 4개 현대화를 실현하려고 하고 있는데 이때에도 실사구시에 의존해야 한다."[4]고 주장하고 있다.

등소평이 등장하기전 중국의 교육계는 임표 등 4인방이 일으킨 문화대혁명에 의해서 엄중한 파괴의 과정을 거쳐야만 했다. 4인방이 선포한 바 있는 "2개의 평가"(즉, "문화대혁명 전 17년 교육전선은 자산계급이 무산계급의 정(政)을 독차지한 반동노선 전제정치이다."[5]와 "대다수 지식인의 세계관은 기본적으로

---

2) 〈鄧小平文選〉(1975–1982), (北京:人民教育出版社), 1983, 121–123쪽

3) 〈鄧小平文選〉(1975–1982), 121–123쪽

4) 〈鄧小平文選〉(1975–1982), 121–123쪽

5) 李月章外, 〈學習鄧小平教育思想發展社會主義教育事業〉, (北京:中國人民大學書報資料中心), 教育學編 1993, 6쪽

자산계급적이다."[6])는 중국의 교육을 한순간에 파괴시킬 정도로 무서운 것이었다. 당시 등소평은 임표 등의 "2개의 평가"에 대해서 "실제에 부합하지 않는 것"[7])이라고 평가하면서 임표 등의 평가가 안고 있는 문제점을 다음과 같이 지적하였다.

"건국 이후 절대다수의 지식분자는 과학사업에 종사하든 교육사업에 종사하든 모택동 사상의 영향하에서 공산당의 정확한 지도하에서 고생스러운 노동을 하고, 열심히 일하였으며, 매우 큰 성적을 거두었다. 그리고 이들은 현재 대부분의 분야에서 중심되는 역할을 하고 있으며, 이들은 건국 이후 모두 우리 스스로 배양한 사람들이다. 만약 건국 이후 문화대혁명이 일어나기 전의 17년에 대해서 이러한 평가를 하지 않는다면 우리들이 취득한 일체의 성취를 해석할 방법이 없다."[8])

결국 등소평은 마르크스주의에 입각한 실사구시의 정신을 무기로 삼아서 4인방의 주장을 무력화시켰다. 그리고 개혁개방을 새로운 기치로 내걸고 이러한 개혁개방의 정신에 맞게 교육도 바꾸고자 하였다.

등소평의 실사구시(實事求是)는 역사유물주의(歷史唯物主義)의 기본원칙과 변증유물주의(辨證唯物主義)의 통일을 체현하고 있다고 볼 수 있다. 등소평의 교육에 관한 여러 가지 논술, 예를 들면 교육의 사회주의 건설 중의 작용과 지위에 관한 논술, 생산력과 과학기술 그리고 교육의 관계에 관한 논술, 지식을 존중하고 인재를 존중하라는 논술, 정확한 정치방향을 견지하는 것에 관한 논술, 교육이 "현대화, 세계, 미래를 향하여야" 한다는 논술, 4가지를 지닌 신인(新人)을 배양해 내야 한다는 논술, 교육과 생산 노동의 상호결합에 관한 논술 등등은 모두 마르크스의 역사유물주의의 기본원리를 바탕으로 하되 등소평 나름의

6) 李月章 外, 상게서, 6쪽

7) 〈鄧小平同志論敎育〉, (北京: 人民敎育出版社), 1990, 49쪽

8) 〈鄧小平同志論敎育〉, 28쪽

독특한 관점을 가지고 경제 사회 발전과 교육의 실제를 관찰하고, 분석한 것이라고 볼 수 있다. 이와 함께 중국의 국가정세를 고려해서 내어놓은 하나의 교육에 대한 관점이라고 볼 수 있다.

유물변증법(唯物辨證法)을 견지하고, 유심론(唯心論)과 형이상학을 반대하는 것은 등소평이 과거의 순수한 공산주의 이념으로부터 마르크스의 이론을 재해석해서 제시한 하나의 새로운 이론이라고 볼 수 있다. 등소평은 중국의 교육에 나타나 있는 여러 가지 모순들을 분석하여 중국교육의 발전과 개혁에 필요한 여러 가지 과학적 근거를 구체적으로 제공해 주었다.

예를 들면 교육을 보급하는 문제와 교육의 수월성을 추구하는 문제와 같은 쟁점이 되는 사안은 사회주의 교육에서 본다면 매우 중요한 성격을 가지고 있는 문제이다.

이 문제와 관련해서 1958년 등소평은 "현재 교육방면에 해결해야만 할 문제가 있는데 주요한 것은 보급과 수월성 추구의 문제이다. 우리의 방침은 첫 번째는 보급이고, 두 번째는 수월성의 추구이다. 보급을 너무 중시하고, 수월성 추구를 하지 않는다면, 과학문화는 빠른 속도로 진보하기가 불가능하다. 또 단지 수월성만을 추구하고 보급을 경시한다면 이것도 국가 각 방면의 요구에 적응하기가 어렵다. 따라서 우리들은 어떠한 경우라도 모두 '양조퇴주로(兩條腿走路)'[9]를 견지해서 교육을 보급하는 기초 위에서 수월성을 추구하고, 수월성의 추구 속에서 교육을 보급하는 것에 주의를 기울여야 한다."[10] 이러한 등소평의 주장은 당시 양적인 것만을 중시하고 질을 중시하지 않으며, 단지 속도만을 중시하고, 효율성을 중요하게 생각하지 않은 채 맹목적인 발전만을 추구하던 풍조에 대해서 새로운 각도에서 문제를 바라보도록 하는 계기를 마련하여 주었다.[11]

---

9) 등소평의 '양조퇴주로(兩條腿走路)'의 개념은 처음 유소기(劉少奇)가 모택동의 '兩條腿條路'에 의거해서 제시한 '兩種教育制' 개념의 영향을 받은 것이다.

10) 〈鄧小平同志論教育〉, 16쪽

11) 1958년 당시는 중국 내에서 대약진운동의 열풍이 불던 때였다. 이때는 짧은 시간 내에 교육을 보급하

개혁개방 시기에 들어와서도 등소평의 이러한 관점은 계속적인 지지를 얻고 있으며, 보급과 수월성 추구의 문제가 제기될 때마다 등소평의 이런 관점은 그 문제를 해결하는 하나의 이론으로서 작용하고 있다.

또, 홍(紅)과 전(專)의 관계에 대해서도 등소평은 일관되게 홍(紅)과 전(專)의 통일을 주장하고 양자가 대립하는 것을 반대하고 있다. 이러한 홍(紅)과 전(專)의 관계에 대해서 등소평은 다음과 같이 말한바 있다.

> "전(專)은 홍(紅)과 동급이 아니다. 그러나 홍(紅)은 반드시 전(專)이 있어야 한다. 여러분이 어떤 일을 하든지 상관없지만 여러분이 전(專)이 아니고, 알지 못하고, 인민의 이익에 손해를 입히고 생산건설의 발전에 잘못을 저질렀다면 홍(紅)이라고 말할 수 없다."[12)]

이 말은 그가 전(專)을 중요시하지 않음으로써 발생된 착오와 생산에 대한 위해에 대해서 지적한 것이다. 그러나 동시에 전(專)이 홍(紅)과 동등할 수 없다는 것을 지적함으로써 이념적으로는 사회주의를 지향한다는 것을 분명히 하고 있다.

지금까지 언급한 내용을 통해서 보면 등소평의 교육에 대한 관점은 실사구시의 정신을 기본바탕으로 하고 있음을 알 수가 있다.

여야 한다는 정부의 방침에 따라서 우후죽순처럼 많은 학교들이 도처에 설립되었다. 그러나 이렇게 설립된 학교들은 많은 수가 지방정부에서 상부에 보고하기 위해서 학교의 문패만 걸은 그야말로 학교 같지 않은 학교가 수두룩하였다.

12) 〈鄧小平文選〉, 전게서, 226-227쪽

2. 과학기술은 제1의 생산력

등소평은 과학기술이 제1의 생산력이며 이를 위해서는 교육을 중요시해야 한다고 주장하였다. 이는 전체 국가정책에서 교육이 전략적으로 중요한 위치에 있음을 나타낸 것이라고 볼 수 있다.

중국 공산당 11기 3중전회 이래 중국의 국가정책은 사회주의 경제건설로 옮겨갔다. 등소평은 중국의 현대화를 설계하는 과정에서 현대화 건설과 과학기술 그리고 교육의 삼자가 유기적으로 결합해야 하며, 이 과정에서 사람들은 교육의 중요성을 인식해야 한다고 요구하고, 과학과 교육의 작용을 이야기하는 과정에서 교육과 과학이 경제건설을 중심으로 해야 한다고 주장하였다. 이와 관련하여 등소평은 다음과 같이 말하고 있다.

> "4가지 현대화는 그 관건이 과학기술의 현대화이다. 현대 과학기술이 없으면 현대화된 농업, 공업, 국방을 건설할 수 없다. 과학기술의 빠른 발전이 없으면 국민경제의 빠른 발전도 불가능하다."[13]

그는 또 "과학기술 인재배양의 기초는 교육에 있다."[14]고 하고 "과학기술을 발전시키려면 반드시 교육을 발전시켜야 한다."[15]고 주장하였다. 결국 그는 교육을 경제건설의 기초자리에 놓고 교육의 우선 발전의 전략을 펴고 있는 것이라고 말할 수 있다.

현재 세계 각국의 경쟁은 사실은 종합적인 국력경쟁이라고 볼 수 있다. 그리고 그것은 과학기술의 경쟁이라고 볼 수 있다. 등소평도 이점을 인식하고 교육

---

13) 〈鄧小平文選〉(1975-1982), 83쪽

14) 〈鄧小平文選〉(1975-1982), 144쪽

15) 〈鄧小平同志論敎育〉, 24쪽

에 대해서 대량의 현대 과학지식을 가진 노동자를 배양할 것을 주장하였다. 그리고 국제경쟁에서 승리를 거두려면 교육을 중시해야 한다고 하였다. 이와 관련하여 등소평은 "경제와 교육, 경제와 과학, 이런 것들은 모두 상호의존적인 관계에 있다."[16]고 주장하고 있다. 등소평은 또 일본경제의 성공경험을 예로 들어 일본의 현대화와 교육 융성의 관계를 강조하였다. 그는 말하기를 "일본인은 명치유신(明治維新) 시기부터 과학기술과 교육에 주의를 기울이기 시작하였고 엄청난 힘을 쏟아 부었다. 명치유신은 신흥의 자산계급이 일으킨 현대화이다. 우리들은 무산계급이다. 따라서 우리들이 하는 것이 그들보다 더 잘할 수 있다."[17]

등소평은 사회주의 현대화 건설을 위한 전략에서 경제발전을 하자면 반드시 과학기술과 교육에 의지해야 한다고 주장하였다. 그는 교육이 과학기술을 진보시키고, 경제를 발전시키는 중요한 작용을 한다는 것에 대해서 조금도 의심하지 않았다. 이와 관련해서 그는 다음과 같이 말하고 있다.

> "우리들이 몇 번 말한 적이 있다. 우리나라의 경제는 건국 100주년이 되면 선진국 수준에 올라설 수 있다. 우리들이 이렇게 말하는 근거의 하나는 바로 짧은 시간 안에 우리들이 우리나라의 교육과 과학기술 수준을 높여서 수억의 각급 각류 인재를 배양해 낼 수 있는 능력을 가지고 있기 때문이다."[18]

한편 등소평은 생산력을 발전시키는 문제를 매우 중요하게 취급하였다. 왜냐하면 등소평은 생산력을 발전시키는 것이 사회주의의 임무이고 마르크스주의의 기본원칙이 바로 생산력을 발전시키는 것이라고 여겼기 때문이다.

1975년 중국전국과학대회의 개막식에서 등소평은 다음과 같이 말하였다.

16) 〈鄧小平文選〉(1975~1982), 214쪽
17) 〈鄧小平文選〉(1975~1982), 37쪽
18) 〈鄧小平同志論敎育〉, 148쪽

"과학기술은 생산력이다. 이것은 역사적으로 볼 때 마르크스주의의 관점이다. 100년 전에 마르크스는 '기기 생산의 발전은 자각적으로 자연과학을 응용하도록 요구한다.'고 말한 적이 있다."[19] 그는 또 "생산력 중에는 과학도 포함하고 있다. 현대과학기술의 발전은 과학과 생산의 관계를 갈수록 밀접하게 만들고 있다. 과학기술은 생산력이 될 수 있고, 갈수록 거대한 작용을 내보이고 있다."[20]고 하였다. 이것은 생산력을 발전시키려면 반드시 과학기술과 교육에 의지해야만 한다는 것을 강조한 것이다.

개혁개방의 와중에서 등소평은 한걸음 더 나아가 "과학기술은 제1의 생산력"[21]이라는 주장을 내어놓았다. 1988년 9월 12일 등소평은 "멀리서 보고 또 가까이서 보아도 교육과 과학기술을 중시해야 한다. 그렇지 않으면 우리들은 이미 20년을 허비했는데, 다시 20년을 허비한다면 후의 결과는 생각할 수가 없다. 마르크스는 과학기술은 생산력이라고 말한 적이 있는데, 이것은 매우 정확한 지적이다. 그러나 현재의 우리 상황을 보니 단지 마르크스의 생산력이라는 말로는 충분치 못한 것 같다. 과학기술을 제1생산력이라고 해야 할 것이다."[22]라고 하였다.

과학기술이 제1생산력이라는 사상은 마르크스의 생산력에 관한 학설을 중국의 실정을 고려해서 재 정의한 것으로서 과학기술이 당대의 경제, 사회를 발전시키는 제1의 촉진작용을 한다는 것을 나타낸 것이다. 그리고 과학기술의 발전은 교육을 통해서만이 달성될 수 있다는 주장을 하였는데 이 주장은 중국인으로 하여금 교육이 사회주의 현대화 건설 중의 전략적 지위를 차지하고 있다는 것을 인식하도록 함으로써 교육은 반드시 사회주의 건설을 위해서 봉사하고, 사회주의 건설은 반드시 교육에 의거해야 한다는 방침이 사회에서 제대로 이

---

19) 〈鄧小平文選〉(1975~1982), 84쪽
20) 〈鄧小平文選〉(1975~1982), 84쪽
21) 〈鄧小平同志論教育〉, 174쪽
22) 〈鄧小平同志論教育〉, 174쪽

행되도록 하고자 하는 데 있는 것이다.

중국에서 교육은 과학기술을 생산력으로 바꾸는 기초가 되고 관건이 되는 것이라고 보고 있다. 그리고 생산력의 제 요소 중에서 가장 중요한 것을 노동자라고 본다. 등소평은 생산력중의 사람의 요소에 관한 논술에서 일정한 과학기술지식을 장악할 것을 특별히 강조하고, 이것은 마르크스주의에 완전히 부합하는 것이라고 보았다. 그는 말하기를 "현대과학기술의 급속한 발전으로 인하여 생산설비의 갱신, 생산공예의 변화 등이 모두 신속하게 이루어지고 있다. 많은 생산품들이 왕왕 몇 년 지나지 않아 새로운 신상품으로 대체되고 있다. 노동자는 이제 비교적 높은 과학문화수준, 풍부한 생산경험, 선진적인 노동기능을 구비해야만 비로소 현대화된 생산과정에서 더욱 큰 작용을 발휘할 수 있다."[23] 등소평은 또 "노동자가 문화적 소양이나 과학기술을 장악하는 데 있어 현대교육을 떠나서는 힘들며, 교육은 과학기술을 현실의 생산력으로 바꾸는 중개자 역할을 하고 있다"고 주장하였다.

등소평은 교육의 발전을 통하여 과학기술을 진보시키고, 이를 통하여 경제번영을 하겠다는 것을 여러 차례 명확히 강조하고 있다. 1988년 그는 "멀리 보거나 가까이 보거나 교육과 과학기술을 주의해야 한다. (중략) 장래 농업문제를 해결하는 길은 (중략) 첨단기술에 의지해야 한다."[24]고 강조하였다.

중국에서 "과학기술이 제1생산력이다."라는 관점은 이미 중국사회 전체의 공통 인식이 되고 있다. 강택민(江澤民) 국가주석은 중국 공산당 14대 보고에서 "과학기술은 제1의 생산력이고, 경제건설은 반드시 과학기술 진보와 노동자 소양의 제고에 의해서 이루어져야 한다."[25]고 주장하였다. 이와 함께 "과학기술의 진보와 경제번영 그리고 사회의 발전은 근본적으로 보면 노동자의 소양을

23) 〈鄧小平文選〉(1975~1982), 85쪽

24) 〈鄧小平同志論敎育〉, 174쪽

25) 李月章 外, 전게서, 13쪽

높이는 데 달려 있으므로 대량의 인재를 배양해 내야 한다. 우리들은 반드시 교육을 우선 발전의 전력적 지위에 놓고, 전 민족의 사상도덕과 과학문화 수준을 높이려고 노력해야 한다. 이것이 우리나라의 현대화를 실현하는 근본대계(根本大計)이다."[26]라고 하였다.

2000년대에 들어와 중국은 개혁개방 정책을 더욱 가속화하고 있으며, 한편으론 사회주의 시장경제 체제를 확고히 세우는 과정에 있다. 이에 따라 중국은 시장경제 체제에 적응할 수 있는 새로운 인재들이 많이 요구되고 있다. 그리고 이러한 인재배양의 문제에 교육이 더욱 큰 역할을 해줄 것을 기대하고 있다. 결국 등소평의 교육이 중요하다는 입장은 사회주의 시장경제 체제의 중국에서 국가발전을 지속시킬 수 있는 하나의 이념으로 받아들여지고 있다.

3. 3개면향(3個面向)

1983년 10월 등소평은 북경경산학교(北京景山學校)를 위하여 제사(題詞)를 써주었다. 이 제사(題詞)의 내용은 바로 "교육은 현대화를 향하여, 세계를 향하여, 미래를 향하여 나아가야 한다(教育要面向現代化, 面向世界, 面向未來)."는 것이었다. 이것은 중국이 내디딘 새로운 시기의 교육발전과 개혁의 지도사상이 되었고, 더 나아가 신 시기의 교육사업 발전을 이끄는 방침이 되었다.

이러한 "3개면향(3個面向)"의 제출은 등소평이 사회주의 현대화 건설의 상황에서 교육의 지위와 역할을 강조한 일관된 사상이라고 할 수 있다. 그리고 중국 특색이 있는 사회주의를 건설하는데 필요한 교육에 대한 요구를 반영하고 있다고 볼 수 있다. 특히 이 제사(題詞)는 중국특색이 있는 사회주의 교육사업

---

26) 同上, 16쪽

을 건립하고 발전시키는 데 있어서 중요한 이론적 기반이자 현실적으로도 중국교육의 방향설정에 커다란 영향을 끼친 중요한 의미를 지니고 있다. 그러면 등소평이 내어놓은 이 "3개면향(3個面向)"의 정신은 무엇을 의미하고 있는가?

"3개면향(3個面向)" 중 "현대화를 향하여(面向現代化)"는 교육과 사회주의 현대화 건설의 관계를 논술하고 있는 것으로서 교육이 반드시 경제건설을 위해서 충분한 수량의 현대 과학기술을 장악하고 시대정신을 구비한 인재를 배출해 내야 함을 요구하고 있는 것이다. 교육의 발전과 개혁은 반드시 경제건설의 목표와 일치해야 하고, 교육이 중국사회를 현대화하는 데 가장 중요한 역할을 해야 한다는 점을 나타내고 있는 것이다.[27)]

"세계를 향하여(面向世界)"는 경제발전, 신기술 혁명 등의 문제와 관련이 있는 것이고, 중국이 개혁개방을 하면서 맞이하게 된 상황과 깊은 관련을 맺고 있는 것이라고 볼 수 있다. 다시 말하면 경제를 발전시키려면 외국으로부터 신기술을 도입할 필요가 있고, 이를 위해서는 대외개방을 해야 한다는 필요에 의해서 이러한 주장을 등소평이 내어놓게 된 것이라고 볼 수 있다. 세계 각국 간의 활발한 교류는 현대 세계를 살아가는 데 있어서 매우 중요한 요소가 되고 있으며, 따라서 교육이 세계를 지향해야 하는 것은 중국의 상황으로 볼 때 이미 필연적인 추세라고 할 수 있다. 중국정부는 세계교육의 발전동향과 경험을 이해하고 연구하며, 인류사회가 창조한 일체의 성과를 흡수해서 중국교육을 더 나아가서는 중국을 발전시키고자 하는 생각을 가지고 있다. 동시에 중국정부는 학생들이 세계를 향하여 개방의식을 갖도록 배양하고자 하고 있다. 그리고 이를 통하여 개혁개방 시대의 역사적 조건에 적응하고자 하고 있다.

"미래를 향하여(面向未來)"는 교육이라는 것이 그 효과를 금방 볼 수 있는 것이 아니기 때문에 먼 앞날을 내다보고 인재를 배양해 내야 한다는 점을 강조한 것이다. 교육이 4가지 현대화를 건설해야 한다는 기치 앞에서 21세기 경제와

---

27) 李月章 外, 전게서, 16쪽

사회발전의 수준에 근거해서 오늘의 교육을 개혁하고 발전시켜 나아가야 한다는 점을 강조한 것이다.

"3개면향(3個面向)"은 개혁개방이라는 새로운 시기에 중국교육사업을 발전시키고 개혁하기 위한 지도방침이 되고 있다. 이 지침에 따라서 중국은 사회주의 경제건설을 중심으로 삼고 "교육은 반드시 사회주의 건설을 위해서 봉사해야 하며, 사회주의 건설은 반드시 교육에 의거해야 한다."는 사상을 견지하는 선상에서 21세기에 필요한 인재를 기르기 위한 전반적인 교육개혁 작업을 진행하고 있다.

중국 공산당 11기3중전회 이래 공산당과 중국정부의 정책중점이 경제건설을 중심으로 하는 정책으로 바뀌게 되었다. 이에 따라 중국의 경제는 급속한 발전을 가져오게 되었고, 경제의 발전은 교육에 대해서 갈수록 높은 수준의 요구를 내어놓기에 이르렀다. 그러나 교육은 양과 질 두 가지 모두 이런 신속한 경제발전 추세에 적응하지 못했고, 교육개혁은 가장 시급한 개혁과제의 하나로 떠오르게 되었다. 중국 공산당의 12기 3중전회는 〈경제체제 개혁에 관한 결정〉에서 "과학기술과 교육은 국민경제의 발전에 매우 중요한 작용을 하므로, 경제체제의 개혁에 따라서 과학기술체제와 교육체제의 개혁도 신속히 이루어져야만 한다"[28]고 하였다.

교육이 3가지를 향하여야 한다는 것은 먼저 교육관념의 갱신을 요구하고 있는 것이라고 볼 수 있다. 즉 전반적으로 새로운 교육관념을 세울 것을 요구하고 있는 것이다. 교육관념의 갱신은 교육개혁을 심화하는 하나의 전제조건이 되고 있다. 특히 교육관념의 갱신은 중국이 개혁개방 이후 받아들인 시장경제체제에 교육이 적응할 수 있도록 하기 위해서도 필요한 것으로 나타나고 있다. 그러면 여기서 어떤 관념을 세울 것이 요구되고 있는가?

첫 번째로 "우선"의 관념을 세울 것이 요구되고 있다. 이 "우선"의 관념은 교

28) 중국공산당 중앙위원회, 〈關于經濟體制改革的決定〉

육을 전략적으로 제일 중요한 위치에 두어야 한다는 인식을 의미한다. 개혁개방이후 중국은 교육을 우선 발전의 전략적 지위에 올려놓고 있으며, 이는 중국특색이 있는 사회주의를 건설하는데 있어서 교육이 중요하다고 보았기 때문이다. 두 번째는 "시장"의 관념을 수립할 것이 요구되고 있다. 개혁개방이후 중국의 교육은 시장경제의 엄준한 도전을 받고 있다. 대학의 경우를 예로 들면, 인재시장, 직업시장에서 요구하는 인재를 길러내야만 하며 이는 대학교육에 종사하는 이들에게 새로운 시험을 요구하는 것과 같다. 이러한 문제는 교육에 종사하는 사람들에게 새로운 시장관념과 시장의식을 수립하도록 요구하고 있으며, 과거 계획경제하에서 형성된 독점적인 학교설립체제와 학교경영체제를 벗어나 다원화 체제로 나아갈 것을 요구하고 있다. 세 번째는 "봉사"의 관념을 수립해서 교육과 경제, 사회의 관계를 밀접히 할 것이 요구되고 있다. 교육과 경제, 학교와 사회, 학교학습과 실천이 더욱 긴밀히 결합해서 각급 학교의 교육이 보다 효과적으로 경제건설과 사회발전에 이바지할 것이 요구되고 있다. 이는 교육이 발전의 규모, 속도, 목표, 내용 등에서 사회주의 시장경제의 필요에 부응하기를 요구하고 있는 것이라고 볼 수 있다. 네 번째는 "질"의 관념을 가질 것이 요구되고 있다. 이 말은 학교경영의 수준과 효율성을 높일 것을 요구하는 말이다. 사회주의 시장경제에 잘 적응할 수 있는 인재를 배양해 내되, 질도 중시할 것을 요구하고 있는 것이다. 다섯 번째는 "육인(育人)"의 관념을 수립할 것이 요구되고 있다. 개척정신과 진취정신을 가진 사회주의 시장경제 발전에 필요한 신형인재를 배양해 낼 것이 요구되고 있다. 여섯 번째는 "경쟁"의 관념을 수립할 것이 요구되고 있다. 시장경제의 한 가지 돌출한 특징은 바로 강렬한 경쟁성을 가지고 있다는 데 있다. 중국에서는 경쟁을 자본주의만의 특유한 현상이라고 보지 않는다. 사회주의제도하의 경쟁은 그 목적, 성질, 범위, 수단 등이 자본주의와는 다르게 규정되고 있을 뿐이라고 본다. 개혁개방이후 중국의 교육계는 학교, 교사, 학생 모두가 격렬한 경쟁에 직면해 있다. 과거와는 달리 경쟁의 결과 우수한 것은 살아남고, 열세한 것은 도태되는 현상은 앞으로 더욱 심해질 것이다.[29] 일곱 번째는 "현대적인 교육" 관념을 수립할 것이 요구되고 있다. 전통적인 교육관, 즉 평면적이고 폐쇄적인 구교육관을 바꾸어서 개성화, 개방화, 탐구식 신 교육관을 가질 것이 요구되고 있다. 여덟 번째는 "정보"관념의 수립이 요구되고 있다. 개혁개방 이후 중국에도 정보화 시대가 도래하고 있다. 이 정보화 시대를 교육이 잘 선도해서 시대적 요구에 교육이 적절히 부응해 주기를 바라고 있다.[30]

이러한 요구사항을 전반적으로 살펴보면 사회주의 시장경제 체제를 건립하는데 필요한 새로운 사상관념을 수립하는 것과 관련되고 있다. 즉 통일된 계획경제하에서 형성된 전통관념과 사유방식의 속박에서 벗어나서, 시장경제가 발전함에 따라 필연적으로 나타나는 새로운 사상관념을 갖출 것을 요구하고 있는 것이다.

4. 지식 및 인재의 존중

등소평은 "지식을 존중하고, 인재를 존중하는(尊重知識, 尊重人才)" 기풍을 제창하고, 교사의 자질을 높일 것을 강조하였다. 이를 통하여 중국인의 지식인에 대한 긍정적인 태도를 형성하도록 하는 데 기여하였다.

등소평은 과학기술과 교육이 사회주의 현대화 건설과정에서 차지하는 비중에 대해서 매우 중시하고, 과학이나 교육계통에 종사하는 지식인들에 대해서

29) 이 내용을 보면 사회주의 시장경제에서의 "경쟁"과 자본주의하에서의 "경쟁" 관념이 차이가 나타나지 않고 있다. 이것은 본문에서도 언급했지만 중국에서는 경쟁을 자본주의만의 특유한 현상이 아니라고 보고 있으며, 따라서 경쟁이라는 개념은 사회주의에서나 자본주의에서나 동일한 모습으로 존재할 수 있다고 여기고 있다.

30) 구자억, 중국의 교육, 서울: 원미사, 1997, 351-352쪽

비교적 긍정적인 자세를 가져왔다. 그는 1977년에 행한 담화에서 "반드시 당 내에 지식을 존중하고, 인재를 존중하는 분위기를 조성해야 한다."[31]고 주장하였다. 이러한 "지식을 존중하고, 인재를 존중하여야 한다."는 그의 사상은 당시의 지식인을 고무하는 계기가 되었고 중국의 교육과 과학기술을 발전시키는 원동력이 되었다. 등소평은 마르크스의 계급분석방식을 운용해서 중국 지식인들의 계급속성에 대한 문제를 분석한 후 다음과 같이 말하였다.

> "계급통치를 박탈한 사회 안에 다양한 정신노동자들이 있다. 어떤 사람들은 반드시 반동 통치계급에 봉사하기 위해서 일하는 사람들이 아니고, 단지 육체노동자와 대립되는 위치에 있을 뿐이다. 이때 과학기술사업에 종사하는 많은 사람들이 있는데, 레닌이 말한바와 같이 비록 그들이 자산계급(부르주아지)의 편견이 침투해 있다할지라도 그러나 그들 본인을 자본가라고 할 수는 없고, 학자라고 보아야 한다. 그들의 노동성과는 박탈자에게 이용당한 것이고, 이것은 사회제도가 결정한 것이지 그들의 자유선택에 따른 것이 아니다. (중략) 사회주의 사회 안에서 공인계급(工人階級) 스스로 배양해 낸 정신노동자는 역사상의 박탈사회속의 지식인과는 같지 않다. (중략) 결론적으로 말해서 그들의 대다수는 이미 공인계급과 노동 인민 스스로의 지식인이다. 따라서 이미 공인계급의 일부분이라고 말할 수 있다."[32]

이러한 지식인 문제에 대한 등소평의 관점은 중국 공산당의 지식인 정책에 대해서 이론적인 기초를 제공해 주었다.

등소평의 "지식을 존중하고, 인재를 존중한다."는 의미는 지식의 가치를 승인하고, 긍정해서 지식인이 스스로의 역할을 충분히 하도록 하는 데 그 강조점을 두고 있다. 왜냐하면 중국에서 지식인의 지지심을 불러일으키지 않고는 과학기술의 발전이나 교육의 발전 더 나아가 경제의 발전이 어렵다는 것을 알기

31) 〈鄧小平文選〉(1975~1982), 64쪽

32) 〈鄧小平文選〉(1975~1982), 85-86쪽

때문이다. 현재의 신기술혁명은 실제적으로 보면 지식혁명이고, 정보혁명이다. 지식밀집형의 고급과학기술의 출현은 이런 신기술혁명을 선도하고 있다. 과학기술이 발전하면 발전할수록 지식과 인재의 중요성은 점점 커지고 있다. 이와 관련해서 등소평은 다음과 같이 말하고 있다.

> "현대 과학기술의 발전과 4대 현대화의 진전에 따라서 대량의 육체노동자는 점점 기계로 대체되게 될 것이다. 이에 따라 직접 생산에 참여하는 육체노동자는 부단히 감소할 것이고, 정신노동자는 부단히 증가하게 될 것이다. 또 갈수록 많은 사람들이 과학연구활동에 종사하게 될 것이다. 따라서 거시적인 관점에서 과학기술인재를 양성해내야 한다."[33)]

이러한 관점에서 등소평은 "과학기술인재 배양의 기초는 교육에 있다."[34)]고 하고 이러한 과학기술인재를 잘 배양해 내기 위해서는 교사의 역할이 매우 중요하며, 따라서 "학생들은 응당 교사를 존중해야 할뿐만 아니라, 전체 사회가 교사를 존중해야 한다."[35)]고 역설하였다.

등소평의 이러한 "지식을 존중하고, 인재를 존중해야 한다."는 사상은 중국사회의 지식인에 대한 또 교사에 대한 인식을 바꾸어 놓은 계기가 되었다고 볼 수 있다.

---

33) 〈鄧小平文選〉(1975~1982), 82쪽

34) 〈鄧小平文選〉(1975~1982), 88쪽

35) 〈鄧小平同志論教育〉, 65쪽

5. 전면발달과 사회주의 신인(新人)의 배양

등소평은 학생의 전면발달을 중시하고, 사회주의의 "4가지를 가진" 신인(新人)을 배양해야 한다는 점을 강조하였다.

중국에서 교육은 사람의 사회실천활동을 배양하는 것이고, 인재의 배양은 사회주의 사회를 달성하는 데까지 관계되고 있다고 본다. 등소평은 마르크스의 인간양성과 관련된 이론에 근거를 두고 이를 발전시켜 4가지를 가진 인재의 표준을 명확히 제시하고, 개혁개방 시기의 교육과 인재배양의 목표를 규정하였다.

등소평은 몇 차례 학생이 덕, 지, 체가 전면 발달되도록 해야 한다고 주장하였다. 그는 1978년의 전국교육사업회의에서 "인재를 배양하는 데 질량표준이 없을 수 있는가? 당연히 있다. 이것은 바로 모택동 동지가 말한바 있는 교육을 받는 자로 하여금 덕육, 지육, 체육 등의 제 방면이 고루 발전해서 사회주의 각오가 있고 문화가 있는 노동자가 되도록 해야 한다."[36]고 주장하였다.

그러면 이러한 덕, 지, 체가 고루 발달된 인간이란 어떤 인간을 말하는 것인가? 덕, 지, 체 중에서 덕육은 학생들에게 사상정치교육을 시킴으로서 사회주의 이상과 도덕에 맞는 인재를 길러내자고 하는 의미가 내포되어 있다. 따라서 중국의 학교교육에서 덕육은 전체 교육의 과정에서 가장 중요한 교육내용 중의 하나가 되고 있으며, 어떤 면에서 보면 교육의 방향을 결정짓는 가장 중요한 요소라고 볼 수 있다. 특히 이 덕육은 중국에서 말하는 신교육과 구교육, 즉 공산당 정권 수립 이후의 교육과 공산당 정권 수립이전의 교육, 무산계급 교육과 자본주의 교육을 구별하는 주요한 표지가 되고 있다. 왜냐하면 덕육을 통해서 바로 사회주의-공산주의 도덕성을 가진 인간을 길러내는 것이기 때문이다. 따라서 중국에서 이 방면의 교육은 정확한 정치방향을 길러준다는 면에서 중

36) 〈鄧小平同志論教育〉, 58쪽

국교육의 제일 중요한 위치를 차지하고 있다.

지육은 당연히 학교교육의 중심내용이 되고 있다. 그것은 학생들의 지력을 길러 사회주의 사회를 건설하는 데 유용하게 활용하기 위함이다. 즉 지육은 사회주의 현대화 건설에 이바지할 수 있는 많은 인재를 길러내는 데 목적이 있다.

체육은 어느 사회체제, 어느 국가에서나 중요한 교육내용이 되고 있다. 왜냐하면 건강한 육체가 없이는 아무 일도 할 수가 없기 때문이다. 따라서 체육은 교육의 기초로 역할을 하고 있으며 이 문제에 대해서는 중국도 같은 입장을 취하고 있다.

덕, 지, 체가 전면 발달된 건설자와 후계자를 배양한다는 것은 치열한 국제경쟁과 신기술혁명의 도전 앞에서 사회주의 정신문명을 잘 건설하고, 교육의 사회주의 방향을 견지함으로써 중국의 사회주의 현대화 건설에 이바지할 수 있는 인재를 양성한다는 의미가 포함되어 있다.

한편 등소평은 개혁개방의 신 시기를 맞이하여 "이상, 도덕, 문화, 기율이 있는" 사회주의 신인을 배양해야 한다는 목표를 내어놓았다. 그는 1985년에 "현재 우리의 국내 정세는 매우 좋다. 여러분들에게 깨우쳐줄 것이 있는데 , 그것은 바로 우리들이 중국특색이 있는 사회주의 사회를 건설하는 것과 동시에 반드시 물질문명과 정신문명을 발전시키는 것을 견지해야 한다. (중략) 또 교육이 전국인민을 이상, 도덕, 문화, 기율이 있도록 만들어야 한다."[37]고 주장하였다. "4가지가 있는 신인"을 배양하는 문제는 후에 중국 공산당 중앙위원회의 〈사회주의 정신문명 건설에 관한 지도방침의 결정〉에서 사회주의 정신문명의 근본임무로 확정되었다.

현재 "이상, 도덕, 문화, 기율이 있는" 인재의 배양은 중국이 지향하는 사회주의에서 요구하는 인재의 표준이 되고 있다.

---

37)〈鄧小平同志論教育〉, 145쪽

6. 교육과 생산 노동의 결합

등소평은 교육이 국민경제 발전의 요구와 서로 적응해야 하며, "교육과 생산 노동의 결합" 방침을 관철해야 한다는 것을 강조하였다.

교육과 생산, 노동이 서로 상호 결합해야 한다는 것은 마르크스 교육관의 기본원리중의 하나이며, 모택동 교육관의 중요한 조성부분이다. 마르크스는 말하기를 "교육과 생산, 노동이 서로 결합하는 것은 전면 발달하는 사람을 만들어 내는 유일한 방법"[38]이고 더 나아가 "사회의 생산력을 높이는 일종의 방법"[39]이며 "현대사회를 개조하는 가장 강력한 수단의 하나"[40]라고 하였다. 이러한 이론에 따라 중국에서는 교육과 생산의 결합, 교육과 노동의 결합을 대단히 중요한 교육방침의 하나로 삼고 있다.

등소평은 "마르크스, 엥겔스, 레닌과 모택동 등이 모두 교육과 생산 노동의 결합을 대단히 중시했다. 이러한 교육과 생산 노동의 결합은 자본주의 사회를 개조시키는 가장 강력한 수단의 하나이다. 무산계급이 정권을 획득한 후 이것은 이론과 실제를 결합하고, 학용일치(學用一致), 전면 발달한 신인을 배양하는 기본 수단이다. 그리고 점점 육체노동자와 정신노동자의 차별을 해소하는 중대한 조치이다."[41]라고 하였다.

중국 공산당 11기3중 전회 이후 공산당의 업무중점이 경제건설에 중점을 두게 되었다. 경제와 사회의 발전은 교육에 대해서 새로운 요구를 내어놓았다. 이러한 상황에서 등소평은 교육과 생산 노동의 결합 방침을 더 효과적으로 관철할 수 있도록 하기 위한 방안을 제시하였다. 그는 말하기를, "사회주의 건설

38) 〈馬列論教育〉 159쪽; 郭福昌 外 主編 教育改革發展簡論, (北京:教育科學出版社), 1993, 170쪽
39) 郭福昌 外 主編 전게서, 171쪽; 〈馬列論教育〉 159쪽
40) 상게서, 171쪽
41) 〈鄧小平同志論教育〉, 63쪽

에 필요한 합격인재를 배양하기 위하여, 우리들은 반드시 새로운 조건하에서 어떻게 보다 효과적으로 교육과 생산 노동이 결합하는 방침을 관철시킬 수 있는지 연구해야만 한다."[42]

그러면 이런 새로운 조건은 어떠한 것인가?

새로운 조건이란 과학기술과 경제발전의 속도가 매우 빠르고, 또 현대경제와 기술이 급속도로 변화하는 상황하에서 교육목적과 교육내용이 이런 발전에 적응하고, 교육과 생산 노동이 서로 결합해서 내용과 방법상에서 새로운 발전이 있어야 한다는 것을 의미한다.

한편 등소평은 교육과 생산 노동의 결합을 효과적으로 하는 방법을 탐색하는 과정에서 전체 국민경제의 발전을 특별히 고려하여야 한다고 주장하였다. 이는 등소평이 사상을 중시하면서도, 사상 때문에 발전이 후퇴되는 상황을 용납할 수 없다는 의지를 표현하고 있는 것이라고 볼 수 있다. 등소평은 국가의 발전이라는 명제를 세워놓고 4가지 현대화를 실현해야 한다는 전략 하에서 교육과 생산 노동의 결합문제에 대해서 새로운 해석을 내어놓았다. 그리고 교육과 경제건설 사이의 내재관계를 밝히고, 특별히 교육이 사회주의 현대화 건설을 위한 인재를 배양, 공급해야 하며, 사회의 생산력 발전을 위해서 이바지해야 한다는 입장을 표명하였다. 결국 이러한 등소평의 관점은 마르크스의 "교육과 생산 노동의 상호 결합" 원리를 중국 실정을 고려하여 발전시켜 내어놓은 것이라고 볼 수 있다.

등소평은 이미 세상을 떠났다. 그럼에도 불구하고 여전히 등소평의 교육관은 개인을 넘어서서 한 국가의 교육방침이나 지도이념 더 나아가 한 국가의 교육이념이 되고 있다. 따라서 중국의 사회주의 교육관이라는 것은 결국은 중국을 움직여온 등소평에 의해서 제창되어 온 교육에 대한 관점이 하나의 밑바탕이 되어서 만들어진 것이라고 할 수 있다.

---

42) 〈鄧小平同志論教育〉, 62-63쪽

CHAPTER

19

중국교육역사 총결

중국은 역사가 긴만큼 교육에 대한 역사도 대단히 길다. 아마 세계 각국의 교육사와 비교해도 길면 길었지 짧지는 않을 것이다. 중국의 교육은 크게 고대, 근대, 현대의 세 시기로 구분해 볼 수 있다.

고대에 해당하는 시기는 원시사회와 하, 상, 서주, 춘추전국시대, 진한, 위진남북조, 수, 당, 양송, 요, 금, 원, 명, 청나라 시기가 이에 해당된다. 근대에 해당하는 시기는 아편전쟁 이후부터 1949년 중화인민공화국이 건립되기 전까지이며, 현대는 1949년 공산정권인 중화인민공화국이 건립된 이후 현재까지를 말한다.

중국의 교육은 각각의 시기마다 고유한 특징을 가지고 있다. 고대 시기는 봉건체제하의 교육을 그 특징으로 하고 있었고, 근대 시기는 서방열강과의 각축과 내부적인 갈등 그리고 봉건과 반봉건의 격돌 등으로 인하여 봉건교육의 모습과 반식민지, 반봉건교육의 모습이 혼재된 양상을 보였다. 그러나 이 시기는 중국의 전통교육이 근대교육으로 변화되는 시기이기도 하다. 물론 이 당시 중국이 받아들인 근대교육의 외투는 서방세계의 것이었다. 1949년 이후의 현대교육은 중국교육이 공산주의 교육체제로 커다란 변모를 가져온 시기였다. 이 과정에서 몇 번의 커다란 사건을 맞이하게 되는데 그것은 1958년의 대약진운동, 1966년에 일어난 문화대혁명과 1980년대 이후의 개혁개방과 사회주의 시장경제의 도입이다. 이러한 변곡점마다 중국교육은 이념적으로 또 교육적으로 새로운 변화의 과정을 거쳐 왔다.

1. 고대의 중국교육

중국교육의 역사는 3000년 이전으로까지 거슬러 올라간다. 다시 말해서 기원전 1000년의 역사를 가지고 있다는 말이 된다. 당시 중국에 “교(校)”, “서(序)”,

"상(庠)" 등의 원시적인 형태의 교육기관이 있었다. 이후 상나라 시기에 이르러 중국에 정식으로 학교제도가 생기게 되었다.

오랜 세월 동안 고대중국의 학교제도는 규모나 명칭 상에서 여러 차례의 변화를 겪었다. 하지만 교육의 기본형식은 그리 큰 변화가 없었다. 중국 고대의 교육은 주요하게 다음 3가지 형태가 있어왔다.

첫째, 관학교육이다. 관학교육이 건립된 것은 서주 시기부터였다. 이 형태는 정부가 주관하는 학교교육을 의미하는 것으로서 이런 관학교육기관에는 "국학(國學)"과 "향학(鄉學)" 등이 있었다. 국학은 주왕조와 각 제후국의 수도에 설치되었으며, 향학은 지방에 설치되었다. 교육내용은 예(예의), 악(음악)을 중심으로 괄사(括射), 어(御), 서(書), 수(數) 등이 있었는데 이 여섯 가지를 통칭하여 "육예(六藝)"라고 불렀다. 교사는 정부관리로서 담임하도록 하였으며, 입학은 귀족자제들에게만 허가가 되었다.

춘추전국시대에 들어와서는 관학이 쇠퇴하고 사학이 흥하게 되었다. 한대에 이르러 관학이 다시 한번 흥하게 되었고 이때 관학은 중앙관학과 지방관학으로 나뉘어졌다. 한무제는 유학을 숭상해서 국가에 태학박사(太學博士)를 설립하여 전문적으로 유가경전을 강의하도록 하였다. 수와 당나라 시기에 이르러 경제가 번영하고, 문화가 흥성함에 따라 교육도 커다란 발전이 있게 되었다. 중앙관학에서 지방관학, 관학에서 사학까지 비교적 완전한 학교교육체계를 갖추게 되었다. 그리고 이러한 학교체계는 송, 원, 명, 청나라 시기까지 계속 이어졌다.

한편 수나라 때부터 중국에서는 과거제도를 시행하였고 이 과거제도를 이용하여 관리를 선발하였다. 이에 따라 이후의 관학은 완전히 과거제도의 영향아래 들어가 버렸다.

둘째, 사학교육이다. 서주시대 이전에는 단지 관학만이 있었고, 사학은 존재하지 않았다. 그러다가 춘추전국시대에 접어들어 공자에 의해 사학이 개설되었고, 귀족과 평민을 불문하고 모두 학교에 입학할 수 있도록 하였다. 이것이 중국고대에 새로이 등장하게 된 사학의 시초이다.

전국시대는 백가쟁명의 시기였다. 이 시기 유가, 묵가, 도가, 법가 등 많은 학파의 대표인물들은 개인적으로 학생들을 모집해서 학생들을 가르치면서 개인의 정치적 주장을 선전하였다. 이러한 사학의 흥기는 춘추전국 시기의 학술과 문화의 번영을 촉진했을 뿐만 아니라 대량의 인재를 배출해내는 계기가 되기도 하였다. 사학교육은 비록 관학과 같이 그렇게 정규적으로 교육이 이루어지지는 않았다. 그러나 학교운영의 자율성과 편리함 때문에 다양한 사상발전의 촉진제 역할을 하였다. 동시에 귀족만이 아니라 평민도 교육을 받을 수 기회를 제공해 주었다. 이러한 사학은 한대이후 중국 봉건교육제도의 중요한 조성부분이 되었다.

셋째, 서원교육이다. 서원교육은 당나라 때에 시작되어 송나라 때에 와서 성행하기 시작한 고급수준의 사학교육이다. 전통적인 사학교육과 비교하여 서원교육은 기구, 제도, 교수학습 면에서 비교적 정규적인 형태로 이루어졌다. 송대의 4대 서원으로 불리는 백녹동서원(白鹿洞書院), 악록서원(岳麓書院), 석고서원(石鼓書院), 응천부서원(應天府書院) 등은 현재까지도 그 명성이 남아있다. 서원교육은 중국 고대교육의 주요한 형식의 하나였을 뿐만 아니라, 인재양성과 학술발전에 적지 않은 기여를 하였다. 그러나 명과 청나라 시기에 들어와 서원교육이 비록 흥성하고는 있었지만 관학화의 경향이 나타나기 시작했다. 많은 수의 서원이 관학과 같은 형태로 변해버렸고, 과거시험에 참가하기 위한 예비교육장소로 그 성질이 바뀌어 버렸다. 청나라 말기, 즉 1905년에 들어서서는 근대교육제도의 도입에 따라 과거제도는 폐지되기에 이르렀고 천년의 역사를 지닌 서원교육도 종말을 고하게 되었다. 그리고 이전의 서원은 모두 신식학당으로 바뀌게 되었다.

중국 고대교육의 3대 유형은 비록 다른 점이 많이 있지만 그 기본 특징은 거의 같다고 볼 수 있다. 교육의 핵심내용은 존공독경(尊孔讀經)이며, 교육의 주요

대상은 귀족계층이었다. 또 교육의 방법은 주로 암기 위주였다.

2. 근대의 중국교육

1840년의 아편전쟁을 기점으로 중국은 반식민지 반봉건사회로 들어섰고, 이에 따라 교육에도 많은 변화가 발생하였다. 봉건교육의 몰락과 유신사조의 등장 그리고 서구교육사조의 영향으로 인해 중국교육은 새로운 변화를 맞이하게 된다. 새로운 변화란 서구의 근대교육제도를 도입하게 된 것을 말한다.

1840년 아편전쟁 이후에도 청정부의 보수파는 계속적으로 봉건주의 교육을 실시하고자 하였다. 그러나 유럽지역으로부터 온 선교사들은 이미 중국의 여러 지역에서 교회, 학교, 병원 등을 세워 근대교육을 보급하기 시작하였다. 당시 청정부의 내부에 혁신파가 출현했는데 그들은 초보적인 수준에서 서양을 학습하고 중국사회와 문화 그리고 교육을 개혁할 것을 주장하였다. 1862년 양무파가 처음으로 북경에 신식학당인 경사동문관(京師同文館)을 개설하였다. 그리고 계속 여러 신식학교들이 설립되었다. 주요한 것으로는 외국어학교(동문관, 광방언관), 군사학교(무비, 수사학당), 기술학교(기기, 전신학당) 등이 있다. "무술변법" 중 강유위(康有爲), 양계초(梁啓超), 담사동(譚嗣同), 엄복(嚴復) 등의 개량주의 사상가들은 비교적 완전한 서양식의 학교제도를 설립할 것을 주장하였다.

1911년 신해혁명의 성공으로 중국에 중화민국이 건립되었다. 1912년 임시정부는 최초로 교육부를 설립했고, 저명교육가 채원배(蔡元培)로 하여금 교육총장을 담당하게 하였다. 이때 몇 가지 중요한 교육개혁령이 공포되었는데 그 내용은 다음과 같다.

첫째, 봉건시대의 교육제도와 교육내용을 완전히 철폐하고 새로운 교육종지를 공포하였다. 교육방침으로 덕, 지, 체, 미 "4육의 평균발전"이 제시되었다.

둘째, 신 학제를 제정하여 초등소학 4년, 고등소학 3년, 중학 3년, 대학 6-7년(예과 3년)으로 하였으며, 대학에는 문과, 법과, 상과, 의과, 공과 등의 학과를 설치하였다.

셋째, 교육과정과 교수학습 방법을 개혁하였다. 이렇게 하여 중국의 교육은 근대교육의 기본체계를 구비하게 되었다. 그러나 신해혁명은 얼마 안 있어 실패로 돌아갔고 교육개혁도 이에 따라 많은 개혁의 성과를 내지 못하고 실패로 돌아가고 말았다.

5 · 4운동 중에는 일부 진보적인 인사들과 교육가들이 각종 교육개혁운동을 제창하고 추진하고자 하였다. 예를 들면 백화문(白話文) 사용, 남녀공학 실시, 교육의 보급, 대학의 학점제 실행, 교육관리체제의 개혁 등이 그것이다. 1922년에는 신 학제를 공포하였는데, 이 신 학제는 5 · 4운동과 이전의 교육개혁의 성과를 종합해서 내놓은 것이었다. 당시 미국의 듀이 등이 제창한 실용주의 교육사조가 중국에도 들어오게 되었고, 이것이 중국의 학제, 교육과정, 교재, 교수법 등의 개혁에 촉진작용을 일으켰다.

1920년대부터 1949년 중화인민공화국이 건립되기 전까지의 중국교육은 당시의 국내 정세 때문에 공산당이 운영하는 교육기관도 일부 있었지만[1) 대부분은 국민당 정부의 교육방침에 따라 교육이 이루어졌다. 이때의 교육제도는 1922년 공포한 6 · 6 · 5학제가 중심이 되었다. 1937년 7월 일본의 침략 이후 중국에 존재하던 108개소의 대학 중 91개 학교가 전쟁에 의해서 파괴를 당했고, 40%의 중등학교가 일본점령지구에 들어갔다.[2) 또 중국북방지구의 일부 중점대학들은

1) 1921년 중국 내에는 두 가지 서로 다른 이념의 정당이 공존하게 되었는데 하나는 국민당이고 다른 하나는 공산당이었다. 공산당이 성립됨으로써 중국에는 두 가지 학제계통이 생기게 되었다. 하나는 국민당이 운영하는 교육체계이고 다른 하나는 공산당이 운영하는 교육체계이다. 물론 당시에 공산당이 운영하는 교육체계는 국민당이 통치하는 중국에서 공식적인 교육체계로써 인정받지는 못했지만 그 영향력으로 보면 하나의 교육체계로써 인정할만한 여지가 충분히 있었다.

이러한 상황에서 벗어나기 위해서 다른 지역으로 옮겨가기도 했는데 예를 들면 북경대학, 청화대학, 남개대학 등이 그런 대학이다.

전반적으로 볼 때 중국의 근대교육상황은 비교적 복잡하다. 봉건교육제도의 종말이 있었는가 하면 근대교육제도의 도입이 있었다. 그리고 이 과정을 통하여 근대의 과학기술 관련 지식을 받아들이는 역사적인 진전이 있었다. 다른 한 방면은 전쟁에 따른 파괴, 사회 불안정, 경제적 곤궁이 계속되었으며, 이에 따라 교육의 낙후를 가져왔다는 점이다. 이러한 교육의 낙후는 당시 청장년의 80%가 문맹이라는 점만 보아도 알 수 있다.

3. 중화인민공화국 건립이후의 교육

1949년 중국에 중화인민공화국이라는 공산정권이 들어오면서 원래 시행되던 교육에 대해 대대적인 개혁을 단행하기 시작하였다.

중화인민공화국 초기 중국에는 두 가지 교육제도가 공존하고 있었다. 공산당의 교육체계와 국민당 정부의 교육체계가 그것이다. 국민당 정부하의 교육체계는 중국의 체제가 공산주의 체제로 전환됨에 따라 새로운 변화를 강요당하게 되었다. 그리고 공산체제에 맞는 교육체제의 수립이 급선무로 대두되었다. 이에 따라 중화인민공화국이 건립되자마자 제1차 전국교육사업회의가 개최되었다. 이 회의에서는 새로운 중국교육의 발전방침을 규정하였는데 그것은 민족적, 과학적, 대중적인 신민주주의 교육, 즉 공산주의 교육을 세운다는 것이었다. 그리고 교육의 임무는 국민의 문화수준을 높이고, 국가건설을 위한 인재를 배양하며, 봉건적, 매판적, 파시스트적인 사상을 없애는 것이었다. 이를 위

2) 王順洪, 中國概況, 北京大學對外漢語教學中心, 1993(프린트물), 104쪽

해 교육에서 노동자, 농민의 우대, 문맹퇴치교육과 직공, 농민여가교육을 발전시키기 위한 정책의 추진, 학제개혁, 고등교육의 조정 등이 실시되었다.

1957년 들어 모택동은 공산주의 교육체제를 더욱 공고히 하기 위한 사회주의 교육의 방침을 내놓았다. 그는 "피교육자로 하여금 덕육, 지육, 체육이 고루 발달된 사회주의 각오가 있고, 문화가 있는 노동자를 양성하는데 사회주의 교육의 방향을 두어야 한다"[3]고 피력하였다. 당연히 이러한 모택동의 발언은 당시 중국의 교육방침으로서 중요한 역할을 하였다. 1958년 중공중앙, 국무원은 〈교육사업에 관한 지시〉에서 "당의 교육사업은 무산계급의 정치적 신념을 계발하고, 교육과 생산 및 노동이 서로 결합하도록 해야 한다."[4]는 점을 강조하였다.

1958년에서 1960년까지는 대약진운동 시기로 중국 전역에 교육대혁명운동이 일어났다. 그것은 바로 중국의 국가정세에 적합한 교육제도를 수립하자는 것이었다. 이 운동과정에서 다양한 유형과 층차의 학교운영 형식이 도입되었고, 교육과 생산 및 노동의 결합 방면에 대한 대담한 실험이 실시되었다. 이와 함께 이 시기에는 학교교육이 양적인 면에 치중하면서 학교 같지도 않은 학교가 우후죽순처럼 생겨나, 교육발전의 장애요인으로 등장하기도 하였다. 이러한 부풀리기 현상은 1961년도의 정리정돈 과정을 거치면서 해소되었다.

1966년 6월에서 1976년 10월까지 중국은 10년 동안 문화대혁명을 경험하게 된다. 이 문화대혁명을 중국에서는 보통 10년동란이라고 부르고 있을 정도로 사회 곳곳에 많은 해를 끼쳤다. 이 기간 대부분의 대학은 학생모집을 하지 못했다. 뿐만 아니라 많은 학교들이 문을 닫았다. 또 대부분의 지식계층들이 박해를 받았다. 보통학교의 학제도 단축을 해서 소학 5년, 중학 4년으로 줄어들었다. 교육과정의 내용도 대폭 줄어들고 대신 남는 시간에는 생산 노동에 참가하도록 강요받았다. 이렇게 됨으로서 교육의 질이 심각할 정도로 타격을 받게 되

---

3) 郭笙, 王炳照, 蘇渭昌, 前揭書, 13쪽

4) 郭笙, 王炳照, 蘇渭昌, 前揭書, 14쪽

었다. 1958년 이후 건립된 농업중학, 기술공업학교, 중등전문학교 등은 이 시기에 모두 문을 닫을 닫게 되었다. 이와 함께 독서무용론이 학생들 사이에서 범람하기도 하였다. 1970년도에 이르러 부분적인 학교에 학생모집이 허가되기 시작했는데, 추천방법에 의해 학생을 선발하였다. 이러한 추천방법은 학생들의 학력수준을 고려한 것이라기보다 사상방면에 더 비중을 둔 것이었기 때문에 대다수 입학생의 학력수준이 낮을 수밖에 없었다. 이에 따라 대학의 질이 심각하게 위협을 받게 되었다. 문화대혁명은 중국 교육에 있어 커다란 재난이었다. 문화대혁명 기간 많은 젊은이들이 배움의 자리를 잃었다. 그리고 이러한 문화대혁명이 남긴 영향은 2000년대 까지도 없어지지 않고 사회 여러 부분에 남겨져 있었다.

1976년 4인방(四人幇)이 제거되고 나서 문화대혁명은 결속되었다. 이에 따라 1977년 말 대학의 통일입학시험제도가 다시 회복되었다. 1978년 12월 중국 공산당 중앙위원회는 제11기 3중전회를 열어서 몇 가지 국가적 중대사를 결정하였다. 이 결정은 중국의 장래를 어떤 방향으로 이끌어 가느냐 하는 커다란 의미가 담긴 것으로서 중국의 입장에서 본다면 코페르니쿠스적인 전환이라고 볼 수 있다. 11기 3중전회에서는 경제건설로써 중심을 삼고, 4가지 기본원칙과 개혁개방을 견지하는 것을 국가정책의 기본노선으로 한다는 것을 천명하였다. 이에 맞추어 교육도 변화를 가져올 것이 요구되었다.

1983년 9월 등소평은 북경 경산학교(景山學校)의 제사(題詞)에서 중국의 교육이 "현대화, 세계, 미래를 향하여 나아갈 것"을 주장하였다. 후에 이 제사는 중국교육발전의 지도방침이 되었다. 1985년에 〈중공 중앙 교육체제 개혁에 관한 결정〉이 통과되었다. 이 문건은 중국의 교육체제 개혁에 관한 중요한 내용을 담고 있는 것으로써 일정 기간 동안 중국교육을 개혁하는 기본지침으로 활용되었다. 이 문건을 보면 "교육은 반드시 사회주의 건설을 위해서 봉사해야 하며, 사회주의 건설은 반드시 교육에 의지해야 한다."[5]고 함으로써 교육과 사회와의 관계를 분명히 제시하고 있다. 1986년 7월1일에는 〈중화인민공화국 의무교육법〉이 공포되었고, "국가는 9년제 의무교육을 실행하여야 한다."[6]는 점을 법률상으로 명백히 규정하였다.

1990년대에 들어와 중국은 교육법제의 수립과 교육개혁에 대한 구상을 강화하기 시작하였다. 이는 개혁개방 이후 교육에 대한 요구가 다양해졌고, 또 개혁개방의 여파로 사회체제가 복잡해지다 보니 새로운 상황에 적응할 법률들이 요구되었기 때문이다. 우선 1993년 중국은 〈중국교육개혁과 발전강요〉라는 교육개혁안을 내어놓았다. 이 교육개혁안에는 중국교육을 개혁하기 위한 혁신적인 내용들을 많이 담고 있다.

2000년대 들어 중국교육은 장족의 발전을 하게 된다. 교육이 국가, 사회발전의 중요한 수단이라고 인식한 중국정부는 교육에 대규모 투자를 하게 된다. 특히 고등교육에 대한 투자는 괄목할만하다. 중국정부의 교육중시는 바로 초중등교육은 물론 고등교육의 발전을 불러왔다. 중국내 여러 대학들이 세계 대학 랭킹에서 우수한 성적을 거둔 것이다. 당연히 외국유학생도 양적으로 많은 확대를 가져왔다. 다만 시진핑 주석 취임 이후 교육의 보수화가 두드러지고 있다.

중국은 신중국 건립 이후 홍(紅 · 이념이나 사상)과 전(專 · 전문성)의 투쟁을 거쳐 왔다. 시대에 따라 '홍'이 강조되기도 하고 '전'이 강조되기도 하였다. 그런데 시진핑 시기 중국은 '홍'을 과거보다 더 중시하겠다는 입장을 내비치고 있다. 교육의 방향 역시 사회주의 이념이나 철학을 학교 교육 속에서 내재되도록 하는 쪽으로 나가고 있다. 애국주의 교육을 강조함으로써 중국인으로서 단합하고 단결할 것을 주문하고 있는 것이다 이런 점은 같은 지역에 있는 이웃나라들을 불편하게 하고 있다.

---

5) 中國 共産黨中央委員會, 〈關于教育體制改革的決定〉, 1985年 5月 27日; 國家教育委員會 政策法規司 編, 中華人民共和國基礎教育現行法規彙編(1949~1992), 北京師範大學出版社, 1993, 13쪽

6) 〈中華人民共和國義務教育法〉; 同上, 20쪽

참고문헌

〈南雍志〉

〈魯迅全集〉

〈明史〉

〈明太祖實錄〉

〈明會要〉

〈戊戌變法〉

〈北史〉

〈史記〉

〈續自治通鑒〉

〈孫中山全集〉

〈宋史〉

〈宋元明淸書院槪觀〉

〈隋書〉

〈新唐書〉

〈嚴復集〉

〈飮氷室合集〉

〈李大釗選集〉

〈李文忠公全集〉

〈日本變政考〉

〈日知錄〉

〈張文襄公全集〉

〈鄭觀應全集〉

〈第1次中國敎育年鑒〉

〈左文襄公全集〉

〈晉書〉

〈淸朝文獻通考〉

〈通典〉

구자억, 양계초와 교육, 원미사, 1998
전용만, 양계초의 변법론에 대하여, 「동서연구」6, 서강대 동서연구소, 1985
정순목, 한국개화교육의 이상과 전개, 「한국교육연구」제1집, 한국정신문화연구원, 1980
〈馬克思主義與中國教育〉(下册), 中國教育大系, 湖北教育出版社, 1994
江蘇巡撫李鴻章奏, 中國近代學制史料 第1輯 上册
季明明 主編, 中國高等教育改革與發展, 高等教育出版社, 1994
高寄 主編, 中國現代教育史, 北京師範大學出版社, 1990
曲士培, 中國大學教育發展史, 山西教育出版社, 1993年
曲春禮, 孟子傳, 山東友誼書社, 1992
郭福昌 外 主編, 中國教育改革發展簡論, 教育科學出版社, 1993
郭笙, 王炳熙, 蘇渭昌, 新中國教育 40年, 福建教育出版社, 1989
郭齊家, 中國教育思想史, 教育科學出版社, 1987年
董宝良, 周洪宇, 中國近現代教育思潮与流派, (北京:人民教育出版社), 1997
賴春明, 謝亞平, 中國成人教育, 北京師範大學出版社, 1995
梅汝莉 主編, 中國教育管理史, 海潮出版社, 1995
孟祥才, 梁啓超傳, 北京出版社, 1980年
孟祥才, 梁啓超傳, 北京出版社, 1980年
孟憲承編, 中國古代教育文選, 人民教育出版社, 1993
孟憲承編, 中國古代教育文選, 人民教育出版社, 1993
毛禮銳, 中國教育通史, 山東教育出版社, 1988年
毛禮銳, 中國教育史簡編, 教育科學出版社, 1984
班華 主編, 中學教育學, 人民教育出版社, 1994
方立天, 中國古代哲學問題發展史, 中華書局, 1990
富維岳, 唱印余, 教育學, 東北師範大學出版社, 1991
舒新城, 〈中國近代教育史資料〉 上册, 人民教育出版社, 1979
徐振宗, 梁啓超對寫作教學法貢獻, 「北京師範大學學報(社科版)」, 1987年 第2期
孫邦正 編著, 60年來的中國教育, 正中書局, 1971
孫培青 主編, 中國教育史, 華東師範大學出版社, 1992
孫培青外, 中國教育思想史, 兒童師範大學出版社, 1993
宋恩榮 主編, 近代中國教育改革, 教育科學出版社, 1994
吳洪成, 中國近代教育史潮引論, 「西南師大學報(哲社)」, 1993年 第1期
王炳照 外, 簡明中國教育史, 北京師範大學出版社, 1994
王永貞, 戊戌變法後梁啓超在資産階級思想啓蒙中的作用, 「聊城師範學院學報(哲社版)」,

1987年 第3期
王永貞, 戊戌變法後梁啓超在資産階級思想啓蒙中的作用, 「聊城師範學院學報(哲社版)」, 1987年 第3期
喻本伐 外著, 中國教育發展史, 華中師範大學出版社, 1992
劉英杰 主編, 中國教育大事典(1949-1990) 上册 卷一 總類
李錦全, 評梁啓超關于教育思想和人才學觀點的重要遺稿, 「學術研究」, 1983年 第6期
李必勝, 梁啓超人才思想評述, 「安徽史學」 3期, 1991
李華興, 梁啓超與中國近代化, 「歷史研究」, 1991年 第3期
李喜所, 元青, 梁啓超傳, 人民出版社, 1994年
李喜所, 元青, 梁啓超傳, 人民出版社, 1994年
張錫生, 中國德育思想史, 江蘇教育出版社, 1993年
張璉瑰, 梁啓超著作在朝鮮的傳播, 「朝鮮研究文集」, 1983年 第2輯
張維, 世界成人教育概論, 北京出版社, 1990
張之洞, 勸學編・序, 兩湖書院刊本, 光緒戊戌三月
張惠芬外, 中國教育簡史, 華東師範大學出版社, 1993
長惠芬外, 中國教育簡史, 華東師範大學出版社, 1993
鄭登云, 中國近代教育史, 華東師範大學出版社, 1994年
鄭世興, 梁啓超教育思想, 幼師文化事業公司, 1981年
趙矢元, 馮興盛 主編, 중국사연구회 옮김, 중국근대사, 청년사, 1990
卒乃德, 同文館考, 中華教育界, 第23卷2期, 1935
卒乃德, 同文館考, 中華教育界, 第23卷2期, 1935
周德昌 外, 中國教育史綱, 廣東高等教育出版社, 1998
周德昌, 論康有爲, 梁啓超在中國近代教育思想的貢獻, 「教育研究」, 1983年 10月
周德昌, 論康有爲, 梁啓超在中國近代教育思想的貢獻, 「教育研究」, 1983年 10月
周德昌, 論康有爲的教育思想, 「華南師院學報」(社科), 1982년 제1기
周德昌, 論梁啓超的教育思想, 「學術研究」, 1982年 2期
周德昌, 中國教育家評說, 第3卷, 上海教育出版社, 1989年
中共中央,〈國務院關于加强職工教育工作的決定〉, 1981年 2월20日
中國共産黨 中央委員會,〈關于改革高等學校招生辨法的通知〉, 1966年 6月13日
中國近代教育史資料 上册, 人民教育出版社, 1962
中華職業教育社 編, "農村教育叢書" 第1輯, 1926
陳獨秀, "本志罪案之答辯書",〈新青年〉 第二卷第三號, 1916
陳名實, 嚴復教育思想的歷史地位, 「福建史志」, 1993年 第6期

陳青之, 中國教育史, 商務印書館, 1936
陳學恂, 中國近代教育文選, 人民教育出版社, 1993年版
車樹實, 馬克思主義教育思想史初編, 廣西教育出版社, 1990
何曉夏, 簡明中國學前教育史, 北京師範大學出版社, 1989
夏曉虹, 梁啓超文選 上, 下卷, 中國廣播電視出版社, 1992年版
胡繩, 從鴉片戰爭到五四運動 上册, 人民出版社, 1981
胡維革, 梁啓超新民思想評論, 「東北師大學報(哲學社會科學版)」, 1993年 第3期
華中師範學院 外, 教育學, 人民教育出版社, 1982
黃新憲, 梁啓超教育改革思想初探, 「教育研究」, 1987年 第4期
黃人頌 主編, 學前教育學, 人民教育出版社

찾아보기

■ 저자약력

구자억(具滋億)

대학혁신전문가이자 중국교육전문가이다. 그는 베이징사범대학에서 비교교육전공으로 교육학박사 학위를 받았다. 2023년 현재 서경대학교 혁신부총장, 국제융합대학원장, 창업교육연구소장이며, 한국대학컨설팅협회 회장, 한국창업교육학회 회장, 사단법인 한중교육교류협회 회장, 절강미디어대학 객좌교수를 맡고 있다.

그는 대학에 오기 전 총리실 소속 국책연구기관인 한국교육개발원(KEDI)에서 선임연구위원으로 기획처장, 교육통계평가본부장, 교육기관평가연구센터 소장 등을 역임하는 등 한국교육정책 관련 연구활동을 해왔다. 대학으로 자리를 옮겨서는 서경대학교에서 대학원장, 혁신기획처장, 교양대학장, 대외협력본부장 등을 역임했으며, 극동대학교 석좌교수, 혁신부총장을 지내기도 했다.

한편 그는 정부나 지자체에서도 활발한 자문활동을 하였다. 교육부 정책자문위원, 시도교육청평가위원, 대학설립심사위원, 교원양성기관평가위원, 대통령자문 농어업, 농어촌 특별대책위원회 위원, 충청남도 환황해특별위원회 위원, 경기도교육감 인수위 재정분과위원장, 대구 및 경북교육청 정책자문위원 등이 그것이다.

또 그는 공정교육혁신포럼 공동대표, 한국교육포럼 회장, 한국중국유학총연합회회장, 한중미래전략포럼 회장, 한중교육학회장, 국민행복교육포럼 공동대표, 재단법인 한국녹색문화재단 이사, 목재문화포럼 교육위원장 등 여러 사회단체에서 활동하기도 했다.

상훈으로는 대통령표창(2011), 국민훈장 석류장(2014), 한국사회공헌대상(2014), 대한민국문화경영대상(2014), 제5회 대한민국 무궁화평화대상(2018), INAK 사회공헌대상(2018), 대한민국교육산업대상(2019) 외 다수가 있다.

현재 구자억은 한국대학의 지속가능한 발전을 위한 다양한 대안과 발전방안을 가까운 전문가 그룹과 함께 고민하고 있다. 또 한국의 미래는 창업에 있다고 보고 창업교육의 활성화를 위해 노력하고 있기도 하다.

새로운 중국교육사

초판발행 2024년 1월 5일 **1판 1쇄 인쇄** | 2024년 1월 10일 **1판 1쇄 발행**

지은이 구자억
펴낸이 최용구 | **펴낸곳** 도서출판 **신정**
주소 (04316) 서울시 용산구 원효로 89길 19 (원효로1가)
전화 02) 3211-4782, 0266(영업부), 3211-4783(편집부), 3211-4784(팩스)
이메일 shinjeong72@naver.com | **홈페이지** www.sjbook.co.kr
등록 2001년 5월 11일 제13-702호
기획마케팅 최용구 장만동 송대용 최충구 | **책임편집** 석기은 황가연

ISBN 978-89-5912-889-1 93370
정가 24,000원